책세상문고·고전의 세계

길드 사회주의

GUILD SOCIALISM RE-STATED

길드 사회주의
GUILD SOCIALISM RE-STATED

G. D. H. 콜 지음

·

장석준 옮김

일러두기

1. 이 책은 G. D. H. 콜의 《길드 사회주의Guild Socialism Re-stated》(Leonard Parsons, London, 1920, 영국판)를 우리말로 옮긴 것이다. 미국에서는 《길드 사회주의: 경제민주주의를 위한 계획Guild Socialism: A Plan for Economic Democracy》으로 출판되었다.
2. 주는 모두 후주 처리했다. 옮긴이의 주는 '(옮긴이주)'로 표시했으며, 따로 표시하지 않은 것은 모두 저자 주다.
3. 저자가 원서에서 이탤릭체로 강조한 부분은 고딕체로 처리했다.
4. 원문을 이해하는 데 도움을 주고자, 그러면서도 원문을 훼손하지 않기 위해 옮긴이가 보충하거나 따로 설명한 부분은 [ ] 안에 넣었다.
5. 원서에서 큰따옴표(" ")로 표시한 부분 가운데 완전한 형태의 문장은 큰따옴표로 표시하고, 나머지는 작은따옴표(' ')로 표시했다.
6. 단행본과 잡지는 《 》로, 논문, 단편, 일간지는 〈 〉로 표시했다.

길드 사회주의 | 차례

    G. D. H. 콜에게 사상적으로 막대한 영향을 준 영국의 공예연구가 겸 문필가이자 사회주의자인 윌리엄 모리스William Morris는 1890년에 《News from Nowhere》라는 유토피아 소설을 발표했다. 제목을 우리말로 옮기면 '없는 곳에서 온 소식'쯤 되겠고, 좀 더 의역하면 '유토피아에서 온 소식', '미래에서 온 소식'이라 할 수도 있겠다(국역본은《에코토피아 뉴스》라는 제목으로 나왔다[박홍규 옮김(필맥, 2004)]). 모리스의 이 작품은 1년 전에 미국에서 발표되어 큰 충격을 던진 에드워드 벨러미Edward Bellamy의《뒤돌아보며Looking Backward》(국역본, 김혜진 옮김, 아고라, 2014)를 논박하는 내용을 담고 있다. 벨러미는 당대 자본주의를 비판하며 국가가 일자리와 소득·복지를 모두 책임지는 유토피아 상을 제시했는데, 모리스는 자본이 차지했던 자리에 국가가 들어서는 것만으로는 부족하다고 봤다. 대신에 그가 내놓은 것은 국가 관료기구 또한 사라지고 일하는 사람들 스스로가 만사를 결정하는 사회였다.

모리스는 2150년경으로 상정된 소설 속 사회의 여러 모습에 자신의 이런 철학을 반영했을 뿐만 아니라 이 사회가 수립되어가는 가상의 역사적 과정을 통해서도 이를 표현했다. 소설 속에서 인류는 19세기 말 자본주의의 극심한 모순을 견디다 못해 20세기에 거대한 사회적 실험에 나선다. 자본가계급과 노동자계급이 벨러미식 비전에 따라 서로 타협하며 국가의 통제를 중심에 둔 '국가사회주의' 체제를 건설하는 것이다. 하지만 이 체제는 결국 자본가뿐만 아니라 노동자에게도 불만의 대상으로 전락하며 실패로 끝나고 만다. 그가 그린 22세기의 유토피아는 바로 이 실패 뒤에 노동자계급이 주도하는 진짜 혁명이 일어나면서 건설되기 시작한다. 이때부터 일하는 사람들이 생산과 분배를 직접 통제하는 전혀 새로운 사회가 등장한다.

흥미로운 것은 그의 소설 속 가상 역사가 우리가 살아온 실제 역사와 묘하게 겹친다는 점이다. 20세기에 지구 곳곳에서는 '사회주의'를 표방하는 실험들이 전개되었고, 그중에는 상당한 기간 동안 지속된 체제들도 있었다. 모리스가 전망한 것처럼 자본과 노동의 일정한 타협을 바탕으로 수립된 사회민주주의 복지국가들도 있었고, 혁명으로 등장한 소비에트연방이나 중화인민공화국을 비롯한 현실사회주의 국가들도 있었다. 그런데 이 모두는 모리스가 '국가사회주의'라고 분류한 사회주의관을 공유했다고 할 수 있다. 자본가계급의 권력과 기능을 혁명 국가가 완전히 대체하려고 하든(공산주의) 아니면 자본주의 시장경제에 대한 국가의 개입을 확대하려고 하든(사회민주주의), 새로운 사회로 나아가는 이행의 중심 혹은 새로운 사회 자체의 중심을 국가로 본 것이다. 물론 현실사회주의권에서 교과서적 전형이 된 일당독재 국가와, 사회민주주의자들이 받아들인 의회민주주의 국가 사이에는 커다란 차이가 있었다. 그러나 '사회주의'라고 하면 많은 이들이 제복 입은 공무원들이 주도하는 세상이나 공무원의 간섭이 커지는 세상을 떠올리는 상황에는 20세기 사회주의의 양대 흐름 모두 큰 기여를 했다.

그의 소설에서 국가사회주의 체제가 결국 와해된 것처럼, 현실에서도 국가 중심 사회주의는 오래 지속되지 못했다. 소비에트연방을 중심으로 한 현실사회주의권은 21세기의 여명을 미처 보지 못하고 국내 민중 봉기로 무너졌다. 그나마 잔존한 중화인민공화국이 여전히 '사회주의' 체제를 자처하지만, 과거의 유산으로는 일당독재만 남아 있을 뿐 경제체제는 자본주의로 회귀한 상태다. 사회민주주의 복지국가는 이와 같은 극적인 붕괴를 경험하지는 않았지만, 후퇴하기는 마찬가지다. 20세기 말에 등장한 전투적 시장 자유주의자들은 사회민주주의를 무능하고 답답한 국가 관료주의로 모는 선동을 펼쳤는데, 대중의 전부는 아니어도 상당수는 이에 귀를 기울였다. 2008년 금융 위기를 겪은 뒤에는 신자유주의의 권위도 땅에 떨어졌다지만, 그렇다고 사회민주주의가 전에 누리던 신뢰가 원상 복구된 것도 아니다. 사람들은 명품으로 치장한 금융 엘리트들도 싫어하지만, 서류 더미에 파묻힌 공무원들이 이들을 대신하길 바라지도 않는 것 같다.

모리스의 유토피아 소설에서는 국가사회주의 체제가 이렇게 위기에 봉착한 뒤에 기존 시도보다 훨씬 더 급진적이고 민주적이며 바람직한 탈자본주의 사회가 모습을 드러낸다. 그러나 실제 역사는 앞부분만 그의 소설과 겹칠 뿐, 뒷부분은 정반대로 전개되고 있다. 적어도 아직까지는 그렇다. 사람들의 살림살이는 국가사회주의 실험들이 벌어지던 시절보다 크게 후퇴했고, 금융 위기, 불평등 위기에 이어 기후 위기까지 닥치는 지금도 자본주의 현실을 넘어서는 거대한 흐름은 눈에 띄지 않는다. 지구자본주의의 심장부인 미국에서 '민주적 사회주의'를 내세운 정치운동이 등장하는 등 일정한 변화의 조짐은 있지만, 지난 세기처럼 지구 전역에 걸친 개혁과 혁명의 강력한 연쇄 작용으로까지 성장하고 있지는 못한 형편이다.

여기에는 아무래도 '사회주의'라는 문제가 있다. 자본주의에 맞서면서도 국가사회주의와는 구별되는 사회주의는 대체 무엇인가? 국가 중심 사회주의가 아닌 (이상한 반복 어구 같지만) 사회 중심 사회주의란 무엇인가? 아니, 그런 지향이 과연 있을 수 있는가? 자본주의 너머를 지향하는 이들이 이 물음에 좀 더 자신 있고 풍부하게 답할 수 있어야만 더 많은 이가 반격과 전환을 결단하고 나설 수 있을 것이다.

이제껏 이 물음에 답하려는 진지한 시도들이 꽤 있었다. 그 가운데에는 마르크스주의의 여러 흐름 중에 승리자들(스탈린주의, 마오주의 등)에게 가려지거나 억눌려온 패배자들(가령 로자 룩셈부르크Rosa Luxemburg나 레온 트로츠키Leon Trotsky의 추종자들) 혹은 갖가지 이단적 경향에서 실마리를 찾으려는 움직임이 있다. 반면에 마르크스주의는 어떤 식으로든 국가사회주의의 책임에서 자유롭지 못하다고 비판하면서, 탈자본주의 이념들 중에서 가장 일관되게 탈국가적 이상을 지향한 아나키즘을 되살리자는 목소리도 있다. 국가사회주의 실패 이후에 사회주의를 재구성하고 재건하려는 시도로 잘 알려져 있는 것은 이 두 흐름이다.

그러나 이들보다 더욱 선구적이면서 구체적으로 사회 중심 사회주의의 길을 열어간 흐름이 있다. 윌리엄 모리스의 사회주의 비전을 계승하여 더욱 발전시킨 20세기 초 영국의 길드 사회주의 운동(이념)이다.

특히 길드 사회주의 운동의 대표적 사상가 G. D. H. 콜의 저작들은 현대 산업사회가 과연 계급사회도 아니고 관료 사회도 아닌 형태로 발전할 수 있느냐는 우리의 물음에 대한 가장 직접적이고 성실한 답변이다. 콜이 길드 사회주의 운동의 절정기에 그 이념의 정수를 일목요연하게 정리해서 낸 이

책《길드 사회주의》는 사회주의의 명예를 회복할 역사적 근거 자료일 뿐만 아니라 지금 우리 시대에 절실히 필요한 희망의 단서를 가득 담은 '뒤늦게 도착한' 고전이다.

옮긴이 장석준

서문

이 책은 길드 사회주의자 전체나 다수가 인정하는, 길드 사회주의의 공식 선언서라 자임하지는 않는다. 다행히도 엄격한 길드 정통 교리 따위는 존재하지 않으며, 앞으로 전개될 내용의 대부분은 개인적인 의견의 표명일 뿐이다. 하지만 나는 여기에서 검토한 사안들이 전국길드연맹National Guilds League의 실제 대회 결의의 주제가 된 것을 보고 나의 관점이 연맹의 공식 발표와 대체로 일치할 것이라 생각했다. 이 책은 대회 결의의 주요 내용 대부분을 담은 연맹 발간 보고서들의 참고 문헌이라 할 수 있다.

나는 《길드 사회주의》의 내용이 압축적인 점에 대해 얼마간 사과를 해야만 하겠다. 제한된 지면 안에서 길드 입장의 포괄적 진술을 제공하기란 매우 어려웠으며, 그래서 많은 점에서 설명이 충분하지 못하다. 특히 '이행 정책'을 다룬 짧은 단락에서 그러하며, 많은 중요한 문제들이 완전히 생략되었다. 이런 쟁점들 중 다수를 더욱 본격적으로 다루길 원하는 독자를 위해 '기타 관련 도서 소개'에 길드 관련 문헌들을 적어두었다.

　나는 이 연구가 현재와 같은 형태에만 머무르는 게 아니라 내가 속한 길드인들의 연구 서클에서도 오랫동안 토론 중임을, 이 연구 서클에서는 다수의 연구 과제가 기나긴 논쟁 주제임을 밝혀야 하겠다. 이 자리를 빌려 나는 연구 서클 동료들이 내게 그들의 가장 훌륭한 사상을 종합할 기회를 준 것에 감사를 표한다. 물론 나는 다른 길드 저자들로부터 많은 내용을 빌려오기도 했다.

1920년 9월
G. D. H. 콜

제1장

자유의 요구

오늘날 세상을 움직이는 사회 세력들을 어떻게 평가하든, 조직된 노동자들이 '산업에 대한 통제'를 더욱 폭넓고 깊이 있게 요구한다는 것이야말로 우리가 이해해야 할 가장 핵심적인 사실이다. 이 요구는 특정 국가만이 아니라 산업 시스템이 강력하게 구축된 거의 모든 나라에서 제기되며, 특정 형태에 제한되지 않고 각국의 기질과 전통에 따라 다양한 형태로 나타난다. 이 요구는 새로운 것은 아니다. 이는 1830년대 영국의 '오언주의' 노동조합운동[1], 유럽 대륙의 아나키스트와 공산주의자, 미국의 초기 혁명가와 개혁가 등을 통해 노동운동 역사 내내 간헐적으로나마 등장했다. 그러나 현재 제기되는 요구는 더욱 보편적이면서 뿌리가 깊을 뿐만 아니라 이제는 노동계급 조직의 긍정적 성취에 굳건한 기반을 두고 있다는 점에서 과거의 선례들과는 성격이 다르다. 또한 이는 더 이상 단순히 유토피아적이지만은 않은 건설적이며 실천적인 요구이기도 하다.

길드 사회주의를 주장하는 이 책은 특히 영어권 국민들 사이에서 나타나는 요구의 실상을 중심으로 설명하고자 하며, 길드 사회주의의 중심 사상이 무엇보다도 산업 통제 요구의 밑바탕에 자리한 열망을 이론과 실천으로 표현하려는 시도임을 밝히고자 한다. 이 책은 이런 열망이 실현되는 틀이 될 사회 조직 형태들을 고안하고 수립하지 않는다면, 사회라는 유기체의 건강을 약속할 만한 산업 시스템을 만들고자 하는 '재건'은 꿈도 꿀 수 없다는 신념 아래 집필되었다. 이런 점에서, 비록 이 책의 접근법과 주된 주제가 산업에 집중된다 할지라도 그 함의와 결론은 산업 영역을 넘어 훨씬 넓게 확대될 것이며, 산업 재건뿐만 아니라 정치 노선 일반에 대한 건설적 제안과 민주적 대의 정부 전반의 이론을 포함하게 될 것이다.

다른 모든 사회주의 이론과 마찬가지로 길드 사회주의 이론 역시 사회 안의 인간 생활과 인간 연합associations²의 목적에 관해 특정한 근본 전제를 깔고 있지만, 가장 중요하게는 현재 우리가 놓인 현실적인 역사적 상황에서 결론을 이끌어 낸다. 길드 사회주의자가 이 사상을 신념으로 삼게 된 것은 추상적 추론 과정의 결과가 아니라, 길드 사회주의자의 근본 전제를 인정할 경우 오늘날 사회문제가 전개되는 양상으로부터 자연스러우면서도 간명하게 이 문제에 대한 길드 사회주의식 해법이 도출되는 듯 보이기 때문이다. 길드 사회주의자의 주장은 뜬구름 잡듯 유토피아를 꿈꾸자는 게 아니라 사회 안에서 현재 작동 중인 상당히 뚜렷한 특정 경향들에 형태와 방향을 부여하자는 것이고, 이미 존재하는 제도와 사회 세력들의 가장 자연스러운 발전을 앞당기자는 것이다. 길드 사회주의자는 '공상가'라 불려도 괘념치 않는다. 왜냐하면 자신의 그 공상이야말로 더없이 실제적이라 확신하기 때문이다.

따라서 길드 사회주의자의 사고방식을 이해하는 최선의 길은, 첫째로 길드인人의 사회 인식에서 근본 전제가 무엇인지, 둘째로 길드인이 유럽, 아메리카, 오스트레일리아의 산업사회들이 현재 직면한 상황을 어떻게 바라보는지, 셋째로 문제의 해법이 기본적으로 어떤 세력과 제도의 발전에 달려 있다고 믿는지를 살펴보는 것이다. 이런 점들을 정확히 짚어 나가다 보면 길드 사회주의의 제안들을 더욱 내실 있게 이해할 수 있을 것이다.

길드인은 사회의 핵심 가치란 인간적 가치이며, 사회란 구성원의 의지에 따라 결집한 연합들의 복합체로 간주되어야 하고, 사회의 목적은 구성원의 좋은 삶well-being을 실현하는 것이라고 여긴다. 더 나아가 길드인은 통치 형태가 피치자의 수동적 혹은 '암묵적' 동의에 바탕을 두는 것만으로는 부족하며, 사회는 완전히 민주적이고 자치적인 상태에 있을 경우에만 건강을 유지할 것이라 여긴다. 여기에서 완전히 민주적이고 자치적이라 함은 모든 시민이 원하기만 한다면 사회의 정책에 영향을 끼칠 '권리'를 지녀야 한다는 뜻일 뿐만 아니라 모든 시민이 이런 권리를 실제 행사할 수 있도록 가능한 한 최대의 기회를 보장받아야 한다는 뜻이기도 하다. 즉 길드 사회주의자가 바람직하다고 여기는 민주주의 개념은 구성원들이 단지 수동적인 수준을 넘어선 능동적인 시민권을 지녀야 한다는 내용을 포함한다. 나아가 길드 사회주의의 민주주의 개념에서는 이러한 민주주의 원리가 '정치'라 불리는 사회 행위의 일부 특별한 영역만이 아니라 사회 행위의 모든 형태에 예외 없이 적용되어야 하고, 정치 문제만큼이나 특히 산업과 경제 문제에도 완전히 적용되어야 한다. 이것은 길드 사회주의의 민주주의관에서 가장 관건이 되는 중대한 전제일 것이다.

나는 이것들을 길드 사회주의의 근본 전제라 부르지만, 그렇다고 이들 모두가 더 토론할 여지가 없다고 말하려는 것은 아니다. 물론 이들 전제는 명백한 설득력을 지닌 주장을 통해 뒷받침될 수 있다. 왜냐하면 이런 완벽한 수준에서 자치를 실현한 공동체만이 그 활동 전체에 걸쳐 구성원들에게 최선의 행동을 요구할 수 있거나, 실질적 자유의 필수 조건인 개인적·사회적 자기 표현의 기회를 최대한 보장할 수 있기 때문이다.

그러나 위에 제시한 전제들을 뒷받침하고 지지하는 이런

주장은 실제로는 위 전제들과 동일한 고민을 통해서만 설득력을 지닐 수 있으며, 결국은 동일한 근본 입장을 다른 방식으로 진술하는 것이다. 길드 사회주의 입장의 핵심은 사회가 모든 구성원에게 개인적·집단적 자기 표현의 기회를 가능한 최대로 보장하도록 조직되어야만 하며, 이는 능동적 자치를 사회의 모든 부분으로 확대함을 뜻한다는 신념에 있다.

오늘날 사회가 이런 원리에 따라 작동하고 있다고 진지하게 주장할 수 있는 이는 아무도 없다. 물론 이론상으로는 우리가 매우 거창한 민주주의의 수단을 쥐고 있다고 하지만, 이런 이론상의 민주주의가 실제로는 거의 작동하지 못할 수밖에 없는 이유가 적어도 세 가지는 있다.

우선 오늘날의 민주주의 이론조차 여전히 '동의 의식' 유형의 주장들로 채워져 있다. 이는 보통 시민에게는 통치자를 선출하는 정도의 (실제로는 허깨비에 불과한) 특권만을 부여하며, 보통 시민 스스로 통치하도록 요구하거나 그럴 기회를 부여하지 않는다. 실제 오늘날의 민주주의 실천의 압력 속에서 대의 정부 이론은 심지어는 이론에서조차 대의되는 이들을 대의하는 이로 거의 완전히 대체해버리는 지경에 이르렀다. 이것이 '의회 주권' 교의가 진짜 뜻하는 바다.

둘째, 이러한 민주주의의 공인된 판본은 민주주의를 정치라 알려진 아주 특수한 영역에만 적용함으로써 이를 좁은 '정치적' 의미로만 이해하며, 사람들이 연합이나 결속을 통해 행하는 모든 활동에 민주주의를 적용한다는 더욱 광범하고 포괄적인 의미를 인식하지 못한다. 그 결과로 '민주주의' 이론가들은 사회 활동의 비정치적 영역에서 나타나는 비민주적 조직과 관행이 이들 영역에서 사람들이 영위하는 삶에 커다란 영향을 끼친다는 점뿐만 아니라 현대 정치의 민주주의 이론이 현실에서 오도되고 무력화되도록 만든다는 점까지 철저히 무시한다. 이들은 교육, 권력, 환경 통제의 엄청난 불평등을 야기하는 부와 지위의 엄청난 불평등이 정치든 다른 어떤 영역에서든 필연적으로 실질적 민주주의에 치명적이라는 사실을 경시한다.

셋째, 대의 정부 이론은 대의되는 이를 대의하는 이로 대체해버리는 것뿐만 아니라 정부 개입에 의한 대의 수단의 오작동이 확대됨을 통해서도 왜곡된다. 정부가 다루는 문제들이 비교적 소수이고 제한되어 있다면, 그리고 사회 활동의 대부분이 국가의 규제를 받지 않거나 중세 길드 같은 다른 수단을 통해서도 전혀 규제를 받지 않는다면, 대의 정치체가 어떤 문제를 다루든 사람들이 대표 한 사람을 선출해 일을 맡길 수도 있을 것이다.[3] 그러나 정부가 맡는 문제가 늘어나고 사회 활동 가운데 더욱 많은 부분이 정치적 규제 아래 놓이게 되면서 한때 그 한계 범위 안에서나마 실질적이었던 대의는 민의의 왜곡으로 변질되었고, 한없이 많은 수의 서로 다른 문제들을 다루기 위해 선출된 공직자는 자신을 뽑아준

이들과 어떠한 실질적 대의 관계도 갖지 않게 되었다.

진실한 사회주의자라면 다 그렇듯이 길드 사회주의자 역시 구성원들 사이에 부와 지위, 권력의 엄청난 불평등이 존재한다고 인정되는 사회에서 참된 민주주의를 기대하기란 참으로 헛된 일이라 여긴다. 산업 영역에서 한 사람은 고용주이고 다른 이는 임금노예라서 한쪽은 부를 누리며 명령을 내리고 다른 쪽은 생계마저 불안정한 데다 남에게 복종해야 한다면, '1인 1표제'에 바탕을 둔 선거 기구만으로는 무슨 수를 써도 이 둘 사이에 실질적인 사회적 혹은 정치적 평등을 실현할 수 없음은 너무도 명백한 일이다. 왜냐하면 부유한 고용주나 아니면 고용주보다 더 위에 있는 훨씬 더 부유한 금융가가 경제 권력을 활용해 임금노예의 선거권을 완전히 포위할 것이기 때문이다. 부유한 자본가와 광고주의 도움을 통해서만 운영될 수 있는 언론, 돈이 많이 드는 선거 기구, 빈부에 따라 내용이 달라 한쪽에게는 권력을 다른 한쪽에게는 복종을 훈련시키는 교육 체제, 이렇게 계급에 따라 다른 교육 내용을 반복 실행하는 산업 체제와 그 밖의 수백 가지 영향력이 서로 결합해 부자가 빈자에 비해 무한히 더 강력한 실질적 정치 권력을 갖게 만든다.

만약 민주주의를 바란다면, 즉 어떤 외생적 요인과도 상관없이 누구의 목소리든 본질적으로 가치 있는 것으로 대접받길 바란다면, 그 자연스러우면서도 정당한 결론은 계급 차별

의 실질적 토대인 부와 경제 권력의 크나큰 불평등을 제거함
으로써 계급 차별을 철폐해야만 한다는 것이다.

　경제적 요인의 압도적인 영향력 탓에 현존 사회 기구는 아
직도 경제활동에 대한 통제력을 행사하는 사회 계급의 관점
을 대변하는 게 사실이다. 하지만 동시에 이 계급의 권력이
그 적수인 노동계급의 지속적인 도전에 직면해 있으며, 이러
한 도전의 수단이 되는 조직들이 노동계급의 모든 집단과 분
파를 점점 더 완벽히 대표하고 있다는 점 역시 분명하다. 우
리 시대의 가장 중요한 사회현상은 노동계급 조직의 부상인
데, 이는 무엇보다 먼저 노동조합의 형태를 통해 나타나지만
협동조합운동이나 여타 부차적 측면을 통해서도 나타난다.
이러한 노동계급 조직은 이미 매우 거대한 사회 권력을 대표
하지만, 그렇다고 이 권력이 헌법을 통해 인정받는 것은 아
니다. 물론 영국산업연맹Federation of British Industries[4]을 사령
탑으로 삼는 거대 자본주의 독점기업과 기업연합의 훨씬 더
강력한 권력도 초헌법적이기는 마찬가지다. 하지만 자본가
조직의 초헌법성은 그다지 실질적인 문제는 아닌데, 왜냐하
면 이들이 대표하는 계급이 현재 시민사회 내의 사회적·경
제적 권위와 국가 내의 정치적 권위를 차지하고 있는 계급과
동일하기 때문이다. 반면에 경제적으로나 정치적으로나 무
산계급인 노동자는 어떤 쟁점에 관해서든 자신의 의지를 표
현하기 위해 자유롭게 사용할 만한 수단이라고는 사실상 산

업 조직 하나뿐이다. 노동자는 자신의 산업 역량을 더욱 자각할수록 산업 조직을 더욱 야심차게 활용하려 하며, 이를 코뮌형communal[5] 정부의 도구로 삼으려고 시도한다. 이것이 야말로 '직접 행동'의 핵심 의미다.

'직접 행동'이 도전 대상으로 삼는 경제조직 형태는 위로부터 볼 경우에 '자본주의'라 불린다. 동일한 시스템을 아래로부터 볼 경우에는 '임금노예제'라는 딱 들어맞는 이름으로 불린다. 그렇게 불리는 첫 번째 이유는 이 시스템 아래에서 일하는 수많은 이에게 준노예적 지위를 강요하기 때문이고, 두 번째는 임금 시스템을 통해 이를 실행하기 때문이다. 임금제도 덕분에 고용주나 기업은 통상적인 재화의 시장가와 다를 바 없는 가격에 따라 이윤의 원료로 요구되는 만큼 노동을 구매할 수 있게 된다. 노동은 시장 조건에 따라 싸게 구매될 수도 있고 비싸게 구매될 수도 있다. 하지만 이로부터 이윤을 만들어낼 수 없다면, 구매할 필요 자체가 없어진다. 일단 노동자의 노동이 구매되면, 노동자는 임금을 받는다. 구매되지 않으면, 임금을 받지 못한다. 후자의 상황에서 자본주의 절차에 글자 그대로 따른다면 노동자는 굶도록 방치되거나 '신구빈법'의 제약 조건 아래에서 구빈원에 강제수용되는 게 보통이었다. 하지만 이것이 비인간적인 데다 경제적이지도 않음이 입증되었기 때문에 최근에는 상대적으로 급여 수준이 높은 노동자들이 노동조합을 통해 쟁취한 얼마 안

되는 실업 준비금을 특정 업종 고용주들의 기여와 국가의 지원으로 보완하게 되었으며, 이에 더해 노동자들은 실업 기간 대비용으로 임금을 의무적으로 공제해야 했다. 하지만 이러한 실업수당 제도는 노동하는 자에게는 자본주의 이론에 따라 산업상의 어떠한 권리도 없다는 사실에 전혀 영향을 끼치지 못했다. 노동자는 뭔가를 얻기 위해 가능한 최대로 자기 노동력을 자본가에게 판매하고, 생산 결과에 대한 자기 몫의 청구는 임금 지급을 통해 청산된다고 여긴다. 노동자의 임금을 상회하는 생산물의 총가치는 지대, 이자, 이윤의 형태로 다른 이들에게 흡수된다.

물론 이는 매우 엉성한 요약이지만, 지금 우리의 목표는 단지 점점 더 강력해지는 노동계급 조직의 맹공격에 의해 이미 시스템 안에 균열이 나타나고 있음을 보여주는 것이기에 이 정도 설명으로도 충분하다. 이러한 성취들은 노동자를 고립에서 벗어나게 함으로써, 그리고 자기 노동력을 팔려는 개별 노동자의 개인적 경쟁 대신 노동조합이 모든 조합원에게 노동력 판매의 최저 조건을 규정하는 수단인 단체협상의 초보적 형태를 도입함으로써 달성된다. 노동조합 세력이 성장하면서 이런 상황은 더욱 빈번해질 뿐만 아니라 더 까다로워지며, 노동자들이 산업 운영 방식에 점점 더 적극적으로 간섭하는 현실을 드러내게 된다.

하지만 노동조합이 비록 온갖 규제를 가하기는 해도 이

는 여전히 산업의 실질적 운영에 외재적인 기구로 남아 있다. 노동조합은 공장이 운영되는 방식에 관해서는 실질적인 명령을 내릴 수 없다. 단지 할 수 있는 일이라고는 넓은 의미에서 금지 명령뿐이다. 그로 인해 어쩔 수 없이 노동조합 활동은 대개 긍정적이기보다는 부정적이고 뭔가를 제한하는 것이 되며, 또한 외부에서 부과된 국가 법률이 산업을 규제하는 것과 동일한 방식으로 작동하게 되고 결국 이와 동일한 결점을 갖게 된다. 이렇게 외부로부터 금지 시스템이 강요될수록 현존 시스템에는 더 많은 곤란이 발생한다. 고용주는 더 이상 공장을 자기 뜻대로 운영할 수 없다고 불평하는데, 일리 있는 이야기인 경우가 적지 않다. 하지만 노동조합 입장에서는 고용주를 가로막는 것 외에 달리 조합원을 보호할 방법이 없으며, 조합원에게 이익이 되는 방향으로 공장을 운영할 긍정적인 차원의 권한이 없다. 현실에서는 간혹 서로 이익을 교환함으로써 원만한 관계가 맺어지기도 한다. 하지만 시스템 전체는 본질적으로 불안정한 불균형 상태에 있으며, 길드 사회주의자가 보기에는 아무튼 두 가지 대안만이 가능한 것 같다. 제한을 가하는 노동조합의 힘을 분쇄해버리거나 부정적인 권한을 긍정적인 것으로 바꿔야 한다. 즉 노동조합이 브레이크만 손에 쥐던 수준을 넘어 운전대를 장악해야 한다.[6]

현 산업 시스템이 순전히 서로 다른 경제 권력들 간의 다툼이라는 측면에서 교착 상태에 빠졌다는 진술은 기본적으로 불완하다. 왜냐하면 권력의 배후에서 이들을 조종하는 의지가 존재하기 때문이다. 오로지 두 권력이 팽팽히 맞서게 된 것만 교착 상태의 유일하거나 주된 원인은 아니며, 이러한 세력 균형의 변화가 분명 일정한 영향을 끼친 탓에 산업과 관련된 경제적 계급들의 심리적 태도가 근본적인 변동을 겪고 있다는 점도 중요한 원인이다. 앞에서 대략 요약했듯이, 자본주의 시스템 혹은 임금 시스템은 여러 계급이 이 시스템 아래에서 각자에게 주어진 위치를 기꺼이 받아들이거나 받아들이도록 강요될 수 있을 때에만 작동할 수 있었다. 공장 시스템의 초기, 특히 '오언주의' 노동조합운동과 차티스트운동 시기에는 대개 생전 처음 겪어본, 참을 수 없는 조건과 지위에 맞서 참으로 광범한 노동자들의 반란이 있었다. 하지만 멍에를 벗어던지기에는 쓸 수 있는 세력과 조직이 없었고, 결국은 순종할 의사가 없는데도 이 시스템을 억지로 받아들여야만 했다. 반란이 실패하고 나서 노동조건이 현실에서 조금이나마 개선되자 순종적인 분위기가 지배하기 시작했다. 19세기 후반기에 공장 시스템은 여전히 이 시스템 아래에서 더 나은 위치를 획득하고자 했으나, 예전에도 그랬듯이 결국은 이를 달성하기 힘들었던 노동자 측의 어쩔 수 없는 복종, 더 나아가서는 동의에 크게 의존하며 지속되었다. 19세기가 끝나갈 즈음 현대 사회주의운동이 성장하고 새로운 부문의 노동자들 사이에 조직이 확대되자 반란의 분위기가 다시 무르익기 시작했다. 하지만 1914년 직전 몇 년 동안의 노동 불안기[7]에도 불구하고 전쟁 시기에 이르도록, 자본주의 시스템의 전복이 임박했다고 위협하거나 통치 계급에게 심각한 경고를 날리는 수준에까지는 이르지 못했다.

전쟁[제1차 세계대전]은 한편으로 새로운 요소들을 등장시키고 다른 한편으로 이미 기능하던 요소들의 작동을 엄청나게 가속화함으로써 상황을 완전히 뒤바꾸었다. 일국을 넘어 여러 나라에서 저항운동이 무르익어 어떤 경우는 실제로 혁명에까지 이르렀지만, 훨씬 더 많은 경우는 즉각적인 혁명에는 도달하지 못한 채 자본주의 시스템을 커다란 곤경에 빠뜨리는 긴장 상태가 나타났다. 이런 일이 일어난 것은 곳곳에서 조직된 노동계급이 전쟁 덕분에 자신의 역량을 더욱 뚜렷이 자각하기에 이르렀고, 역량을 강력하고 널리 인정받는 사회 권력으로 전환할 가능성을 깨닫게 되었기 때문이다. 또한 조직 노동자들은 자본주의가 적절한 생산방식인지에 대해 크게 불신하게 되었으며, 이 때문에 국가—사회의 정치적 기구—는 더욱 적나라하고도 명백하게 계급 지배의 도구라는 모양새를 띠게 되었다. 게다가 볼셰비즘의 정책이야 어떻게 평가하든 러시아혁명은 곳곳에서 노동자들의 의식에 매우 강력한 영향을 끼쳤으며, 러시아에서 혁명이 일어났다는 사실에 대한 인식이 노동자들의 의식 속에서 다른 요소들과 혼합되자 노동자들 사이에서는 변화를 향해 당장이라도 떨쳐 일어날 것 같은 분위기가 일었다. 여기에다 전쟁 탓에 자잘한 부수 효과 따위는 무시하고 최후의 처방을 기꺼이 받아들이려는 태도가 성장했다는 사실과 무엇보다 공장에서 기존 구조의 심각한 어긋남을 경험했다는 사실을 더하면, 모든 산업국가에서 노동계급의 태도가 심대하게 변화한 원인을 설명하기에 충분하다.

이런 태도 변화는 급속하게 실제 산업 상황의 변화를 야기했다. 노동자들 사이에서 크든 작든, 정부에 대해서든 아니면 고용주에 대해서든 쟁의에 나서려는 의지가 강해졌을 뿐만 아니라, 공장과 자신의 일에 임하는 일상적 의식 상태에도 커다란 영향이 나타났다. 노동자들은 더욱 적극적으로 파업을 학습했을 뿐만 아니라 자본가 상전을 위해서는 일하지 않으려는 경향이 점점 더 강하게 나타났다. 그 결과는 공장 분규의 지속적인 증가로 나타났을 뿐만 아니라 훨씬 심각하게는 개인별 성과의 급속한 감소로 나타났다. 후자와 관련해서는 '성과급'의 형태로든 "산업의 번영과 국가 재건의 대의를 위해 더 많이 생산하자"는 선전물이나 다른 훈계의 형태로든 '생산 유인책'을 동원해도 전혀 대책이 되지 못했다. 이에 따라 강력한 노동계급 조직이 가하는, 자본가와 자본주의 국가에 대한 바깥으로부터의 위협이 가장 격렬히 전개되기 시작한 바로 그때에 자본주의 시스템은 노동자들이 과거에 그랬던 것처럼 충직하고 고분고분하게 복무하지 않으려 함에 따라 안으로부터도 허물어지기 시작한 것이다. 강압은 노동자들의 이런 거부에 맞서는 효과적인 수단이 되지 못했다. 왜냐하면 과거 반란 시기에 노동자가 공장으로 돌아가 생산에 임하지 않을 수 없게 만든 수단이었던 굶주림과 공포라는 마법은 오늘날 조직 노동의 절대적 힘이 증대된 탓에 이제 효력을 대부분 잃고 말았기 때문이다. 어느 곳에서든 노동자들은 자본주의 사회질서를 허물어뜨리면서 굳건히 전진하고 있다.

이런 점에서 길드 사회주의자는 현재의 형세가 역사의 퇴행을 대가로 제한된 기간만 존속될 수 있다고 보며, 길드 사회주의가 사회 발전의 다음 단계가 취해야 할 최선의 형태를 정확히 포착했다고 믿는다. 나아가 노동자들이 자기 방어를 위해 탄생시킨 조직이 기능 측면에서나 조합원 수 측면에서나 확대될 것이라고 확신하며, 노동계급 정책의 최근 추세가 지배계급에게 외면받고 있는 곳이라면 어디든 확대될 거라고 여긴다. 길드 사회주의자의 시각에 따르면 낡은 질서와 새로운 질서 사이의 충돌은 서로 적대하는 사회 계급, 즉 유산계급과 무산계급이 권력을 놓고 벌이는 투쟁이며, 조직된 노동자들이 사회적 기능들을 공동의 이익에 부합하는 방향으로 누구보다 더 잘 수행할 수 있다고 점점 자신하게 되면서 이들 기능을 인수하려고 벌이는 고투다. 게다가 자본주의 산업의 효율성이 낮아지고 노동자들의 생산 의지가 줄어들어 사회적 지위와 권위의 분배가 경제적 역량의 실제 균형과 전혀 조응하지 않게 되었다는 것이 길드인의 생각이다. 이런 상황에서는 폭력적인 형태로든 비폭력적 형태로든 혁명적 변화가 출현할 수밖에 없다. 길드인의 목적은 도래하는 혁명을 건설적 정신으로 채우고, 보통 사람들의 열망과 일치할 뿐만 아니라 보통 사람들이 자본주의 아래에서 자신을 지키려고 만든 조직의 역량과도 조화를 이루는 적극적 정책을 마련해 이 혁명을 촉진하는 것이다.

따라서 길드 사회주의는 주로 제도의 이론이자 사회구조의 변형을 지향하는 정책이라는 모습을 띠게 된다. 하지만 이것은 길드 사회주의가 인간 삶을 사회적 기구 속에서 완전히 파악할 수 있다고 믿기 때문이 아니라, 좋든 나쁘든, 인간의 욕망 및 본능과 조화를 이루든 어긋나든 사회 기구가 인격의 표현을 촉진하거나 아니면 방해하는 수단이라 믿기 때문이다. 환경이 로버트 오언Robert Owen이 생각한 만큼 성격을 절대적으로 형성하지는 않을지라도 이는 성격이 다양한 형태로 표현되도록 방향을 정하거나 전환시키는 역할을 한다. 적어도 현대 사회에서 환경은 주로 사회 기구의 문제다. 그렇기에 이 기구를 올바로 이끌고 사람들이 사회적 의지를 표현할 수 있도록 이를 조절하는 것은 정치체의 안녕well-being[8]을 이루는 데뿐만 아니라, 개인의 좋은 삶을 이루는 주된 구성 요소인 올바른 방향의 성취감과 행복이라는 측면에서도 가장 확실한 길이다. 길드인이 산업주의나 사회제도에 관해 이론화하고 계획하는 데 많은 시간을 보내는 것은 이것들을 이상화하기 때문이 아니다. 인간이 좋은 삶을 실현할 최선의 기회는 삶의 이런 측면들이 정확하고도 굳건하게 제자리를 찾는 데 있다고 보기 때문이다.

제2장

민주주의의 기초

제1장에서는 사회를 재편하는 건설적 과업을 수행하려면 특정 사회 계급의 권력 장악 계획을 아무리 잘 준비하더라도 그것만으로는 부족하다는 점을 강조했다. 이에 더해 이 계급이 권력 장악 과정뿐만 아니라 그 이후에도 일관되게 추구할 긍정적인 행동 계획이 마련되어 있어야 한다. 길드 사회주의는 노동자 자신의 조직에 직접 바탕을 두고 이 조직에 변혁 과정의 주도적 역할을 맡기는 것이 계획의 핵심적인 특성이 되어야 한다고 주장한다.

이 계획을 살피기 전에 필수 예비 단계로 제1장에서 소개한 두 번째 비판 맥락을 짚어봐야 한다. 그리고 이를 통해 현존 사회의 계급적 성격을 철폐한다 하더라도 그 사회구조는 우리가 근본 전제로 삼은 합리적인 인간 연합과 정부의 조건을 충족시키는 데는 여전히 못 미친다는 점을 이해해야 한다. 물론 나는 앞으로 검토할 현존 사회구조의 많은 점이 사회의 계급적 토대에 따른 간접적 결과임을 부정하지 않는다.

그러나 이것들은 적어도 이론상으로는 예컨대 사회적·경제적 계급의 폐지 이후에도 존속할 수 있다. 그래서 실제로 이제껏 자칭 사회주의자들 중 다수가 이러한 연속성을 바람직한 것으로 여기기도 했다.

현 시스템에서 입법을 통해 정책을 통제하는 최고 기관은 의회로 되어 있고, 집행 권한을 지닌 최고 기관은 하원 내 다수파의 위원회 비슷한 것으로 여겨지는 내각이다. 이론상으로 의회의 권한에는 제한이 없으며 태양 아래 어떤 주제든 법으로 만들어 통과시킬 수 있다. 게다가 정치체가 점점 더 병들면서 의회가 통과시키는 법률도, 그 법률이 다루는 주제도 늘어나기만 한다. 그러면서 동시에 의회의 실제 권력 또한 쇠퇴 일로에 있으며 거대 기득권의 대리인 노릇을 하는 내각이 그 기능을 대부분 낚아채고 있다는 것 역시 진실이다. 하지만 이게 우리의 관심사는 아니다. 왜냐하면 우리의 탐구 대상은 상비군과 국가 경찰 같은 여타 기구들과 함께 현대 국가 형태 안에서 의회와 내각이 겉으로 내세우는 모습이기 때문이다.

국가 전능성 이론은 점진적으로 발전했다. 과거 정치철학자의 전형이었던 로크John Locke는 국가를 지금 이 말에 귀속된 의미에서 '주권자'로 여기지는 않았으며 기능과 역량을 엄격히 제한했다. 중세로 더 거슬러 올라가면, 국가가 여러 사회 기구와 연합들 중 하나에 불과하던 때가 있었다. 이

때에는 모든 사회 기구와 연합이 얼마간 분명히 규정된 활동 영역 안에서 사회적 권력과 권위를 행사하는 것이 인정되었다. 중세가 끝나고 막 뒤따른 시기에 이들 여타 기관은 대부분 일소되거나 유명무실해졌다. 그러나 16~17세기에 잠시 나타난 제한된 범위의 예외를 제외하면 이러한 소멸의 결과는 국가의 권력 장악이 아니라, 여러 기관과 연합들이 규제하던 사회적 목표들이 공동체적 규제의 영역 바깥으로 모두 이전되는 것으로 나타났다. 이로써 18~19세기에 산업혁명이 마음껏 펼쳐질 기반이 조성되었고, 현대 산업주의의 거대한 구조가 성장했다. 이를 유기적 시스템으로 만들어 공동의 이익을 지향하게 만들려는 사회의 시도는 찾아보기 힘들었다. 역으로 이러한 규제받지 않은 성장 때문에 급박한 개입의 필요성이 대두했다. 공동체적 구조의 다른 모든 형태가 파괴되거나 수면 아래로 잠복한 상황에서 개입의 요청을 받은 것은 국가였다. 이로 인해 국가 활동 영역이 엄청나게 확대되었다. 이런 국가 활동은 비록 부분적으로는 사회의 보호에 기원을 두었지만, 결과적으로는 왜소한 개인이 더욱 거대해진 리바이어던[구약 성서에 나오는 바다 괴물, 철학자 홉스도 국가를 이에 비유했다]과 대면하도록 만들었고, 개인의 자유에 극도로 해로운 상황을 낳았다. 우리는 이러한 개인적 자유의 실질적인 침해를 요즘에 와서야 자각하는 중이다. 벨록Hilaire Belloc 씨9의 주장처럼 이로써 현대 사회에 노예제 국가가 등장할 조건이 구축되었다.

지난 몇 년 동안 벌어진 일들 덕분에 많은 이가 이러한 발전의 실상에 눈을 뜨기 시작했고, 특히 국가라는 주제를 놓고 사회주의 사상에 일대 혁명을 일으켰다. 이는 실은 사회주의자들을 항상 첨예하게 분열시켰던 문제다. 그러나 자칭 마르크스주의자든 아니든 모든 의회사회주의자들은 산업사회주의자와 파국적 혁명가들에 반대하면서 늘 사회주의가 국가기구에 대한 인민 혹은 노동자의 통제권 인수를 통해, 즉 의회와 정치 권력 장악을 통해 실현된다는 주장을 고수하는 경향이 있었다. 그래서 그들은 이 권력을 사용해 부유층의 자산을 수용하고 생산수단을 사회화하며 사회주의자가 다수인 의회의 완전한 통제와 국가 소유 아래 산업을 재편한다는 내용을 중심으로 사회주의의 현실적 성취를 이해했다. 사실상 이들이 전망한 필수적인 구조적 변화는 자산 수용收用이 함의하는 사회적·경제적 변화를 제외하고는 거대한 리바이어던 편에 권력과 의무를 새롭게 쌓아 올림으로써 이미 존재하던 국가주권 강화 경향을 완성하는 것뿐이다.

우리가 설명한 바의 밑바탕에 자리한 근본 가정이 옳다면, 위와 같은 생각은 분명히 모두 그릇된 것이다. 왜냐하면 우리는 조직된 사회 활동의 모든 영역에 민주주의를 완전히 적용해야 할 뿐만 아니라 민주주의는 기능과 목표의 측면에서 이해될 경우에만 실질적 의미를 지닌다고 전제하기 때문이다. 거대 공동체라면 어디에서든 민주주의는 반드시 대의제 정부를 수반한다. 하지만 오늘날 대의제 정부의 통상적 형태에서 대개 그렇듯이 대의되는 다수의 의지를 대의하는 한 사람의 의지로 대체한다면, 이는 민주적 정부가 아니다. 오늘날 모든 '민주'국가에 존재하는 의회 대의제의 현존 형태가 민주주의의 근본 원리를 노골적으로 위반하는 데는 두 가지 측면이 있다. 첫째는 유권자가 의원을 실질적으로 통제할 수 없고 임기가 끝날 때까지 한참 기다려야만 교체할 수 있어서 사실상 선택의 폭이 매우 제한되어 있다는 점이다.[10] 둘째는 의회에 제기됨직한 모든 문제와 관련해 유권자가 자신을 대의할 사람을 1인만 선출하도록 요구받는다는 점이다. 이에 반해 합리적 인간이라면 누구나 항상 이 문제는 이 사람과 동의하더라도 또 다른 문제는 다른 이와 동의할 게 틀림없다. 적어도 현재와 같은 계급 분할의 경제적 토대가 사라진다면 당연히 그리 될 것이다.

이런 점에서 전능한 의회에 바탕을 둔 전능한 국가는 결코 어떠한 실질적인 민주적 공동체와도 어울리지 않으며, 공동체적 조직의 영역에서 국가의 경쟁자들이 그랬듯이 파괴되거나 안락사 당해야 한다. 미래 사회가 어떤 구조를 취하든 길드인은 오늘날의 만능 해결사 국가가 존속할 여지는 없다고 확신한다.

긍정적인 차원에서 말하면 민주적 대의제의 핵심은 첫째,

대의되는 자들이 대의하는 자를 자유로이 선택하며 일상적으로 접촉하고 상당한 통제권을 지녀야 한다는 것이다.[11] 둘째는 유권자들이 시민권의 모든 측면에서 한 인간 혹은 시민을 대의하게 하려고 누군가를 선출하는 게 아니라 일부 특정한 목표 혹은 일군의 목표들, 달리 말하면 일부 특정한 기능과 관련한 자신의 관점을 대의하게 하려고 누군가를 선출할 수 있어야 한다는 것이다. 따라서 모든 진정한 민주적 대의제는 기능적 대의제다.

어떤 민주국가의 구조든 이러한 핵심 원리와 조화를 이뤄야만 한다. 대의제를 채택할 경우 이는 항상 일정 범위의 기능과 연동되어야 한다. 말하자면 사회 안에서 수행되어야 할 서로 다른 핵심 기능군이 존재하는 만큼 각기 따로 선출된 여러 대의기구가 존재해야 한다. 스미스는 브라운, 존스, 로빈슨을 인간 존재로서 대변할 수는 없다. 왜냐하면 한 개인으로서 인간 존재는 근본적으로 대의될 수 없기 때문이다. 스미스는 오직 일정 범위의 사회적 목표 혹은 서로 연관된 일군의 목표들과 관련해 브라운, 존스, 로빈슨이 지닌 공통의 관점을 대의할 수 있을 뿐이다. 따라서 브라운, 존스, 로빈슨은 각각 한 표만 행사해서는 안 된다. 이들의 관심 대상으로서 힘을 모아 해결해야 할 문제가 다양하게 존재하는 만큼 여러 다양한 기능별 투표권을 지녀야 한다.

적어도 지금까지 검토한 내용은 특정 형태의 선거구나 선거제도를 제안하거나 처방하는 게 아니라는 점을 지적해야 하겠다. 지역에 따라 투표해야 한다거나 직업별로 선거구를 나눠 투표해야 한다거나 두 방식을 다 사용해야 한다고 주장하는 게 아니다. 지금껏 논한 바는 오직 인간이 다양한 사회적 목표나 이해관계를 지닌 만큼 서로 다른 여러 방식으로 투표권을 분리해 행사해야 한다는 것이다. 그러나 민주주의 원리는 시민들이 공유하는 각각의 목표와 관련해 공동체 시민 전체에게 적용되어야 할 뿐만 아니라 사회적 기능의 수행을 위해 협동하거나 공동의 사회적 이익을 지닌 각각의 시민 집단에게도 동등하게 적용되어야 한다. 같은 공동체 성원들을 하나의 연합으로 묶어주는 유대는 실은 두 가지 서로 다른 형태로 나뉜다. 첫째는 공통의 직업, 즉 경제적 성격을 띠든 아니든 일정한 형태의 사회적 봉사[12]를 공동으로 수행하는 데 따른 유대다. 둘째는 공통의 이해관계, 즉 봉사의 입수, 이용 혹은 소비다. 오늘날 노동계급 세계에서는 노동조합주의가 첫 번째 유형의 대표적인 사례이며, 협동조합이 두 번째 유형의 대표적 사례다.

민주적 공동체에서는 자치의 원리가 공통 목표의 두 형태 각각으로부터 비롯된 모든 연합의 사안 하나하나에 반드시 적용되어야 한다. 이러한 관점에서 보면, 특정 목표를 수행하기 위해 존재하는 연합이 이 목표를 공유하는 이들을 적절히 대표하기만 한다면 여기에 시민 전체가 속하는가 아니면 일부만 속하는가는 중요하지 않다. 따라서 특정한 봉사나 이해관계 각각에 대해 대의 정부 혹은 행정은 이에 이해관계를 지닌 개인들을 가장 적절히 대표하는 형태를 취해야 한다고 하겠다.

그러나 달리 보면 만사는 상당한 정도로 만인의 관심사이기도 하다. 서비스를 어떻게 수행할지는 광산 노동자나 다른 특정 산업 노동자들만의 배타적 관심사가 결코 아니다. 광업 이외의 산업 종사자를 포함한 만인이 석탄 소비자로서 관심을 공유한다. 교육 시스템이 어떤 형태를 취하고 어떻게 운영될지는 결코 교사들만의 관심사가 아니다. 인민 전체가 가장 중요한 공익 서비스인 교육에 관심을 갖는다. 다른 한편 석탄산업이 광산 노동자와 관련되고 교육이 교사와 관련되는 방식은 분명히 다른 사회 구성원들이 관련 맺는 방식과는 구별된다. 후자에게 석탄은 수많은 상품들 중 하나이고 교육은 여러 공익 서비스 중 하나인 데 반해 광산 노동자나 교사에게 자기 직업이란 사회 활동 중에서 가장 중요한 관심사다.[13]

이런 구별을 통해 우리는 문제의 핵심에, 그리고 길드 사회주의와 다른 사회주의 유파 사이의 커다란 실천적 차이에 이르게 된다. 왜냐하면 길드인은 쟁점이 되는 문제 전체를 풀 열쇠가 이러한 구별에 대한 올바른 이해에, 그리고 이 구별을 인정하고 온전히 대비하는 사회제도의 구성에 있다는 입장이기 때문이다. 공동체 성원 모두가 필수 산업에 대해 소비자와 이용자로서 갖는 공통의 이해관계나, 교육 등의 서비스에 대해 공통의 문화 및 규약 공유자로서 갖는 공통의 이해관계를 부정하는 것은 사리에 맞지 않는다. 그러나 광산 노동자가 자기 산업의 조직에 대해 혹은 교사가 교육 시스템 운영에 대해 갖는 특별하고 나아가서는 치열하기까지 한 관심을 부정하는 것 역시 허망한 일이다.

그럼에도 불구하고 이러한 말도 안 되는 두 부정 중 어느 한쪽을 지지하는 사회주의 혹은 사이비 사회주의 유파가 존재한다. 국가가 소비자를 대변한다고 여기는 집산주의자 혹은 국가사회주의자와, 협동조합이 소비자의 훨씬 더 훌륭한 대변자라고 보는 순수한 '협동조합' 이상주의자는 모두 생산자나 서비스 제공자가 직업 활동에서 요구하는 자치를 인정하길 거부한다. 다른 한편 순수한 '생디칼리스트'나 순수한 '산업노동조합주의자'는 소비자의 입장을 특별히 대변할 필요성을 부정하며 오직 생산이나 서비스 제공을 토대로 사회를 조직하자고 주장한다.

사실 적대하는 이 두 관점의 극단적인 형태는 모두 사멸하는 중이며 서로에 대한 압력 그리고 둘에 대한 길드 사회주의의 압력을 통해 둘 다 수정을 요구받고 있다. 그러나 오늘날의 통상적인 국가사회주의자 혹은 협동조합 이상주의자는 여전히 소비자의 요구만을 주로 강조하면서 생산자에게는 아주 종속적이며 '신중하게 규제된' 자유만을 허용한다.

반면 사실상 생산자만 강조하면서 소비자의 자치 요구는 마지못해 별 열의 없이 지지하는 이들도 여전히 존재한다.

의견 차이를 더 벌리기보다는 활동 영역과 기능을 선명히 구분하는 데 해법이 있음을 지적함으로써 이 두 사상 유파 사이의 균형을 유지하는 것이 길드 사회주의의 과업이었다. '산업 통제'라는 문구[14]는 실은 생산자와 소비자의 요구를 모두 포함하는 의미로 느슨하게 사용되었다. 그러나 각각의 용법에서 이 말의 의미는 상당히 달라지며 이는 연합의 형태에서도 마찬가지다. '생디칼리스트'와 길드 사회주의자가 생산자에 의한 통제가 필요하다고 말하거나 노동조합 스스로 통제를 요구할 때 주로 관심을 두는 것은 산업 내부의 조건, 공장이나 작업 현장이 운영되는 방식, 경영자의 임명 및 노동조건의 결정 그리고 무엇보다도 노동자가 육체 혹은 두뇌로 수행하는 자신의 작업에서 누리는 자유의 정도다. 반면 국가사회주의자나 협동조합주의자가 '소비자 통제'를 말할 때 주로 염두에 두는 것은 공급되는 재화의 양과 질, 분배의 우수성, 판매 가격이다. 간단히 말해 이들의 생각은 생산자와 주로 관련된 사안들에 대해 밀접한 관계를 맺으면서도 여전히 산업 내부의 운영보다는 대외적 관계에 관심을 기울인다는 핵심적 차이를 견지한다. 말하자면 이는 국외자의 관점에 따른 '대외 정치'라 하겠다.

기능과 목표에 대한 필수적 구분이 이뤄지지 않으면, '산업 통제'에 대한 각 요구가 마치 전체를 대변하는 것처럼 내세우는 경향이 나타나거나 기껏해야 상대방을 아주 종속적인 위치로 격하하게 마련이다. 게다가 선명한 구분이 이뤄질 때조차 각 운동에 속한 이들은 자기네 요구만 과장하여 강조하고 싶은 유혹을 느낀다. 길드 사회주의자는 공정한 판정을 내리기 위해 애쓰며, 실천과는 별개로 사안을 판단해야 할 경우에는 양편의 주장 가운데 무엇이 공정한지 판단하려고 노력한다.

이런 입장이기에 길드인은 엇갈리는 이해관계들을 중재하는 데 어떠한 어려움도 느끼지 않는다. 민주 사회에서는 소비자 전체와 생산자 전체가 사실상 동일한 인민이며 단지 사안에 따라 서로 다른 대형으로 배열되어 있을 뿐이다. 둘의 이해관계에는 어떠한 실질적인 엇갈림도 있을 수 없다. 이는 현 사회에서 나타나는 것과 같은 경제 전쟁의 문제가 아니라 기능적 토대에 따른 합리적 민주 조직의 문제다.

그래서 길드 사회주의자는 각 산업이나 서비스의 내부 경영과 통제가 공동체를 대신하는 수임자인 해당 부문 노동자의 수중에 놓여야 한다고 주장한다. 그러나 각 서비스와 관련해 소비자의 관점을 대변하고 보호하는 데도 충분히 대비해야 한다는 점 역시 역설한다. 비슷한 맥락에서 길드 사회주의자는 주로 생산자 전체와 관련된 경우에 생산자 전체를 대변하는 조직이 모든 산업을 포괄하는 산업 운영 문제 전반을 떠맡아야 한다고 주장한다. 그러나 산업 전체와 관련하여 온갖 유형의 소비자의 전반적 관점 역시 충분히 대변되고 보호되어야 한다고 역설한다. 이 원리의 정교한 세부 계획은 이 책의 다른 부분에서 자세히 다루고, 여기에서는 단지 일반화된 형태만 제시하고자 한다. 하지만 나는 이 문제에 관한 한 국가사회주의도, 협동조합주의도, 생디칼리슴도, 지금까지 제시된 그 어떤 다른 방안도 길드 사회주의만큼 민주주의의 조건을 충족시키지 못한다고 단언한다.

그럼에도 불구하고 '실천 지향적'인 이들은 이를 순전히 이론적인 탐색이라고 일축할지 모른다. 따라서 이를 노동자의 의식 변화를 다루는 다음 장의 내용과 긴밀히 연관시켜 더욱 실천적인 방식으로 기술하는 것이 좋겠다. 말하자면 '국가'가 얼마나 민주적인지에 상관없이 모든 산업이 이에 의해 경영되는 경우 혹은 협동조합운동이 얼마나 계몽되어 있는지와 상관없이 모든 산업이 이에 의해 경영되는 경우에 다양한 부문에 종사하는 노동자들이 자기 작업과 관련해 과연 자유로워졌다고, 자치를 펼친다고 느낄지 자문해보자. 물론 그들은 민주국가의 유권자 혹은 협동조합 사회의 조합원일 테고, 그래서 어떤 점에서는 궁극적으로 자기 조건을 어느 정도 부분적으로 통제하게 될 것이다. 그러나 다른 산업에 비해 자기가 속한 산업의 내부 문제 해결이 훨씬 더 친근한 관심사임에도 불구하고 해당 산업에 대한 결정에 기껏해야 다른 부문 노동자들과 동일한 권한만 지닐 경우에 과연 자유롭다고 생각할까? 답은 명확하다. 그들은 그렇게 생각하지 않을 테고, 그럴 가능성도 전혀 없다. 왜냐하면 그들의 결정권이 소비자 조직을 통해 긴 우회로를 거쳐야 함을 확인하게 되면 심지어는 간접적인 형태의 자유조차 느낄 수 없게 될 것이기 때문이다. 내부 사안을 관리하기 위해 공동의 규칙을 만들고 성원들 중에 보직과 권한을 맡을 이들을 자체 결정으로 선택하는 집단적 권리를 직접 부여하지 않는 시스템이라면, 아무도 연합 안에서 자치가 이뤄진다고 느끼거나 생각하지 않을 것이다.

그렇기에 산업 내부 운영의 권리와 책임을 생산자 조직체에 직접 맡기지 않는 한, 산업 운영 문제에 대한 어떠한 해법도 진정할 수 없다. 사회적 역량과 권력을 자각하게 된 인간이라면, 이것 외에는 다른 어떤 조건에서도 열심히 최선을 다하려 하지 않을 것이다. 이에 따라 다른 어떤 해결책도 노동자의 생산 의욕 상실 앞에서 무너지고 말 것이며, 자본주의 아래에서 이미 노동 인권을 짓밟도록 만들었던 궁지로부터 빠져나갈 길을 열어주지 못할 것이다. 따라서 우리의 과업은 생산자의 이러한 요구를 무조건 받아들이면서 이를 우리가 존중해야 할 또 다른 목소리인 소비자의 요구와 화해시키는 것이다. 이후의 논의를 통해 이 화해가 결코 불가능하지 않으며 그다지 어렵지도 않음을 확인하게 될 것이다.[15]

제3장

우리 시대의 길드

'길드'라는 이름은 중세에서 따온 것이다. 중세 내내 기독교 문명권 전역에서 산업 조직의 지배적인 형태는 독립 생산자 혹은 상인이 생산이나 판매를 규제하는 연합인 길드Gild 혹은 길드Guild였다. 실은 중세 길드는 산업에 한정되지 않았고 소도시town에 존재하던 인민 연합의 공통 형태였다. 산업적 목표뿐만 아니라 사회적 목표와 자선, 교육을 위한 길드들이 있었다. 그리고 구체적인 기능이 무엇이든 모든 길드는 강한 종교적 바탕 위에서 본질도 그런 형태를 띠었다. 이 대목에서 중세 시스템의 부상, 조직, 쇠락을 논할 여유는 없지만, 중세 길드Gild와 현대 길드Guild[16]의 근본적 차이가 무엇이며 둘 사이의 본질적인 사상적 일치는 무엇인지 함께 보여줄 필요는 있다.

　중세 길드는 근본적으로 지역적 성격을 띠었으며, 각 소도시마다 별개의 길드 시스템이 존재했다. 상인 길드는 장인 길드에 비해 이런 특성이 약했지만 그래도 이렇게 일반화할 수 있으며, 특히 영국의 길드가 그러했다. 이 사실은 운송 수단의 미비 때문에 시장이 상대적으로 지역화할 수밖에 없었던 사정과 관련이 있었으며, 중세 말기가 되면 자연스럽게 길드 해체의 중요한 원인 중 하나가 된다. 다시 말하지만 중세 길드는 독립 생산자들의 연합으로서, 각 길드는 소수의 직인journeymen과 도제apprentices를 보유하며 자주적으로 운영되었다. 또한 소규모 수공업 생산에 바탕을 둔 조직이어서, 대규모 기업의 등장을 낳은 부의 축적 앞에 무너지고 말았다. 길드는 생산을 직접 통제하거나 운영한 기관이라기보다는 규제 기관이었다. 때로 재료 구매를 대행하기는 했지만 산업을 직접 운영하지는 않았다. 실제 경영은 길드 조합원 중 최고 장인master-craftsmen의 수중에 있었다. 그러나 길드는 조합원의 행동과 직업 규약을 세밀히 규제했다. 중세 길드 시스템의 핵심이었던 이 규제의 밑바탕에는 두 가지 목표가 있었다. 하나는 장인의 자유와 권리였고, 다른 하나는 '공정가격'으로 표현된 믿음직한 공동체 봉사와 훌륭한 수공예 기량의 전통이었다. 길드는 모조품, 폭리와 고리대, 규제받지 않는 생산에 선전포고를 했다. 조합원들은 길드 덕분에 상당한 안정을 누리며 공동체 내 지위를 보장받을 수 있었다. 중세 사회에서 길드는 사회 유기체의 경제 기관이라는 위상을 공인받았다. 길드는 자유로운 봉사의 전통을 지니면서 이 전통의 강력한 힘을 바탕으로 중세도시의 공공 생활에서 명예로운 지위를 확보했다.

여기에서 길드가 완벽했다거나 항상 자신들의 원칙이 요구하는 바를 다 충족시켰다고 주장하는 것은 아니다. 최전성기에도 그렇지는 못했다. 결국 패배로 끝나게 될 적대적 환경에 맞선 투쟁이 한창이던 쇠퇴기에 길드가 전통으로부터 크게 일탈했다는 것은 분명한 사실이다. 그러나 우리의 관심사는 (몇 세기 동안 실로 거대했지만) 길드의 실제 성취가 아니라 이 조직을 움직인 정신과 그 힘의 바탕이 된 원칙이다. 우리는 이러한 원칙 중에서 우리 시대의 문제와 대결하는 데 가치 있는 것이 무엇인지 살피고자 한다. 또한 만약 길드의 정신이 우리가 기꺼이 복원할 만한 것이라면 이 정신을 지탱한 토대와 관련해 우리가 배울 수 있는 교훈이 무엇인지 짚고 싶다. 왜냐하면 중세 산업과 현대 산업에는 다음과 같은 근본적 차이가 있기 때문이다. 전자가 자유로운 공동체 봉사의 정신으로 가득 차 있었던 데 반해 현대 산업주의에서는 이 동기가 거의 완전히 결여되어 있다. 봉사의 동기를 탐욕의 동기로, 혹은 공포로 대체하려는 현대의 이러한 시도는 분명 붕괴 와중에 있다. 중세에도 부당 거래나 폭리 추구가 없지는 않았지만 길드 조합원이나 길드가 이런 일을 저지르거나 묵인할 경우에 이는 산업 질서의 토대로 당연시되던 도덕적 원칙을 위반하는 행위라 여겨졌다. 반면 오늘날은 도덕적 원칙이 산업 영역에서 거의 불청객 취급을 당하며, 다양한 형태의 부당 거래와 폭리 추구가 최고의 상업적 명민함을 증명하는 사례로 여겨진다. 중세에도 산업 범죄자는 있었지만 그들은 자기 행동이 죄라고 의식했다. 상업 윤리와 공동체 윤리가 일체였기 때문이다. 오늘날 상업 윤리에는 그만의 규약이 있으며, 그 조항 중 대부분은 공동체 윤리에 대한 명백한 부정이다. 중세에는 산업 시스템을 움직이는 동기가 자유로운 공동체 봉사였다. 오늘날 그러한 동기 역할을 하는 것은 탐욕과 공포다.

물론 산업에 중세의 물적 조건을 복원함으로써 중세의, 즉 공동체 정신을 복원하려 할 수는 없다. '소도시 경제', 즉 수공업과 장인정신, 소규모 생산이 지배하는 체제로 돌아갈 수는 없다. 철로를 뽑고 광산을 메우며 공장을 해체할 수 없을 뿐 아니라 엄격하게 제한된 생산과 지역 시장의 필요에 맞춰 발전된 시스템 아래에서 대규모 기업을 운영할 수도 없다. 중세 시스템이 우리에게 주는 교훈이 있다면, 이는 앵무새처럼 단순 모방하라는 게 아니라 정신을 계승하라는 것이다. 그래서 어떻게 대규모 생산과 세계시장의 토대 위에서 인간의 최선의 동기에 호소하며 자유로운 공동체 봉사의 전통을 발전시킬 가능성을 지닌 산업 조직 시스템을 구축할 수 있을지 배우라는 것이다. 나는 이런 자유로운 조건이 수립된다면 오늘날 그토록 다량으로 쏟아지는 싸구려 물품보다 나은 품질의 재화에 대한 광범한 수요가 생산자와 소비자 양편에서 발생할 것이며, 그 결과로 장인정신의 새로운 표준이 등장하고 광범한 영역에 걸쳐 소규모 생산이 부활하리라 믿는다. 그러나 이러한 전망이 실현된다 할지라도 이는 오직 자유로운 사회에서 자유로운 개인이 심사숙고 끝에 내린 결정을 통해 이뤄질 것이다. 현재 우리가 직면한 문제는 오늘날의 생산 조건을 실질적으로 받아들이면서도 공동체적 동기가 자유로이 작동하는 방향으로 산업 시스템을 개조함으로써 산업에 공동체 정신을 다시 불어넣는 것이다.

이런 점에서 중세 길드와 오늘날 길드 사회주의자들이 제안하는 전국 길드National Guilds는 조직보다는 정신의 측면에서 유사성을 지닌다. 전국 길드는 특정 산업이나 서비스의 운영과 관련된 모든 육체 및 두뇌 노동자의 연합으로서, 공동체 전체를 대신해 해당 산업 혹은 서비스를 실제 운영하는 역할을 할 것이다. 말하자면 철도 길드는 열차 객실 승무원과 기술자부터 수화물 운반인과 엔진 청소부에 이르기까지 공공 서비스로서 철도를 운영하는 데 필요한 모든 유형의 노동자 전체를 포괄할 것이다. 이 연합은 공공의 이익을 위해 철도를 효율적으로 관리할 의무와 책임을 공동체로부터 위임받으며, 열차 운행의 내부 조정과 임직원 선출, 조직 방식의 선택을 자체적으로 결정할 것이다.

얼마나 많은 길드가 존재하게 될지 혹은 각 길드가 어떻게 구획될지 정확히 알거나 예견할 수는 없다. 예를 들어 철도와 도로 운송은 개별 길드로 조직될 수도 있고 단일 길드의 내부 분과가 될 수도 있다. 금속 엔지니어링과 조선업 등 서로 밀접히 연관된 다수의 다른 산업들도 마찬가지다. 이는 원칙이 아니라 편의상의 문제다. 왜냐하면 다양한 길드의 규모가 반드시 균등해야 할 필요는 없기 때문이다. 길드 조직 제안에서 일반 원칙이 무엇인지는 매우 분명하다. 원칙은 산업별 조직이다. 각 전국 길드는 외적 차별성과 내적 일관성을 지닌 봉사 혹은 봉사군群을 대표하게 될 것이다.

하지만 길드인이 각 산업 전반을 엄격한 중앙 통제 아래에 두는 고도로 집중된 시스템을 지지한다고 오해해서는 안 된다. 집중화의 정도는 주로 해당 서비스의 특성에 따라 달라질 것이다. 말하자면 주로 지역 시장을 상대하는 건설 산업에 비해 철도 산업에는 확실히 훨씬 더 높은 수준의 집중화가 필요하다. 그러나 이와는 별개 차원에서 길드인은 소규모 집단의 자율성과 지역의 주도성을 가능한 한 최대로 확대하자고 열렬히 주창한다. 길드인은 대규모 조직의 특성이자 특히 오늘날 자본주의 아래 독점기업과 기업연합에서 전형적으로 나타나는 경직화와 오류에 대한 보수적 집착 경향을 피하고 조직 전체를 기민하며 참신하고 융통성 있게 유지할 최선의 가능성을 이런 방향에서 찾는다. 실제로 전국 길드는 직접 통제 기관이라기보다는 조정에 치중하는 기관으로서, 해당 산업의 직접 통제나 경영보다는 공급과 수요의 조정에 더 많은 관심을 쏟을 것이다. 길드의 내부 조직을 검토하는 대목에서 이를 더욱 분명히 설명하겠다.

　길드 조합원은 해당 산업의 지역적 분포에 따라 산재할 테고, 자기가 속한 길드 산하의 다양한 공장이나 광산, 여타 생산 단위에서 일할 것이다. 공장 혹은 작업장은 길드 생활의 자연스러운 단위가 될 것이다. 각 작업장은 대부분 내부 자치로 운영될 것이고, 길드의 상위 지역·전국 기관의 기본 단위 및 토대가 될 것이다. 개별 단위로서 각 공장의 자유는 근본적인 중요성을 지닌다. 왜냐하면 산업에서 진정으로 민주적인 조건을 수립하여 자유로운 서비스의 정신을 끌어내는 것이 전체 길드 시스템의 목표이기 때문이다. 실질적인 민주주의라면 길드의 모든 개별 조합원의 가슴에 와닿아야 하며, 이들이 직접 행사할 수 있는 것이어야 한다. 길드 조합원은 작업을 하면서 자신이 실질적인 자치와 자유를 누리고 있다고 느껴야만 한다. 그렇지 않을 경우 조합원은 열심히 일하지 않을 것이며 공동체 정신이 생동하지도 않을 것이다. 게다가 연합된 봉사로서 길드의 핵심 토대인 연합 정신은 그것이 가장 잘 표현될 수 있는 영역에서 자유롭게 작동해야 한다. 그 영역은 다름 아니라 협동의 습성과 전통이 살아 있는 곳인 공장이다. 공장은 산업민주주의의 자연스럽고도 근본적인 단위다. 이는 공장이 가능한 한 자유롭게 자체 업무를 관리해야 한다는 것뿐만 아니라 공장이라는 민주적 단위가 더욱 광범한 길드민주주의의 기초가 되어야 한다는 것, 상위의 길드 행정·관리 기관이 주로 공장 대의제 원칙[17]에 바탕을 두어야 한다는 것을 의미한다. 물론 이로부터 중요한 재정적 고려 사항이 제기되지만, 이는 길드 사회주의 공동체의 재정적 토대를 논하는 대목에서 다루겠다.

하지만 길드 소속 공장이나 길드의 상위 행정기관이 어떻게 조직될지 상세히 고찰하기 전에 이 조직의 전반적 성격에 영향을 끼치는 특정한 일반 문제를 논할 필요가 있다. 나는 길드가 '산업민주주의'와 '민주적 연합'의 사례라고 언급했다. 이에 따라 우리는 길드민주주의가 어디에 존재하는지, 그리고 무엇보다 이러한 길드민주주의가 단일 길드에 속한 노동자의 다양한 계층들 사이의 관계에 어떤 영향을 끼치는지 명확히 이해해야 한다. 왜냐하면 길드가 공동의 봉사에 참여하는 육체 및 두뇌 노동자 전부를 포함하기 때문에 조합원들의 기능, 기술 숙련, 관리상의 권위에 분명히 광범한 차이가 있을 것이기 때문이다. 길드 전체도, 길드 공장도 모든 쟁점을 다 대중 투표라는 수단을 통해 결정할 수는 없으며, 길드민주주의라고 하여 모든 문제에 1인 1표 원칙을 적용할 수는 없다. 오직 소수의 전문가만 이해하는 기술적 문제에 대해 대중 투표를 실시한다는 것은 명백히 불합리하며, 기술 요인은 논외인 경우에도 끊임없는 대중 투표로 관리되는 공장은 효율적일 수도 없고 결코 즐거운 일터일 수도 없다. 지식을 감안해 특별한 지위에 채용된 길드 기술자도 있을 테고, 기술과 능력뿐만 아니라 개인적인 자질 덕분에 특별한 권위를 지니게 된 관리자도 있을 것이다. 길드 안에서 이런 임원과 관리자를 뽑는 방식은 무엇이어야 하며, 일단 임명되고 난 뒤에 다른 조합원들에 대한 이들의 권한과 관계는 무엇이어야 하는가?

'지도', '규율', '권위'와 민주주의 원칙이 서로 어떤 관계를 맺어야 하는가는 물론 민주주의 자체가 처음 토론되던 때로 거슬러 올라가는 오래된 물음이다. 민주주의와 독재의 차이는 후자는 지도를 인정하는 반면 전자는 그렇지 않다는 데 있는 것이 아니라 민주주의에서는 지도자가 피지도자들과 근본적으로 다른 관계를 맺는다는 데 있다. 민주주의에서 지도자는 피지도자들의 의지를 자신의 의지로 대체하지 않으며, 자신이 해석한 이른바 '진정한 의지'[18]가 아니라 피지도자들이 스스로 해석한 실제 의지를 집행하는 것을 목적으로 삼는다. 간단히 말해 민주적 지도자는 자신의 의지의 강제 적용이 아니라 영향력과 조정을 통해 지도한다. 지도자는 이런 지도 방식을 통해 독재자에 비해 약하기는커녕 오히려 훨씬 더 강한 '권위'를 행사할 수 있고 또 그래야만 한다. 왜냐하면 이 경우 지도자는 피지도자들의 의지를 실행하는 것이기 때문이다. 민주적 길드라면 자본주의의 산업 독재 아래 존재하는 것보다 더 완전하고 실질적인 지도자, 규율, 권위를 갖출 것이다.

그러면 어떤 방식으로 이런 길드 지도자를 선출할 것인가? 각 길드가 자체적으로 선출한다는 것은 두말할 필요도 없다. 왜냐하면 외부로부터 임명될 경우 길드의 민주성이 돌이킬 수 없이 파괴되고 말 것이기 때문이다. 그러나 이것이 모든 유형의 지도자를 길드 전체의 대중 투표로 선출해야 한다는 뜻은 아니다.

우리의 논의를 위해 일단, 기본적으로 기술적인 기능의 수행을 위해 특정한 기술적 자질의 보유가 주된 이유가 되어 혹은 순전히 그 이유만으로 선출된 사람은 논외로 하자. 이런 인물은 실은 지도자가 아니라 자문가나 조언자이고, 이런 사람을 선출하는 것은 전문적인 문제라서 민주주의와 관련된 쟁점을 제기하지 않는다. 여기에서 우리가 올바른 선출 원칙을 찾으려고 고민하는 대상은 말 그대로 지도자다. 즉 특별한 전문 기술이나 기술 지식이 필요할 수도 있겠지만 이런 자질들만이 아니라 주로 인격이나 능력 때문에 선출된 인물이다. 이런 인물의 임무는 주로 타인의 작업을 지휘하고 정해진 목표를 향해 인간 집단의 에너지를 움직이며 집단이 연대와 단결, 협동 정신을 발휘하도록 만드는 것이다. 이런 점에서 나는 본질적으로 협력을 통해 이뤄지는 기능의 경우에 지도자 선출의 유일하고 올바른 원칙은 협동을 통해 이런 기능을 수행하는 노동자들이 그들 사이에서 선출하는 것이라고 확신한다. 즉 길드 지도자의 선출에서 주된 원칙은 해당 지도자가 지도해야 할 이들에 의해 '아래로부터' 선출되어야 한다는 것이다.

하지만 이 원칙은 특정한 필수 보완 조치와 충분히 양립할 수 있다. 인품이 지도력에 맞는지는 피지도자들이 가장 적절하게 판단을 내리겠지만, 이것 외에도 구체적인 기술적 혹은 기능적 자질이 필요한 직위라면 이런 자질의 유무가 해당 직위의 피선거권을 결정하는 조건이 될 수 있다. 요즘도 선장 자격증을 지닌 선주만이 자기 배의 선장이 될 수 있다. 미래 길드의 선원들 역시 비슷한 자격을 갖춘 사람에 한해 선장을 선출하게 될 것이다. 오늘날도 일부 시행하는 것처럼 기술 자격증은 해당 자격증 소지자들을 주로 대표하는 기관에 의해 발급될 것이다. 단, 이런 기관이 지나치게 배타적인 태도를 보이지 않도록 규제하는 보완 조치는 필요하다.

다시 말하지만 어떤 경우든 지도자는 직접 지도 대상이 될 노동자 집단에 의해 선출되어야 한다는 것, 그리고 같은 업종에 종사하는 다른 노동자는 선거에 참여하지 않는다는 것이 경직된 원칙으로 규정될 필요는 없다. 나는 진짜로 열 중 아홉은 지도자를 뽑을 필요가 있는 집단 자신이 해당 지도자를 선출하는 것이 올바른 방식이며 산업민주주의가 완전히 확립될 경우에 이것이 실제 보편적인 방법이 될 것이라 믿는다. 그러나 이를 경직된 규칙으로 삼을 필요는 없다. 항상 적절한 소규모 영역을 배경으로 같은 업종 안에서 비슷한 지도력을 필요로 하는 이들을 통해 선출이 이뤄진다고 전제한다면 말이다. 예컨대 같은 행정구역에서 일하는 다양한 건설 직종들의 지휘자는 각각의 특정 직종 노동자들이 아니라 해당 구역 내 건설 노동자 전체에 의해 임명되는 것이 최선이라고 생각해볼 수 있다. 그러나 이는 건설 작업의 이동성에 따른 예외 사례다. 일반 원칙은 어디까지나 동일한 직종에 속한 이들이 해당 직종의 지도자를 선출하는 것이다.

이 원칙은 산업 지도력이 일상적으로 행사되는 여러 단위 중 가장 작은 단위에 가장 강력하게 적용된다. 산업 감독관의 제일 아래 등급인 현장감독이 그와 함께 일할 노동자의 특정 기관에 의해 직접 선출되어야 한다는 것은 산업민주주의에서 필수적인 원칙이다. 왜냐하면 지도자가 이런 방식으로 선출되지 않는다면 협동 정신이 샘솟지 않을 테고 조직 전체에서 민주주의의 추동력이 사라질 것이기 때문이다. 공장 안에서는 유관 개별 노동자에 의한 직접선거가 아마도 거의 모든 지도자 선출에서 최선책이 될 것이다. 그러나 조직 단위가 공장보다 상위일 경우에는 나는 더 이상 노동자 전체에 의한 직접선거가 최선 혹은 가장 민주적인 경로라고 주장하지 않는다. 전체를 대의하는 대의원들에 의한 선거가 더 훌륭하고 민주적인 경우가 많을 것이다. 하지만 이 문제를 다루려면 직접선거 대 간접선거라는 문제 전반을 짚어야 한다.

이 문제는 훨씬 더 광범한 문제와의 연관을 고려하며 뒤에서 다루겠다.

  민주적 산업 시스템에서 지도자를 어떻게 선출할지에 대한 논의가 좀 지루하고 번잡하게 느껴질지 모르겠다. 그러나 이는 길드 사회주의의 근본 문제 중 하나다. 왜냐하면 산업 민주주의에 맞서 가장 빈번히 제기되는 주장이 산업민주주의가 작업장 규율 및 생산 효율성과 양립할 수 없다는 것이며, 러시아 볼셰비키 지도자들의 발언으로 보건대 이들 역시 적어도 현 국면에서는 이러한 관점에 손을 들어주는 것처럼 보이기 때문이다. 내가 윤곽을 그린 완벽하게 민주적인 지도자 선출 시스템을 오늘날 갑자기 제도화한다면 엄청난 어려움이 뒤따르리라는 사실을 일단 받아들이자. 노동자들에게는 산업민주주의의 경험이 없다. 그들은 자본주의 산업에서 권위를 쥔 자들을 적으로 당연시하는 데 익숙해져 있다. 그들은 평생의 습관을 한순간이라도 수정해본 적이 없고 협력적인 지도력이라는 새로운 사고를 일 년 혹은 하루라도 충분히 경험한 바가 없다. 따라서 새로운 시스템은 점진적으로 실현되어야만 할 것이고, 현재의 관성과 마찬가지로 본능과 전통으로 자리 잡기 전에는 완전하고 안정된 형태로 수립되지 못할 것이다. 하지만 장기적으로는 이를 시도하는 것 외에 다른 대안이 없다. 왜냐하면 의지를 강요하는 방식의 낡은 지도 관념은 낡은 산업 시스템과 함께 붕괴하는 중이기 때문이다.

이런 점에서 우리는 민주적 지도력의 장점과 가능성을 평가하면서 그 즉각적인 도입이 수반할 어려움에 지나치게 관심을 집중해서는 안 된다. 대신 일정 기간의 경험을 거침으로써 노동자들도 이미 익숙해진 상태이고 순전히 초기라는 이유만으로 닥쳤던 어려움도 극복된 시점을 상상해야만 한다. 이런 조건이라면 지도자와 피지도자들 사이의 새로운 관계는 과연 어떠할까?

어떤 점에서 지도자의 권력은 분명 축소될 것이다. 민주적 길드 연합에서는 지도자가 자유로운 '해고' 권한, 즉 해명의 기회도 없이 한 사람을 궁핍과 어쩌면 이보다 더한 불행으로 내몰 권한을 가질 수 없다. 왜냐하면 길드 조합원들은 해고 여부를 동료들이 판결해야 한다고 주장할 것이며, 모든 길드인은 해고 위협을 받은 노동자를 충분한 경제적 보장책을 통해 지원하는 데 찬성할 것이 분명하기 때문이다. 길드 체제의 지도자는 공장 내부나 길드 전체의 여론을 마치 자본주의 경영자처럼 무시할 수는 없을 것이다. 그러나 만약 손실이 불가피하다면 지도자는 이 손실을 그보다 더 큰 이득으로 상쇄할 것이다. 상식에 맞게 행동한다면 지도자는 공장의 여론을 결정적으로 자기편으로 만들어 일이 부드럽게 잘 풀려나가도록 만들 수 있을 것이다. 지도자는 노동자들 사이에서 최고의 생산 성과를 달성하기 위해 지도자와 협력하려는 열망을 이끌어낼 수 있을 것이다. 최악의 경우라도 지도자와 피지도자들 사이에는 오늘날 공장 경영직經營職이 자본주의 고용주에 의해 임명됨으로써 생기는 장벽은 존재할 수 없을 것이다.

이런 길드 공장의 경영자라면 권력이 부족하다고 불평할 이유는 없으리라는 것이 나의 강력한 추정이다. 권위를 원한다면, 이를 확보할 여지는 충분히 존재한다. 그러나 나는 경영자 중 대다수가 조만간 더는 권력의 차원에서만 자기 직위를 바라보지 않게 되고 대신 기능의 차원에서 사고하게 되리라 믿는다. 오직 민주적 산업 시스템의 자유로운 조건 아래에서만 지도자는 지도력의 진정한 여지를 확보하게 될 것이다. 공장이 지금처럼 주주의 이윤을 충족시키기 위해 끊임없이 교란되고 제한되는 대신에 일종의 공동체 봉사로 발전하도록 자신의 온 역량을 쏟아붓는 과정에서 지도자는 이러한 지도력의 무대를 발견할 것이다. 차티스트들이라면 '근면인industrious persons'이라 불렀을 계급이 따로 존재하는 것은 아니며, 길드 사상이 산업 경영자와 기술자는 제쳐두고 이들에게만 호소하는 것도 아니다. 다른 사회주의 조류와는 달리 길드 사회주의는 경영자와 기술자들이 동료 노동자들과 협력함으로써 동료 인간들에게 봉사할 수 있도록 충분한 기회를 제공한다.

이런 점에서 길드 공장은 자치의 자연스러운 중심이 될 것이다. 더 이상 오늘날의 공장처럼 권태와 쓸모없는 중노동의 감옥에 불과한 모습이 아니라 자유로운 봉사와 연합 활동의 중심이 될 것이다. 물론 여전히 세상에는 해야 할 따분하고 불쾌한 일이 존재하기 마련이다. 그러나 만약 자유로운 조건 아래서 올바른 동기에 따라 수행된다면, 이런 일의 어려움 역시 크게 경감될 것이다.[19]

공장에는 당연히 작업장위원회, 회의, 토론, 투표 등 민주적 조직에서 볼 수 있는 모습이 모두 존재할 것이다. 그러나 이런 요소들이 참으로 중요하기는 하지만, 그렇다고 새로움의 정수라고는 할 수 없다. 이들은 어디까지나 협동 정신을 보장하기 위해 존재할 뿐이다. 지도자를 자유롭게 선출할 수 있고 선출 이후에는 자유롭게 비판할 수 있다면, 민주주의의 형식적 장치 중 상당 부분은 무대에 드러나지 않고도 계속 일상적으로 작동할 것이다.

그러나 지도자의 위상에 대한 우리의 그림을 완성하기 위해서는 한 가지 지점을 더 짚어야만 한다. 지도자의 임기는 얼마나 보장할 것인가? 그리고 직무 수행이 만족스럽지 못하다면 어떤 방식으로 제거할 수 있을 것인가? 경영자를 선출한 노동자들이 시도 때도 없이 피선출자를 소환할 무제한적 권리를 지닐 필요는 없다. 경영자는 해임되기 전에 동료들, 즉 동료 경영자들에게 해명할 권리를 지녀야만 한다. 동료 경영자들은 정당하다고 판결하는데도 노동자들은 여전히 해임을 바란다면, 이 사건은 길드의 상위 심급으로 이송되어야 한다. 그러나 이런 경우라도 나는 일정 시간이 지난 뒤에는 지도자를 선출한 노동자들이 해임 권한을 지녀야 한다고 생각한다. 왜냐하면 이런 열망이 수그러들지 않는다는 것은 불화가 너무 심각해서 지도자가 해당 공장에서 민주적 지도력이라는 협력적 과업을 수행할 수 없다는 뜻이기 때문이다. 결국 잘못이 없다고 판결을 받을지도 모르지만, 이런 경우라도 이 지도자는 곧장 다른 곳의 빈자리를 알아볼 가능성이 높다.

이에 따라 우리 구상 속의 공장은 [공동체에 대한] 봉사라는 그 특성과 완전히 일치하는 방향에서 자치의 기본 단위가 된다. 자치 단위로서 공장은 자체 생산 활동을 관리하면서 자유롭게 새로운 생산방식을 철저히 실험하고 새로운 스타일과 제품을 개발하며 지역 혹은 개별 시장의 특수성에 적응한다. 개별 공장의 이러한 자율성은 길드 사회주의가 평범성의 함정에 빠지지 않게 막는 보호 장치다. 이는 한때 경쟁 동기를 통해 유발된다고 가정되었던 다양성을 훨씬 더 높은 수준에서 대체할 뿐만 아니라 개인의 작업과 기량, 활기를 보장하는 역할을 한다.

공장이 이렇게 주로 자체 관심사를 수행하는 가운데 상위 길드 조직의 주된 임무는 길드 내부의 관계들을 조정하고 규제하며 대의하는 일이 될 것이다. 필요한 경우에는 다양한 공장들의 생산을 조정하여 공급이 수요와 만나게 할 것이다. 길드는 대체로 원자재 공급자이자 최종 생산물의 판매자 역할을 함으로써 개별 공장이 이를 직접 떠맡지 않아도 되게 할 것이다. 길드는 지역 수준에서든 전국 수준에서든 길드 내부의 조직 및 생산방식을 규정하는 일반 규칙을 제정할 것이며 연구를 조직할 것이다. 길드는 다른 길드와의 관계에서뿐만 아니라 소비자 기관 같은 공동체 내 다른 조직들 혹은 해외 기관들과의 관계에서 길드 소속 공장들 전체를 대표하며 활동할 것이다.

이러한 상위 길드 조직은, 위에서 살펴본 대로 항상 특정한 구조를 따를 필요는 없지만 길드가 포함하는 다양한 공장들에 직접 토대를 두어야 한다. 즉 구區, district별 길드 위원회가 해당 행정구역에 소재하고 길드에 속한 다양한 공장들을 대의해야 하며, 이 위원회에는 거의 예외 없이 길드에 포함된 다양한 직급의 육체 혹은 두뇌 노동자들의 대표자들이 포함되어야 한다. 마찬가지로 전국 위원회도 각 구 및 각 직급의 노동자들을 대의함으로써 구를 대변하는 경우든 부문을 대변하는 경우든 서로 다른 모든 관점이 충분한 발언 기회를 얻고 대의기구에 의해 숙고될 수 있게 해야 한다. 길드의 구 및 전국 간부를 선출하는 데도 다른 지도자의 경우와 동일한 원칙을 적용할 수 있다. 다만 이미 이야기한 것처럼, 상위 단위에서는 직접선거보다는 오히려 간접선거가 민주주의에 더 어울리는 결과를 낳는 경우가 많을 것이다.

상위 조직과 관련해 중요한 것은 이 조직의 기능이 각 산업에서 가능한 최소한으로 제한되어야 한다는 것이다. 왜냐하면 이 조직에서야말로 권력을 상층에 과도하게 집중시키는 사고방식을 통해 새로운 형태의 관료제가 대두하여 길드를 경직시킬 위험이 있기 때문이다. 소규모의 중앙 및 구별 조직은 주어진 권한을 좁게 해석하는 한에서 성과가 부진한 공장을 독려하는 데 아주 유용한 영향을 끼칠 수 있다. 그러나 대규모 중앙기구는 필연적으로 자신의 수중에 권력을 집중하려고 하면서 또한 이러한 권력 행사가 당연지사인 양 치부하는 경향을 보일 것이다. 길드가 장인정신과 즐거움을 되살려 작업을 훌륭하게 수행하려면, 양과 함께 질도 고려하면서 생산하려면, 전통의 상실 없이 과학의 모든 최신 발견을 활용하면서 새로운 생산방식을 고안해내는 데 열중하려면, 자유로운 인간이 산업에서나 공동체 생활의 모든 측면에서나 좋은 시민이 될 수 있게 양육하려면, 자유로운 봉사의 동기가 생생히 살아 있게 만들려면, 어떤 대가를 치르더라도 집중화를 피해야 한다. 다행히도 길드가 이를 피하리라는 데는 의심의 여지가 없다. 왜냐하면 자본주의 독점기업과 자본주의 국가라는 이중으로 집중화된 독재로부터 해방된 인간들이 스스로 새로운 산업 리바이어던을 키우려고 안달할 것 같지는 않기 때문이다. 그들은 자유를 높이 평가할 것이며,

그중에서도 가장 높이 평가하는 것은 가장 가까이에서 일상 생활에 가장 커다란 영향을 끼치는 자유, 즉 공동체에 대한 공동의 봉사를 행하는 장소인 공장의 자유일 것이다.

제4장

산업의 길드 시스템

앞 장에서 나는 길드가 산업 영역의 민주적 연합으로서 어떻게 작동하는지 그림을 그려 보이려 했다. 이제는 길드가 산업 시스템으로서 어떻게 작동하는지, 다른 길드와는 어떤 관계를 맺는지, 그리고 산업 및 소비 영역으로 어떻게 확대되는지 연구해야 한다. 이 장에서 우리가 마주한 첫 번째 물음은 길드식 조직이 모든 산업에 적합한가 혹은 특정한 경우에는 길드와 공존하면서 화합할 또 다른 조직 형태를 고안해야 하는가 하는 것이다.

이것은 결코 쉽게 답할 수 있는 문제가 아니다. 그 의미를 명쾌히 풀어내려면 상당한 설명이 필요하기 때문이다. 전국 길드 안의 세세한 내용이 대체로 현대 경제생활을 지배하는 대규모 산업 및 서비스를 중심으로 작성되었음은 명백하다. 하지만 산업이 소규모이거나 소규모 생산방식을 따른다고 하여 길드 조직과 맞지 않는다는 것은 전혀 사실이 아니다. 오히려 장인정신의 요소가 거의 대부분 살아남아 있는 이 소규모 산업들은 여러 가지 측면에서 길드 형태와 길드 정신을 가장 쉽게 이해하고 이를 적용하게 될 것이다. 하지만 현실을 보면, 산업 영역들 가운데에는 뚜렷한 특성을 지니면서도 전국적 조정이 용이한 생산 및 서비스 형태가 있는가 하면, 더욱 분산되어 있고 어떤 식으로든 전국적 협업체에 참가시키기 힘든 경우도 있다. 후자에 해당하는 것은 무엇보다도 고도로 개인적 형태의 제품을 제조하거나 꽤 독특한 취향에 맞춰 생산하는 공장이다.

전국 길드의 조직 형태는 다양한 공장을 하나의 단일한 길드 안에 받아들일 수 있을 만큼 느슨하고 유연해야 하며, 이러한 '개별' 공장들의 대다수는 전국 길드 중 한 곳에 속하게 될 것이다. 그러나 나는 그 특성상 이렇게 길드에 속하지 않고 독립된 채 남는 공장이 있을 수 있다는 데 이견이 없다. 아니, 이런 형태가 훨씬 더 유리한 경우도 있을 수 있다. 전국 길드 형태의 조직이 산업계를 지배하는 상황에서 이런 공장들은 물론 길드의 필수 조건들을 따르게 될 것이며, 대부분의 경우에 당연히 독립 길드 형태를 취하고 길드 시스템의 구조를 거의 그대로 재현할 뿐만 아니라 어쩌면 이보다 더 철저하게 길드 시스템의 정신을 표현할 것이다. 길드 시스템을 역동적이고 생기 넘치게 유지하려면 공장의 자율성이 필수적이듯이, 전국 길드에 속하지 않은 다양한 민주적 유형의 공장이 존재한다는 점 또한 가치 있는 실험을 펼칠 수단이자 개성을 유익하게 촉진하는 수단이 될 수 있다. 길드인이 자신의 이론을 '논리적' 극단으로까지 밀어붙이길 한사코 거부하는 것은 다양한 사회적 기업과 자유를 진정으로 사랑하기 때문이다.

게다가 주요 산업에 길드 시스템이 굳건히 수립되기만 한다면 나는 나머지 산업에 잔존하거나 새로 수립된 조직 형태가 길드 구상과 어긋날 것이라는 걱정은 결코 하지 않는다. 무엇보다도 나는 소규모 독립 생산자나 서비스 제공자가 자신들의 봉사에 어울리게 결국 길드 형태를 확실히 받아들일지 아니면 단지 자기 조직이 핵심 길드 원칙과 조화를 이루도록 할지 미래에 결정하도록 놔둘 것이며, 더 나아가 발전 가능성을 최대한 보장할 것이다. 대규모 조직의 이익을 위해 독립 생산자를 물어뜯는 것은 길드 시스템에게는 오히려 자멸적 조치이며, 최선의 방책은 자본주의적 오점을 저지르면 영업을 금지당할 수 있고 노동을 착취할 수 없음을 전제로 '자유로이 놔두는' 것이다. 이는 소규모 작업장과 장인뿐만 아니라 여러 전문직에도 적용되며, 더욱 세밀한 논의가 필요한 특별한 방식을 통해 유통업 부문의 일부 소매상과 농업 부문의 자작농에게도 적용된다.

말하자면 각 전국 길드가 반드시 해당 산업의 독점체가 될 필요는 없다는 것이다. 모든 자본주의 기업연합은 전국 길드에 인수되어 길드화되어야 하며, 핵심 길드 원칙과 민주적 정신에 적응하지 못하는 모든 기업 역시 마찬가지다. 하지만 현실의 독점기업은 어떤 경우에는 불가피하고 광산과 철도 같은 경우는 산업 자체의 자연스러운 결과이기도 하지만, 심지어는 길드로 재조직된다 할지라도 잘 봐줘야 늘 필요악에 불과하다. '노동의 독점'은 자본주의에 맞서 싸우기 위해 없어서는 안 될 무기이지만, 독점의 기치 아래 새로운 질서를 건설한다는 것은 지혜롭지 못하다. 그렇다고 내가 동종 서비스를 운영하는 두 전국 길드의 존재를 염두에 두는 것은 아니지만, 복수의 광역별regional 혹은 지역별local 길드가 존재하는 경우가 있을 수는 있으며, 다른 경우에는 해당 산업 혹은 서비스의 전국 길드와 연결되지 않은 공장도 있을 수 있다.

하지만 아무리 확대한대도 산업 전체에서 극히 작은 부분만 차지할 이런 예외를 논외로 한다면, 길드 시스템은 산업 전반에 적용되는 계획으로서 제출되는 것이다. 길드 시스템 아래에서 생산, 교통, 유통 영역의 모든 주요 산업은 말 그대로의 산업적 측면과 상업적 측면을 모두 고려하며 운영될 수 있다. 금융 시스템, 그중에서도 특히 산업 대상 은행 기능은 당연히 길드 조직의 필수 부분이 되어야 하며, 은행 시스템은 이를 통해 자금을 제공받아야 할 길드의 통제 아래에 놓여야 한다는 점 역시 명백하다. 만약 길드 해법이 어떤 한 산업이나 서비스에 쓸모 있다면 다른 모든 산업, 서비스도 예외일 수 없으며, 길드식 민주주의는 제조업 노동자뿐만 아니라 유통업 혹은 상업 노동자에게도 반드시 필요하다.

그러면 상당한 정도로 분권화된 전국 길드들이 모든 핵심 산업 및 서비스를 포괄한다고 가정하고 이들 길드가 서로 어떤 관계를 맺을지 살펴보자. 모든 형태의 생산 및 경제적 서비스는 결국은 최종 이용자나 소비자의 이익을 위해 수행되지만, 생산 및 서비스의 상당 부분은 실제로는 중간재 성격을 띤다. 예를 들어 철강 산업이나 석탄 산업의 생산물 대부분은 최종 소비자에게 직접 가지 않고 다음 단계 생산이나 서비스를 위해 이를 사용하는 다른 산업으로 간다. 마찬가지로 운수 산업은 수백만 승객과 이들의 개인적 수화물을 운송하기도 하지만, 더 많은 역량을 쏟는 것은 소비자에게는 기껏해야 다른 산업의 중개를 거쳐 도달하는 재화를 운송하는 일이다. 따라서 다른 시스템에서와 마찬가지로 길드 시스템 아래에서도 총거래량의 커다란 부분은 산업 혹은 서비스의 각 부문 사이에서 발생할 것이다. 즉 길드들 사이에 엄청난 상호 거래가 있을 것이다. 게다가 길드 간 관계는 경우에 따라 긴밀성과 중요성이 크게 다르게 나타날 것이다. 예를 들어 운수 산업과 제조업은 모두 석탄 산업과 밀접하고 지속적인 관계를 맺을 것이며, 최종재를 생산하는 거의 모든 산업은 유통 산업과 매우 밀접한 관계를 맺을 것이다. 다른 한편 도기 산업과 면직물 산업은 서로 직접적인 접촉이 거의 없을 것이다.

둘 혹은 그 이상의 길드들이 이런 성격의 긴밀하고 지속적인 상호 관계를 맺는 경우에는 틀림없이 이들 사이에 특별히 긴밀한 연계가 구축되어야 할 것이다. 각 길드에는 상대방의 기술을 이해하는 전문가 간부가 필요하며, 특별 합동위원회가 있어야만 하고, 어쩌면 길드 운영 기관의 직책을 상호 교환(이는 오늘날의 일부 겸임 중역회에 상응한다) 해야 할 수도 있다. 이러한 상호 관계의 모든 네트워크는 전국 수준뿐만 아니라 광역과 지역 수준에서도 똑같이 존재할 것이다. 왜냐하면 생산뿐만 아니라 길드 간 관계와 교환 과정에서도 중앙집권화를 피할 필요가 있기 때문이다. 길드들은 지역 수준에서 상당한 정도로 관계를 구축하고 거래를 협상할 것이며, 아마도 서로 다른 길드에 속한 특정 공장들이 직접 거래를 통해 직접적 관계를 맺으며 작업하는 경우가 많을 것이다.

각 길드와 그 일부가 아마도 매우 다양한 특별한 연계를 맺게 될 개별 길드 및 길드 일부 사이의 이러한 긴밀한 관계에 더해, 산업 길드들의 전체 조직 사이에는 조정과 공동 행동이 벌어질 것이다. 이 대목에서 우리는 비로소 산업길드의회the Congress of Industrial Guilds에 대해, 그리고 길드 구조 안에서 산업길드의회가 차지하는 위상에 대해 고민하게 된다. 다른 한편 사회 전체의 조직에서 산업길드의회가 차지하는 위상은 길드 공동체에 존재할 다른 형태의 필수적 연합에 대해 우리의 그림을 완성한 뒤에야 검토할 수 있을 것이다.

오늘날의 노동조합회의the Trades Union Congress의 계승자인 산업길드의회는 산업 혹은 경제적 봉사와 관련된 모든 길드를 직접 대표할 것이다.[20] 현존하는 노동조합 평의회와 노동조합연맹 평의회의 계승자인 지역 및 광역 길드 평의회들에도 지역 및 광역 수준의 산업길드의회가 존재할 것이다. 여기에서 더 나아가, 중앙집권적 관점으로 쏠리는 경향을 막기 위해 이들 지역 평의회 혹은 적어도 여러 지역 평의회들을 대표하는 광역 평의회는 산업길드의회 안에 직접 대표를 보내야 한다. 지역적 관점을 강하게 강조할 필요가 있는 데다 길드 간 거래의 대부분이 지역 수준에서 발생할 가능성이 높기 때문에 이들 지역 길드 평의회는 틀림없이 아주 커다란 경제적 중요성을 지닌 기관이 될 것이다.

오늘날 러시아를 다룬 기사에서 노동조합 중앙기구의 역할이라고 보도되는 바와 비슷하게 산업길드의회는 산업 측면에서 길드 시스템의 최종 대의기구가 될 것이며, 길드 조직과 실천의 핵심 원칙을 입안하고 해석하는 중대한 기능을 담당할 것이다. 산업길드의회는 실제로는 길드 입법처럼 중앙 조정이 필요한 문제를 다룰 것이며, 단순한 길드 문제는 이 의회 자체가 다루거나 아니면 그 부속기관인 최고항소법원을 통해 처리할 것이다. 산업길드의회의 가장 중요한 기능 중 다수는 이를 공동체의 다른 기관들과 관련시켜 검토하기 전까지는 논의하기 힘들다. 하지만 산업길드의회가 사회유기체의 다른 부분들과 외국의 길드 및 여타 조직들에 대해 맺는 공동의 대외 관계에서 길드 전체를 대표하는 기능을 수행하리라는 점은 충분히 이야기할 수 있다. 길드 간 난제와 분쟁에 대해 판결을 내리는 것은 비록 산업길드의회의 가장 중요한 기능이라고까지는 할 수 없어도 분명 그 한 기능이며, 지역 길드 평의회가 이런 문제들의 제1심법원 역할을 할 것이다. 그러나 길드 내부에서 수행하는 가장 중요한 기능은 각 길드가 활동하며 따라야 할 일반 규칙 형태로 길드 운영의 일반 원칙을 정하는 것이다.

이 대목에서 우리는 어쩌면 독자의 의식 속에도 이따금 떠올랐을지 모를 문제에 실로 가깝게 다가가게 된다. 개별 길드인의 급여와 길드 내부의 여러 직급에 속한 노동자의 급여는 어떻게 결정되며, 다양한 길드들은 어떻게 급여 수준을 서로 조정하는가?

러시아에서 노동조합 중앙조직에 맡겨진 가장 중요한 임무는 여러 조합들의 도움을 받아 가능한 거의 모든 직급의 산업 노동자들을 대상으로 상세한 급여표를 작성하는 것이었다. 우리가 지향하는 길드 사회에서는 이렇게 시시콜콜한 규칙은 필요 없게 되길 바라지만, 산업길드의회가 이와 매우 유사한 기능을 맡으리라는 점만은 분명하다. 만약 우리가 급여 불평등의 일정한 지속(머지않은 미래의 상태로서)을 전제한다면, 다양한 노동자 직급에 지급될 보상의 수준은 어쨌든 일반적 맥락에서 일정한 중앙기구를 통해 조절되어야 할 것이다. 길드인은 이 문제를 다루는 한 가지 방식이 각 길드가 조합원 수에 정확히 비례하는 총액을 급여 기금으로 책정할 수 있게 하고 각자 원하는 방식대로 이를 조합원들 사이에 분배하는 것이라고 주장하곤 했다.

하지만 지금 나는 이 방식이 어쨌든 그 초기 단계에서 과연 제대로 실행될 수 있을지 의문을 갖고 있다. 이에 대한 대안은 각 길드가 급여표를 작성하면 길드의회가 이를 검토하고 수정하는 것이 아닐까 싶으며, 이 경우에 길드의회는 다양한 노동자 부문의 요청을 조정하는 위상을 갖게 될 것이다. 이렇게 제안한다고 해서 내가 산업 길드 외의 다른 연합들이 급여 지급에 커다란 관심을 지니며 목소리를 낼 수 있다는 사실을 무시하는 것은 아니다. 나는 이런 주장을 받아들이며, 뒤에서 길드 사회가 일종의 코뮌형 시스템으로 작동할 것이라 논하면서 이 점을 다룰 것이다.[21] 여기에서는 다만 내가 보기에 다양한 생산자군 사이에 공정한 균형을 실현할 실제적 방식이라 생각되는 바만 다루려 한다.

하지만 이런 입장을 취하면서 혹시 나는 소득 불평등을 전제하는 것은 아닌가? 맞다. 그러면서 동시에 결단코 아니기도 하다. 실제로 나는 소득 평등이 길드 시스템 수립의 전제

조건일 수 없으며 그래야만 하는 것도 아니라고 전제한다. 왜냐하면 이런 평등을 가능하게 만드는 도덕적·심리적 조건은 진정 자유로운 사회 분위기 안에서만 발전할 수 있으며, 이조차도 점진적인 과정을 통해서만 이뤄진다고 확신하기 때문이다. 만약 내가 믿는 대로 평등이 소득 문제의 유일한 해법임이 입증된다 하더라도 이는 자유롭고 민주적인 산업 및 사회 조건을 실제 경험하는 가운데에서만 무르익을 수 있다. 그리고 나는 만약 이것이 실현된다면 이는 '보상의 평등'이라는 황당한 외관을 통해서가 아니라 수행된 작업에 대한 보상이라는 생각 자체를 파괴함으로써, 그리고 공동체 성원들 사이에서 작업이나 서비스의 어느 직종에 속하는지와 상관없이 국민 소득이 나뉘는 것과 같은 경제문제들에 관한 우려를 불식시킴으로써 실현되리라 믿는다. 이 점에서 버나드 쇼Bernard Shaw는 어쨌든 옳았다.

이런 변화를 가능하게 만들 의식 전환이 있기 전까지는 보상의 일정한 불평등은 지속될 가능성이 높은데, 다만 평등이라는 핵심적 정의를 제대로 이해하고 또한 다양한 봉사의 종류에 따라 다르게 나타나는 가치를 경제적 보상 측면에서 측정하기가 불가능함을 깨달은 특정 공장이나 길드들은 자체 구성원들을 위해 평등을 실현하려는 노력에 앞장설 것이다. 이들의 결정이 길드의회를 통과하게 되면 이는 서서히 영향을 끼쳐 나머지 공장이나 길드들까지 바꾸게 될 것이다.

길드의회는 급여 문제 외에도 경제적 조건과 관련한 영역 전반을 길드 전체의 관점에서 조사해야만 한다. 길드 전체의 표준 조건을 정하고 제고한다는 길드의회의 핵심 임무는 산업 영역에서 길드에 참여하는 노동자의 지위와 경제적 처지를 일반적인 주요 기준에 따라 검토함으로써 가장 잘 발휘될 것이다.

이미 앞에서 논의한 공장 및 산업 민주주의를 논외로 한다면, 산업 영역에서 길드 조합원의 위상은 오늘날 임금노동자의 그것과 어떤 점이 다를까? 한 가지 명백한 차이는 실업 혹은 지금 나타나는 것처럼 차라리 일자리 상실이라고 해야 할 일이 사라지리라는 것이다. 길드인이 직무 태만을 이유로 해고되어 소득을 잃거나 같은 이유로 노동시간이 줄어들어 소득이 급격히 줄어드는 일 따위는 없을 것이다. 모든 길드인은 '시장 상태'가 어떠하든 길드로부터 소득을 온전히 보장받을 것이며, 현재의 경기 변동에 커다란 영향을 끼칠 다른 요인들을 제쳐둔다면 이 사실은 상품과 서비스의 수요를 안정되게 유지하는 강력한 요인이 될 것이다. 모든 길드인은 건강할 때든 병들 때든 자기가 속한 길드에 '의지할 수 있을' 것이며, 이에 따라 오늘날 대다수 임금노동자가 명백하게 결여한 한 가지 사항(경제적 안정)을 획득하게 될 뿐만 아니라 이를 노예제(노예도 이런 종류의 안정을 누렸다)에 굴종함을 통해서가 아니라 산업적 자유의 부수 효과로서 획득하게 될 것이다.

둘째로, 길드인은 상당한 수준에서 자기가 속한 산업의 입법자가 될 것이다. 길드인은 자유로운 봉사에 대한 사회적 인정에 바탕을 둔 산업 시스템에 능동적으로 참여한다는 느낌을 받을 것이다. 길드인은 자신의 나이 듦이나 자녀의 미래를 걱정하지 않아도 된다. 왜냐하면 사회에 대한 봉사의 결과로 퇴직 후에도 생활수준을 계속 유지할 수 있을 것이며, 산업 시스템이 만인에게 열려 있기에 자녀에게도 일자리가 보장될 것이기 때문이다. 길드는 닫힌 법인이 아니라 누구든 결합할 수 있는 열린 연합일 것이며 또한 그래야만 할 것이기에 산업길드의회의 주된 임무, 아니 실은 공동체 전체의 주된 임무 가운데 하나는 길드의 문이 늘 열려 있도록 하고 길드 안의 가장 높고 가장 책임이 무거운 지위까지 승진의 길을 열어놓는 일이 될 것이다. 물론 그렇다고 누구든 마치 절대적 권리인 양 자기가 원하는 길드에 가입을 요청할 수 있다는 뜻은 아니다. 많은 직종에서 예비 훈련, 도제 기간, 적성검사 통과가 요구될 것이며, 이런 시험을 시행하면서 공정성을 보장하는 것이 산업길드의회의 업무가 될 것이다. 게다가 신규 인력이 필요하지 않은 경우에는 분명히 길드 가입이 불가능하다. 어느 길드에 가입할지 자유로운 선택권은 있겠지만, 이는 길드에 결원이 생김을 전제한다. 하지만 필요한 경우에 산업길드의회는 길드가 조합원 수를 제한하지 못하도록, 혹은 은폐된 동기에 따라 길드 가입 지원을 거절하지 못하도록 해야 할 것이다. 아무튼 근본적으로는 직업을 자유로이 선택하게 될 것이다.

그러나 우리는 다음과 같은 피할 수 없는 질문과 마주해야 한다. "길드 사회주의 아래에서는 과연 누가 더러운 일을 할 것인가?" 이런 일을 위해 만인에게 일정 기간의 산업 징병제를 실시하자고 주장하는 사회주의자들이 늘 있었다. 나는 이에 반대하며, 거의 모든 길드인이 이에 반대하리라 생각한다. 내가 반대하는 첫 번째이자 가장 중요한 이유는 길드 사회가 절대 순전한 강압에 바탕을 두지 않길 바라기 때문이기도 하지만 이럴 경우 시스템이 불공정하게 잘못 작동하리라 확신하기 때문이기도 하다. 게다가 이는 불가피한 것도 아니다. 이런 처방을 불러들이는 모든 형태의 '더러운 일'을 우선 기계와 과학적 방법의 철저한 적용을 통해 없애거나 최소한의 수준으로 줄이자. 이제껏 이런 시도는 전혀 없었다. 왜냐하면 자본주의 아래에서 '더러운 일'은 늘 발명의 예외 지대로 남기 때문이다. 인간을 착취하고 망가뜨리는 쪽이 더 싸게 먹힌다. 따라서 기계와 과학적 방법을 새롭게 적용한다면 엄청난 성과를 내게 될 것이다. 둘째로, 없어도 되는 '더러운 일'이 무엇인지 살피고 만약 불쾌할 뿐만 아니라 품위를 떨어뜨리는 종류의 일이라면 그 대가가 무엇이든 그것 없이 살겠노라고 단호히 결심하자. 어떤 인간도 품위를 떨어뜨리는 일을 하도록 허용되거나 강제되어선 안 된다. 셋째로, 지루하거나 불쾌한 일들 중 남은 것들에 대해서는 그게 뭐든 필요한 만큼 노동자들을 유치하기 위해 필요한 특별 조건을 제공하자. 여기에는 더 많은 급여뿐만 아니라 더 적은 노동시간, 연간 6개월 이상의 휴일, 다른 데 시간을 보내려는 이들을 끌어들일 만큼 매력적인 노동조건 혹은 필요한 만큼의 자원 활동가를 모아낼 수 있을 정도의 배려 등등이 포함될 것이다. 이런 조건 아래에서라면 이런 일의 수행은 사회에서 버림받은 이들의 몫이 아니라, 자기만의 개인적인 방식으로 무급 작업을 하려고 열망하는 탓에 자기 삶의 짧은 시간 동안만 지루한 일을 하여 생계를 확보하길 선택한 이들의 몫이 될 것이다. 오늘날 많은 작가가 언론계를 헤집고 다니는 것처럼 말이다.[22]

제5장

소비자

'소비자'란 누구인가? 혹자는 소비자가 전부라고 하며, 그래서 권력을 몰아주고 배려를 아끼지 않는다. 다른 이들은 소비자가 전부이면서 또한 아무것도 아니며, 그래서 고려하지 않아도 무방하다고 말한다. 달리 말해, 우리가 제2장에서 봤듯이 일부 사회이론가들은 모든 생산은 필요의 충족을 지향하며 필요란 만인의 관심사라는 전제 위에 소비자에 관한 그들의 경제적 기획을 구축한다. 반면 다른 이들은 모든 생산은 서비스의 산물이며 책임과 능동적 기능이 있는 곳에 권력과 통제권도 있어야 한다는 전제 위에 생산자에 관한 그들의 기획을 구축한다.

이미 앞에서 나는 왜 이 두 관점 중 어느 하나도 통째로는 받아들일 수 없는지 설명하려 했다. 나는 매우 실질적인 차원에서 '받기보다는 주는 쪽이 더 거룩'하며, 따라서 사회 조직의 강조점은 공동 이익이 아니라 봉사에 있어야 함을 믿는다. 하지만 소비자의 공동 이익을 깡그리 무시하거나 사회 안에서 이들의 목소리에 아주 종속적인 위상만 부여하는 것은 이와는 매우 다른 문제다.

그러나 과연 소비자들에게는 공동 이익이랄 것이 있는가? 때로는 그런 게 아예 없다고도 한다. 특정한 종류의 생산이나 서비스에 대해 특정한 종류의 소비자나 이용자들 사이에 공동 이익이 있을 수는 있지만 모든 종류의 재화와 서비스에 대해 모든 소비자와 이용자에게 공동의 관점 같은 게 있지는 않다는 것이다. 이런 시각에 따르면, 특정한 소비자군은 현실성에 바탕을 두고 배려를 요구할 만하다. 하지만 일반적인 '소비자'라는 것은 신기루일 뿐이다.

생산자의 경우는 세부 사항을 논외로 한다면, 분리의 경계선이든 통합의 연계선이든 모두 꽤 분명하다. 생산은 상당히 자연스럽게 다수의 특징적 집단 혹은 봉사로 나뉘며 동시에 모든 봉사의 공통 특성과 모든 종사자들의 시각을 종횡하는 공통 요소가 뚜렷이 드러난다. 다른 한편 일반적인 견지에서 우리는 얼마간 모든 것의 소비자이며, 평등한 공동체일수록 더욱 그래야 한다. 따라서 소비자는 이 집단은 이 제품만 소비하고 저 집단은 또 다른 제품만 소비하는 식의 여러 집단으로 나뉘지 않는다.

소비자를 분류할 수 없다는 이런 사실이야말로 '소비자' 일반이 실제 존재하며 본질적으로 통일성을 지님을 보여주는 가장 확실한 증거라고 말하는 사상 유파가 있다. 하지만 이는 사회 조직의 필수적 발전을 뒷받침하는 중대한 원칙을 무시하는 것이다. 그것은 바로 기능의 원칙이다. 어떤 사람이든 어느 정도는 온갖 형태의 소비와 결합되어 있는 게 사실이라고 하여 이 모든 소비 형태가 그의 단일한 기능, 즉 '소비' 전반의 일부라 간주될 수는 없다. 왜냐하면 개인은 '소비'의 일부라고는 결코 볼 수 없는 다른 관심들(예컨대 생산자로서의 관심)과도 결합되어 있기 때문이다. 즉 문제는 과연 만인이 모든 것의 소비자인지 혹은 소비자가 '전부'인지가 아니라, 전체적으로 봤을 때 소비가 생산에 상응하는 형태로 일관된 사회적 이익이나 집단을 구성하는지, 그리고 만약 그럴 경우에 소비에도 생산 형태의 내적 다분화多分化, differentiation와 비록 동일하지는 않아도 어느 정도는 유사한 내적 다분화의 원칙이 있는지 하는 것이다.

나는 '소비'가 실질적인 의미에서 일관된 이익집단을 구성하며, 여기에는 본질적으로 다분화의 원칙이 존재한다고 믿는다. 또한 만약 이런 내적 다분화의 원칙이 지켜지지 않는다면, 마치 생산이 어떤 다분화도 없는 획일적인 것으로 다뤄질 경우에 생산자들이 제대로 대표될 수 없는 것과 마찬가지로, 소비자들의 실질적 대표성 역시 보장될 수 없다고 믿는다. 그러면 이 원칙이란 과연 무엇인가?

우리는 이러한 구별이 개인의 어떠한 구별과도 일치하지 않음을 이미 경험으로 알고 있다. 한 인간은 광부이거나 철도원일 수는 있어도 둘 다일 수는 없다. 하지만 석탄을 소비하면서 동시에 철도를 이용할 수는 있으며, 소비의 다양성을 제한하는 요인은 오직 기회의 부족뿐이다. 그러나 두 경우 모두에 핵심적인 사회적 다분화는 개인들 사이가 아니라 이익 혹은 관심들 사이에, 그러니까 생산과 소비의 유형들 사이에 나타난다.

이 기본 원리를 받아들이기만 한다면 소비가 주되게 두 부분으로 나뉘며 각 부분은 다시 세분화될 수 있다는 것은 더없이 명백한 사실이다. 첫 번째 부분은 가정이나 개인 유형의 소비를 포함하며, 어림잡아 '쇼핑'이라는 말로 일컬어지는 모든 일상적 구매 형태를 포괄한다. 이런 소비 유형에서는 개인 구매자나 주부가 즐겁게 나들이를 하며 상품을 구매하고, 전반적으로 개인적 선택과 다양한 구매의 여지가 많다. 어떤 주부는 '유뱅크Ewbank'의 카펫 청소기를 선호하고, 다른 이는 '스타 배큠 클리너Star Vacuum Cleaner'의 것을 선호한다. 어떤 흡연자는 씹는 담배를 애호하고, 다른 이는 존 코튼John Cotton 상표의 파이프 담배를 애호한다. 이런 차이는 가격의 문제일 뿐만 아니라 취향과 견해의 문제이기도 하다. 편의상 소비의 이 첫 번째 부분을 '개인적·가정적 소비'라 부르자.

두 번째 부분에는, 개인이 사용할지 말지 혹은 얼마나 사용할지를 결정할 수도 있지만 제품 자체는 다분화되어 있지 않고 획일적으로 공급되는 모든 형태의 소비나 이용이 포함된다. 나는 완행열차를 이용할지 아니면 급행열차를 이용할지 혹은 어디로 갈지를 결정할 수 있지만, 적어도 민주적 조건 아래에서라면 나만을 위한 특별 완행이나 급행열차의 운행을 명령할 수는 없다. 나는 물이나 전력의 소비를 줄이거나 늘릴 수 있지만, 특별한 종류의 물이나 전력을 대령하라고 명령할 수는 없다. 소비의 이 두 번째 부분을 '집합적 소비'라 부르자. 이러한 집합적 공공재 서비스에는 대개의 경우 아주 자연스럽게 독점적 통제가 요구된다.

물론 두 부분 사이의 경계선에 자리한 다양한 사례가 존재한다. 예를 들어 빵은 다분화된 소비에 속하는가, 아니면 그렇지 않은 쪽에 속하는가? 빵과 우유는 모두 경계선에 자리한다. 하지만 빵은 여타 과자류, 식료품과 밀접히 연결되어 있으며, 이에 따라 자연히 가정적 소비군에 속하는 경우가 대부분이다. 우유와 버터도 아마 비슷한 사례일 것이다. 반면에 가스와 석탄은 가정에서 소비되지만 대체로 미분화된 제품이며 대개는 여타 집합적 서비스와 결합되어 사용되기에 자연스럽게 집합적 소비군에 속한다. 경계선에 자리한 사례들은 현실에서 편의에 따라 소비의 두 부분 가운데 어느 한쪽으로 분류될 수 있다.

소비 형태의 다분화 원칙을 정립하려는 시도는 결코 독단적인 이론적 현학의 훈련이 아니며 사회 안에서 소비가 차지하는 위상에 대한 물음 전반과 매우 직접적으로 연관되어 있다. 첫 번째 유형의 소비에 대한 배타적인 관심은 협동조합 운동을 소비자를 대표하는 주인공으로 바라보는 사상 유파를 낳은 반면, 두 번째 유형에 대한 집중적인 관심은 특히 지방자치사회주의 형태의 집산주의를 낳았다.

앞 장에서 살펴본 대로, 국가사회주의자와 지방자치사회주의자 모두, 그리고 미래 산업 시스템이 협동조합 거래 방식을 모든 산업과 서비스에 확대하는 데 기반하리라 믿는 이상주의자들[23]은 '소비자'가 통제권을 쥐어야 한다는 요청에 바탕을 두고 자신들의 제안을 내놓는다. 그러나 한 가지 형태의 소비를 조직하는 실제 연습에서 출발하려 하는 협동조합원이든, 미래 어느 시점에 국가 소유나 지방자치단체 소유가 된 서비스들의 모의 작동에서 출발하려 하는 집산주의자든, 이렇게 어느 한 시스템만 철저히 옹호하는 이들은 대체로 소비의 두 주요 형태 사이의 구별을 그다지 중요시하지 않는다. 집산주의자들은 모든 생산, 분배 및 교환 수단을 국유화하자는 결의를 관철시킴으로써 최근 페이즐리 보궐선거에서 집산주의자들이 협동조합운동을 국유화하려 한다는 애스퀴스H. H. Asquith 씨[24]의 공세에 약점을 노출하고 말았고, 반면에 협동조합원들은 산업을 '정치'기구들이 운영하도록 넘기면 위험하다고 쉬지 않고 떠들면서 이러한 기구가 소비자를 대표하기에 부적합하다는 점을 강조했다. 말하자면 두 이론은 누가 봐도 서로 격렬히 충돌하고 있는데, 다른 점에서는 둘 모두 길드 사회주의 이론과 충돌한다.

이 대목에서 일단 우리의 관심사는 후자의 충돌이 아니라, 서로 소비자를 대표하겠다며 경쟁하는 협동조합운동과 국가 및 지방자치단체의 주장이다. 이 책 첫머리에 제시한 원칙에서 곧바로 특정한 요점이 도출되는 것은 분명해 보인다. 오늘날 협동조합에 어떤 결점이 있을지라도 적어도 소비자를 개인적·가정적 소비 측면에서 진정으로 대표할 기초 역할을 할 수 있다는 주장만큼은 노동조합이 전국 길드의 기초 역할을 할 수 있다는 주장과 마찬가지로 전폭적인 인정을 받아야 한다. 왜냐하면 협동조합은 노동조합운동과 마찬가지로 노동계급의 위대한 자생적 운동이며, 특히 개인적 혹은 가정적 용도의 재화와 관련해 노동계급의 요구를 대변한다는 분명하고 확실한 기능을 늘 수행해왔기 때문이다.

둘째로, 민주적 사회라면 소비자를 대표하는 일이 '정치' 기구에 맡겨져서는 안 된다는 협동조합주의의 주장은 일견 타당해 보이며, 이 책 첫머리에 제시한 기능적 원칙에서 곧바로 도출되는 것이기도 하다. 소비자의 대의代議란 일반적으로든 아니면 특정한 소비 유형과 관련해서든 특별하고 기능적이며 잠정적인 대의여야 하며, 이는 기본적으로 정치성을 띠는 기구에 부가적 책무로 떠맡겨서는 제대로 수행될 수 없다. 하지만 그렇다고 하여 협동조합주의자들이 '정치적'

국유화를 논파하면서 자신들의 배타적 주장을 입증했다는 이야기는 아니다. 왜냐하면 모든 '소비'가 미분화된 채 획일적으로 다뤄지고 이를 대표하는 일이 어떤 단일 기구에 할당된다면 기능적 원칙은 역시 제대로 지켜지지 않을 것이기 때문이다. 개인적·가정적 소비의 경우에 제기되는 문제와 관점 그리고 요구되는 시야와 역량은 '집합적' 소비의 경우에 요구되는 것들과는 다르며, 따라서 각각의 경우를 표현하기 위해 서로 다른 형태의 대의제와 조직이 필요하다.

이로써 소비를 더욱 세분할 필요성이 대두한다. '국가', 즉 전국적 통치 기구가 기본적으로 그리고 본질적으로 정치적 기구이며, 따라서 어떤 형태의 소비도 적절히 대의할 수 없다는 것은 분명하다. 하지만 똑같은 의미로 이것이 지방자치단체에도 적용될까? 지방자치단체가 현재의 형태 그대로는 소비를 대의하는 데 적합하지 못하다는 점은 나도 동의한다. 하지만 이는 이들이 '정치적'이기 때문이 아니라, 계급 적대에 물들어 있는 데다 소비자의 대의라는 경제적 기능을 경제적이거나 정치적이기보다는 본질적으로 공익적인civic[25] 다른 특정 기능들과 섞으려고 시도하기 때문이다. 내가 말하려는 것은 일반적으로 교육, 공중보건, 시민 편의시설 등의 서비스들과 연관된 기능들이며, 이는 분명 경제적이거나 정치적인 범주로는 적절하게 분류할 수 없다. 서비스 제공자와 이용·향유자 모두와 관련해 이들 공익적 서비스를 더욱 철저하게 검토하는 작업은 공익 길드를 논의할 다음 장의 과제다. 하지만 '공익적' 기능과 집산주의적 기능을 단일 기구 안에 결합하는 것이 원칙상 명백히 오류이며 이 책의 전제가 되는 기능적 기초 전반과 완전히 배치됨을 여기에서도 이미 확인할 수 있다.

그러면, 현재의 지방자치단체 업무들이 둘 이상의 기관으로 분할되고 이들 기관 중 '집합 공공재 평의회Collective Utilities Councils'라 부를 만한 것에는 명백히 경제적 성격의 기능만 할당된다고 가정해보자. 이렇게 되기만 한다면 지방자치단체가 소비를 대의할 수 없다는 주장은 힘을 잃을 것이며, 지방자치단체는 협동조합운동이 개인적·가정적 소비의 경우에 그렇듯이 집합적 소비의 경우에 '소비자'의 자연스럽고 적절한 대표자가 될 것이다.

결국 우리는 다음과 같은 결론들에 도달한다. 첫째, 소비자를 대의하는 일은 아주 중요하다. 둘째, 협동조합이나 이로부터 등장할 모종의 조직은 개인적·가정적 소비와 관련해 소비자를 적절히 대표한다. 셋째, 오늘날의 지방자치단체 기능 일부를 이어받을 '집합 공공재 평의회'는 위에서 정의내린 바, 집합적 소비와 관련해 소비자를 적절히 대표한다.

이를 통해 우리는 제2장에서 이미 예비 논의를 거친 문제, 즉 민주적 산업 시스템 아래에서 생산자의 대표체인 길드들이 소비자의 대표체인 미래의 협동조합운동 및 집합 공공재 평의회와 맺는 올바른 관계라는 문제로 돌아온다. 길드 사회주의의 관점에서는 소비자의 요구와 이익이 당연히 산업의 직접 관리로까지 연장되는 것은 아니며, 이렇게 될 경우 생산자가 노예제 국가와 맞닥뜨릴 수 있음은 이미 분명히 밝혔다. 소비자의 요구와 이익을 바탕으로 추구해야 할 것은 주로 생산의 양과 질, 필요의 크기와 다양성을 충족시킬 만큼 분배가 충분한지 여부, 판매 가격 그리고 이와 밀접히 관련된 그 밖의 관심사들과 관련해 소비자의 특정한 구체적 관심사들이 반영되도록 보장하는 것이다.

길드라는 토론 주제를 꺼낸 뒤로 우리는 줄곧 개별 길드뿐만 아니라 길드 전체의 내부 작동을 최대한 분명하게 설명했다. 이에 따라 여기에서는 우리가 보기에 생산자와 소비자 모두의 입장을 대변할 수 있는 조직과 관련해 생산자와 소비자 사이의 바람직한 관계를 더욱 구체적인 방식으로 논의할 수 있을 것이다.

앞에서 이미 논의한 바에 따르면, 길드가 각 산업과 서비스의 일상적 운영을 맡아야 한다는 점, 그리고 공동체 정신과 의지로 충만함으로써 소비자에게 진정으로 효율적인 봉사를 제공할 수 있으려면 최선의 방책은 가능한 한 생산자가 자기 일을 스스로 운영하게 하는 것이라는 점은 명백하다. 전체 제안의 핵심은 생산자가 조직된 직업인으로서 '명예를 걸고' 최선을 다하도록 만들어야 하며, 생산자는 자신이 훌륭히 수행하는 모든 활동이 공동체를 위해 기꺼이 제공하는 직접적이고도 유용한 기여임을 실감해야 한다는 것이다. 소비자와 그 대표자가 이와 같이 조직된 봉사와 맺는 관계는 근본적으로 적대적인 것이 아니라 보완적인 것이다. 생산자가 소비자를 가로막으려 하기보다는 소비자의 의사를 먼저 이끌어내고 이에 반응할 것이며 이는 생산자에게 이렇게 행동할 사회적 동기는 충분한 반면에 정반대 동기는 거의 없기 때문이라는 전제 아래, 소비자 조직의 주된 기능은 소비자의 필요와 욕구를 규정하고 서로 접합하는 것이 되어야 한다. 이런 점에서 생산자에 맞서 소비자를 보호한다는 이차적 기능은 단지 예외적으로만 작동하게 될 것이며, 이를 소비자 대의제가 필요한 주된 이유로 생각한다면 이는 심각한 오류다. 물론 이런 보호 장치는 강력하고 적절하게 제공되어야 한다. 하지만 시스템이 제대로 작동한다면, 이런 장치에 호소할 일은 별로 없을 것이다. 소비자 대의제가 필요한 진정한 이유는 수요가 조직된 공급과 보조를 맞추도록 만들고 이를 위해 공급 흐름의 방향을 결정하려면 '소비' 측의 관점이 분명히 표현되어야 한다는 데 있다.

이에 따라 나는 소비자 조직의 두 가지 형태인 협동조합과 집합 공공재 평의회가 모든 시town와 면village에, 가능하면 동ward과 리hamlet에까지 존재하고 소비자 대표들이 길드 대표들과 지속적으로 만나 토의하는 방안을 구상해본다.

길드와 마찬가지로 소비자 조직도 강하게 분권화되어야 하며 그 활동을 지역 수준에 집중해야 한다. 또한 길드와 마찬가지로 소비자 조직의 경우에도 소비자 공동 행동과 정서의 가장 작은 자연스러운 단위에서 출발하고 이를 바탕으로 구축되어야만 실질적 민주주의가 보장될 수 있다. 소비자 조직의 내부 구조는 협동조합뿐만 아니라 집합 공공재 평의회까지도 근본적으로 앞에서 이미 서술한 길드 조직과 같은 원칙을 따라야 할 것이다. 소규모 단위의 자치에서 출발해야 하며, 이들 단위의 대표들을 모아 상급 광역 조직과 전국 조직을 설립해야 한다. 협동조합운동은 늘 상당히 높은 수준으로 이 원칙을 구현한다. 마찬가지로 지방자치단체의 경제적 기능을 인수할 집합 공공재 평의회의 설립은 시·군 수준에서 멈춰서는 안 되며, 여기에서 더 나아가 동일한 기초 위에서 지역 집합 공공재 평의회의 대표들을 모아 광역 평의회를 구성하고 또 그 대표들을 모아 전국 평의회를 구성해야 한다. 국가는 집합적 소비의 적절한 전국적 대의기구가 될 수 없는데 반해 전국 집합 공공재 평의회는 그 역할을 해낼 것이다.

즉 길드 사회주의 시스템은 지역, 광역, 전국의 모든 수준에서 길드와 소비자 조직 사이의 공동 협의와 행동을 가장 완전한 형태로 실현한다. 이는 특정 길드 혹은 길드 지부와 이에 어울리는 협동조합 혹은 '집합 공공재 평의회' 기관 사이의 직접적 관계라는 형태를 취하기도 하지만, '협동조합'

부문의 서비스들을 담당하는 모든 길드와 협동조합 기관 사이, '집합 공공재' 부문의 서비스들을 담당하는 모든 길드와 집합 공공재 평의회 기관 사이, 전체 길드 기관과 소비자 측의 양대 기관 사이의 직접적 관계라는 형태를 취하기도 한다. 게다가 이 모든 접촉은 지역, 광역, 전국의 모든 단계에서 발생할 수 있다. 말하자면 이는 앞에서 이미 서술한 길드 간 관계와 동일한 원칙에 따른 생산자와 소비자 사이의 또 다른 상호 관계의 조합이라 할 수 있다.

그러나 이 대목에서 독자는 이렇게 반문할 수 있다. 만약 길드가 다양한 산업과 서비스의 통제권을 굳건히 장악한다면 소비자 기관은 도대체 어떤 권한을 지닐 수 있는가? 생산자가 자신의 경제적 권력만 믿고 소비자 대표는 무시한 채 자기 기분에 맞춰 행동하지는 않겠는가? 이 중대한 물음에 대해서는, 길드와 소비자 조직뿐만 아니라 길드 사회의 코뮌형 구조 전체, 즉 공동체 안에서 모든 다양한 형태의 기능적 조직들이 맺는 관계까지 논의하고 나서야 답할 수 있다. 그래서 나는 독자에게 다음 장에서 길드 사회의 핵심 기관들을 완전히 설명할 때까지 조금만 참아달라고 부탁하지 않을 수 없다. 그리고 나서야 기능적 민주주의의 상호작용과 그 코뮌형 실현이라는, 그리고 권력이라는 성가신 문제를 다룰 수 있을 것이다. 요점은 이 문제를 잊은 것은 결코 아니며 단지 적절한 대목에서만 이를 다룰 수 있다는 사실이다.

그러나 소비자 문제에 대한 논의를 끝내기 전에 반드시 다뤄야 할 또 다른 논점이 있다. 이 장 전체에 걸쳐 나는 '소비'라는 말을 제한되고 엄밀한 의미로만, 즉 인간 필요와 욕구의 직접적 충족을 위한 제품 혹은 서비스의 최종 소비 혹은 이용을 지칭하는 데에만 썼다. 즉 앞 장에서 길드 간 관계라는 표제 아래에 논의한 이른바 '중간재 소비'의 다양한 형태를 다루지 않았다. 철도 혹은 선박이 석탄을 사용할 때나 아니면 공장이 새로운 기계나 건물을 주문할 때에 거기에 만약 '소비자'라 할 만한 것이 있다면 이는 특정 물품을 요구하는 특정 산업이다. 따라서 이런 '유사 소비'의 직접적 대표자는 해당 산업의 길드이며, 이런 형태의 '소비'의 대의 기능은 앞에서 이미 서술한 길드 간 관계를 통해 보장된다. 하지만 최종 소비자가 석탄이나 기계, 건물을 소비하지 않더라도 최종 소비자는 이들의 공급, 품질, 가격, 분배로부터 매우 큰 영향을 받는데, 왜냐하면 이들 물품이 최종 소비자의 실제 소비 대상이 되는 재화의 공급, 품질, 가격, 분배에 직접적으로 영향을 끼치기 때문이다. 이런 점에서, 최종 생산물을 생산하거나 직접 서비스를 제공하는 길드와 소비자 사이뿐만 아니라 '중간재 소비'를 위해 생산하는 길드와 소비자 대표기관들, 즉 집합 공공재 평의회 및 협동조합 사이에도 분명히 긴밀한 관계가 존재해야 한다. 이에 따라 모든 길드는 생산자와 소비자 전체의 공동 평의회Joint Councils에 대표를 파견할 것이며, 직접적이든 간접적이든 관련성이 있는 제품을 생산하는 모든 길드에 대해 어느 소비자 기관이든 협의와 공동 행동을 위한 대표 파견과 기관 설립을 요구할 수 있게 될 것이다.

다시 말하지만, 철도 여행과 같은 특정 서비스와 관련해 특정 유형의 제품 혹은 서비스의 소비자나 이용자들이 그때그때 특별 임시 연합을 결성할 가능성이 충분히 있다. 지금도 몇몇 영역에는 철도 정기권 사용자 연합뿐만 아니라 전화 이용자 연합과 여타 유사 기구들이 있다. 이런 조직을 유지하고 확대하며 각 소비자 조직에 대응하는 길드와 관계를 구축하도록 특별한 대의제를 제공하는 것이 전적으로 바람직하고, 이는 민주주의의 기능적 원칙에 완전히 부합한다. 또한 특별한 장인 집단과 협력하기 위해서나 특별한 생산 유형을 장려하기 위해 결성된, 더욱 소규모이고 더욱 특별한 유형의 소비자 연합들도 존재할 가능성이 높은데, 이들은 우리가 장인정신과 생산 다양성의 가치 있는 원천이라고 이미 동의한 바 있다. 그리고 이들은 일부 특별한 경우에 계속 존재하게 될 독립 생산자들의 조직들과 함께 분명 유익한 보완 기능을 하게 될 것이다.

이 장에서 도달한 결론은 실천적인 관점에서 볼 때 아주 자명하다. 첫째로 이는 협동조합운동과 길드 사회주의가 대립하게 만들기보다는 국민 전체의 개인적·가정적 필요에 최대한 부응해 협동조합의 공급 기능을 빠르게 확대하는 것이야말로 길드인이 마땅히 모든 노력을 기울여 촉진하려 하는 민주적 조직의 발전임을 뜻한다. 둘째로 우리나라[영국] 지방정부의 개혁과 재편이 그 공익적 기능과 경제적 기능을 분리하는 방향에서 즉각적이고도 열정적으로 추진되어야 마땅함을 뜻하고, 이 목표를 달성하기 위해서뿐만 아니라 재편 이후에 이를 충분히 활용하기 위해서도 노동당이 조직 노동자들 편에서 지방정부를 완전히 통제하려는 결연한 노력을 펼침으로써 최근 지방선거에서 이룬 성과를 더욱 발전시켜 나가야 마땅함을 뜻한다.[26]

제6장

공익 서비스

지금껏 우리는 길드 사회주의를 전적으로 산업 및 경제 조직에 대한 구상으로 다뤄왔으며, 비경제적 성격의 서비스에 이것이 어떻게 적용되는지에 대해서는 지나가며 언급하는 정도 외에는 이야기하지 않았다. 그러나 산업에서 자치를 주창하며 개진한 주장이 경제적 필요의 충족이 아니라 정신적, 심리적 그리고 여타 비경제적 필요와 욕망의 성취를 목적으로 하는 서비스들에도 최소한 동일한 수준에서 적용됨을 분명히 해야겠다. 본질적으로 공익적인 이들 서비스에서는 적어도 대다수 경제활동의 경우와 마찬가지로 자유로운 공동체적 헌신의 정신을 이끌어낼 필요성이 있으며, 그 특성을 놓고 볼 때 대다수 경제활동에 비해 이런 정신을 불러일으킬 기회가 더 풍부하고 이런 기회를 활용하기도 더욱 쉽다. 공공 봉사의 정신에 바탕을 둔 자유로운 조직을 실제로 구축할 기회가 존재한다면, 그것은 분명히 교육과 보건 같은 영역일 것이다. 비록 현재는 이들 영역의 상황이 비관적이지만, 그

래도 교육과 보건 같은 영역에서는 이상주의적 동기와 헌신
적 열정이 작동할 여지가 상당히 있다.

사실 교육과 의료 같은 직업은 현재 이들 직종이 처한 상
황 탓에 상당한 정도로 경제적 서비스 비슷하게 되어버렸고
탐욕, 약탈, 탈취 투쟁의 정신에 오염되어 지금은 이들의 지
배를 받고 있다. 그러나 심지어 지금도 이런 정신은 공익 서
비스의 참된 본성에 이질적인 것으로 인식되며, 자본주의적
성격을 가지려는 이들 직종의 경향에 맞서는 저항이 비록 결
실은 없어도 때때로 전개되곤 한다. 물론 이런 저항의 주된
대상은 수지를 맞추려고 필사적으로 노력하면서 돈벌이에
전념하지 않을 수 없게 된 저임금 교사와 장시간 근로 개업
의이다. 그럼에도 불구하고 문제의 서비스가 본질적으로 비
경제적인 성격을 띤다는 점을 인정할 만한 실질적인 토대가
있다. 다만 이들이 불가피하게 닮아가고 있는 저 산업의 상
황이 자본주의와 자본주의적 도덕성의 지배 아래 머물러 있
는 한, 이런 비경제적 본성은 현실로 나타날 수 없으며 앞으
로도 계속 그럴 수밖에 없다. 이들을 작금의 퇴행에서 구제
하려면, 더 심각한 퇴행에 빠져든 경제 시스템을 구제하는
과정과 이를 동시에 추진해야만 한다.

이 장에서 나는 이들 서비스 가운데에 사회적 목적이라는
점에서 가장 중요한 서비스에 주로 주의를 집중할 것을 제안
한다. 혁명의 주창자들이 항상 절감하는 것처럼, 더 나은 사

회를 향한 모든 변화의 가능성은 교육에 의해 크게 좌우된다. 끊임없이 이야기되는 바이지만, 민주주의는 교육받은 인민에게만 가능한 것이며, 비록 교육의 의미를 가장 광범하게 해석하는 경우에만 진실이라 할지라도 교육 시스템이 시민의 자유를 실현할 정신적 전망과 역량을 규정하는 커다란 힘을 발휘한다는 데는 의심의 여지가 없다. 아동뿐만 아니라 성인에 대해서도 창의성과 자기표현의 잠재력을 가장 풍부하게 이끌어내도록 교육 내용을 올바로 구성해 실시한다면, 이유를 따져 묻지 않는 무조건적 복종과 노예근성을 지향하는 통상적 시스템을 통해 교육받은 이들에게는 낯설기 이를 데 없는 자치와 공동체적 표현의 위업을 달성하는 것도 인민에게 그리 어려운 일이 아닐 것이다.

국민 대다수가 자라나며 경험하는 우리의 공교육 시스템이 대체로 노예적 시스템이라는 데는 이견이 있을 수 없다는 것이 내 생각이다. 이는 아마도 과거에 비해서는 그리 노예적이지 않을 것이며, 최근의 개혁을 통해 조금은 더 개선될 것이다. 그러나 단지 교육 기회가 양적으로 더 늘거나 의무교육 연한이 늘어난다고 해서 현 시스템의 성격이 근본적으로 바뀌지는 않을 것이다.

비판가들은 현 교육제도가 이렇게 노예적 성격을 띠게 된 이유를 여러 가지로 설명한다. 어떤 이들은 운수 나쁜 교사의 몫으로 떨어지는 과밀 학급을 강조하는데 이는 상당히 올바른 주장이며, 너무 많은 학생을 앞에 두고 교육 내용을 전달하기란 불가능에 가깝다는 것은 명백한 사실이다. 그러나 학급 규모는 교육 시스템의 노예성을 심각하게 악화시키는 요소이기는 하되 노예성의 근본 원인은 아니다. 다른 비판가들은 교육 시스템이 자본주의적이며 불평하지 않는 임금 노예를 양성하려는 자본가들의 관심사에 맞춰져 있기 때문에 노예성을 띤다고 선명히 주장한다. 이는 틀림없는 진실이다. 그러나 이는 정신적 노예해방의 위대한 담지자가 되어야 할 그것에 자본주의가 이런 노예적 성격을 성공적으로 전파한 수단이 도대체 무엇이냐는 또 다른 문제로 돌아가게 할 뿐이다. 내 생각에 근본 문제는 교사의 현 지위와 자질에 있으니, 현존 조건 아래에서 교사는 산업 시스템의 여느 피고용인과 마찬가지로 임금 노예이고 대다수 피고용인보다 더 심하게 착취당하는 처지다. 교사는 간혹 대학에서, 하지만 더 자주는 대학만큼은 좋지 않은 기관에서 매우 불충분하고 많은 경우 질이 떨어지는 훈련만을 받는다. 그들은 이렇게 조악하게 준비된 채로 학교에 강제 배치되어 학생들을 가르치라는 명령을 받는데, 한 무리의 장학관의 감독을 받아야 하며, 교육위원회Boards of Education[27]의 지침을 따라야 하고, 교육에 대해서는 문외한인 경우가 많은 교육국Education Authority[28]의 통제 아래 놓여야 하며, 교사의 끔찍한 경제적 곤궁과 제대로 된 급여나 기회를 동반하는 승진 통로의 부족에서 직접 비롯된 질서의 분위기에서 일해야 한다. 당연히 이런 상황에서는 매우 많은 교사가 '편협하고' 비효율적이라 비난받기 쉽다. 그렇지 않다면 오히려 기적이라 해야 할 터이니, 이런 환경에서 교육 업무를 수행한다는 것 자체가 거의 기적이다. 그러나 기적에도 한계가 있는 법이다. 교사의 대다수는 다름 아닌 인간이며, 다수는 가르친다는 소명 때문이 아니라 오늘날의 아귀다툼 속에서는 최저임금 직종조차 굶주림이나 돈만 보고 하는 결혼보다는 어느 정도 경제적 매력이 있기 때문에 교사가 되었다.

교육 시스템의 성격을 바꾸는 유일한 길은 교사의 지위를 바꾸는 것이다. 왜냐하면 교사들만이 교육을 정화할 수 있으며, 이들이 이 일에 착수할 수 있게끔 해주는 조건을 마련해야만 이는 가능할 것이기 때문이다. 가르치는 일을 자치가 완전히 보장된 직업으로 만들 때에만 우리는 교육과 관련해 올바른 길을 걸어가게 될 것이다. 즉 교사들이 교육에서 작금의 자본주의적이고 경제적인 얼룩을 씻어낼 자유를 행사하도록 도울 때에만 우리는 훌륭하며 해방적인 교육 시스템을 갖게 될 것이다.

따라서 우리의 교육 시스템을 하나의 단일한 단위로 간주한다는 전제 아래 우리에게 필요한 것은 교육 길드Education Guild이고, 여기에서 교사들은 앞에서 이미 기술한 길드 가운데 하나에서 경제적 노동자들이 누리는 것과 완전히 대등한 자치의 지위를 지니게 될 것이다. 그리고 마찬가지 이유에서 우리에게는 보건 길드Guild of Health가 필요하며, 더 나아가 인민의 핵심적인 비경제적 필요에 부응하는 모든 공익 서비스에 대해 길드가 있어야 한다.

교육 길드 혹은 보건 길드가 필요하다고 말하는 대목에서 나는 독자가 길드 시스템의 본질적으로 분권적인 성격에 대해, 그리고 가장 소규모의 자연스러운 통제 단위를 자치의 기반으로 삼을 필요성에 대해 이미 설명한 바를 유념하길 바란다. 관료기구의 장악력이 약해지는 곳을 찾아보기 힘든 오늘날의 상황에서도, 지금 다루고 있는 본질적으로 정신적인 공익 서비스만큼 집중화된 대규모 조직의 장악력이 약해질 가능성이 높은 영역은 달리 없다. 인간 행복의 상당 부분을 좌우하는 이 영역만큼 다양성이 필요하며 다채로운 창의성과 여러 형태의 실험이 필요하고 개인의 생각과 독창적 관념을 발전시킬 자유가 필요한 곳도 또 없다. 따라서 우리의 교육 서비스와 보건 서비스를 거대한 전국적 시스템으로 구축하고 그 다양한 형태와 단계를 포괄하는 거대한 전국적 길드를 통해 그 통일을 이뤄낼 경우에, 우리는 이런 거대 조직 내부에서 소규모 단위가 계속 정책 주도성과 권력의 중심이 되게 함으로써 각 학교가 자유로이 자신이 갈 길을 힘차게 열어나갈 수 있게 만들어야 하고 지나친 중앙 통제를 통해 의료인 개인 혹은 동료 노동자 집단의 창의성이 방해받지 않게 만들어야 한다.

이 장 전체에서 일반 원칙의 한 사례로 이용하고 있는 교육의 경우에는 산업을 다루며 우리가 이미 인정한 바 있는 내용이 이러한 분권화 원칙에 포함되는데, 공인된 정규 교육 시스템의 내부에서든 외부에서든 실험을 전개할 수 있도록 대다수 기본 규정의 준수 여부에 대해 개인 혹은 집단에게 완전한 승인권을 부여해야 한다는 것이 그것이다. 산업의 경우에도 그랬듯이 우리는 자유의 정신이 전국 길드 안에서 충분히 발전함으로써 내부에서 대다수의 새로운 실험이 이뤄질 수 있기를 바랄 수도 있다. 하지만 교육 독점 구상은 그게 아무리 느슨한 형태를 띠어도 이와 상극이며, 전국적 시스템을 구축하려는 실험은 그게 아무리 신축적인 성격을 띠어도 늘 제대로 자리 잡는 데 실패했다. 이들 가운데 다수는 '선무당식 처방'일지 모른다. 하지만 한 가지 중요한 교육적 발견을 무시하느니 수많은 선무당 처방을 받아들이는 게 더 나으며, 선무당 처방의 위험은 뒤에서 제안할 방식을 통해 교사뿐만 아니라 학생 역시 자치의 수단을 보장받을 경우에 크게 줄어들 것이다.

따라서 우리의 교육 길드는 생산 부문 길드의 다수에 비해 훨씬 더 분권화되어야 하며, 단일한 집중적 조직보다는 상호 관련된 자유로운 교육기관들의 연방제적 협의 기구에 훨씬 더 가까워야 한다. 이런 조건에서 교육 길드에는 당연히 교육의 각 단계(오늘날 이야기하듯, 초등학교부터 대학교까지[29])를 책임지는 기관들이 모두 포함되어야 한다. 자유에 대한 우리의 주장은 특정 학교나 대학에서든 아니면 교육과정의 특정한 단계에서든 고립을 뜻하지 않는다. 계급 분열뿐만 아니라 교육 단계에 따라 발생하는 심각한 고립은 오늘날 기성 교육 시스템의 최대 결점 가운데 하나다. 우리는 교육 시스템의 통일성을 인정한다는 명목으로 이를 집중화하는 오류로 빠져듦 없이 교육 문제를 단일한 총체로서 바라볼 필요가 있다.

각기 다른 기법, 방법, 기능을 지닌 수많은 다양한 교사들을 포함하는 전국 교육 길드라면, 그 내부가 고도로 다양화된 민주적 조직 형태를 띠기를 요구받을 것임에 틀림없다. 모든 교육기관 중 가장 중요한 학교와 교육행정의 넓은 영역뿐만 아니라 교직 안에 포함된 다양한 직종과 '전문가' 집단에서도 자치가 이뤄지도록 보장해야 할 것이다. 또한 지역적으로든 전국적으로든 길드 자체 안에서 이뤄지는 집단적 표현을 다양하게 보장하는 것과 동시에 자발적 직능 연합professional associations을 결성하고 이런 형태의 연합을 인정할 자유를 완전히 보장해야 할 것이다. 교사 자신의 자격시험 문제를 통해 내가 말하고자 하는 바의 간단한 사례를 제시하겠다. 교사 지망생에게 교사 자격을 부여하거나 열의에 넘치는 이에게 승진 기회를 주는 이런 시험을 실시하는 기능을 모조리 전국 길드의 수중에 집중시키려는 시도는 커다란 실책이 될 것이다. 가능하기만 하다면 길드가 교사 지망생의 자격시험과 관련된 사항을 일정한 한계 안에서 결정하는 임무를 다양한 직능 연합이나 이와 유사한 기관들에 위임 혹은 위탁하는 것이 훨씬 더 바람직하다. 앞에서 이미 본 대로 이는 경제적 길드가 산업 영역의 직종들과 관련된 여러 사례에 적용하기에 적합한 방법인데, 분명히 교육 서비스와 의료 서비스의 경우에도 산업 영역에 비해 결코 덜하지 않은 정도로 이 방법이 효과를 발휘할 것이다.

교육 길드의 내부 조직을 더욱 상세히 전망해보기 전에 검토해야 할 두 가지 근본 문제가 있는데, 이 두 문제는 코뮌 구조의 다른 부분과 관련해 서로 연결되어 있다. 교육 전반과 관련해 교육 길드는 시민 전체와, 그리고 더욱 특수하게는 오늘날 학생으로 교육기관에 있거나 미래에 들어가게 될 시민과 어떤 관계를 맺을 것인가? 그리고 특히 기술 교육과 관련해 교육 길드는 다양한 경제적 길드 및 직능 연합과 어떤 관계를 맺을 것인가?

이 두 문제는 이미 앞에서 경제적 길드와 관련해 검토한 특정 문제들과 결코 같지는 않더라도 어느 정도는 유사하다. 우리의 첫 번째 문제와 경제적 길드와 소비자의 문제는 분명 동일하지는 않지만 유사점이 있으며, 두 번째 문제와 중간 '소비'와 길드 간 관계의 문제 사이에도 아마 앞의 경우보다는 느슨하겠지만 여전히 유사점이 있다. 그러나 교육의 경우와, 이보다는 약간 정도가 덜하더라도 보건의 경우에는 문제의 서비스가 경제적 서비스가 아니며 이들이 제공하는 서비스의 성격이 이루 말할 수 없는 사회적 결과를 야기하는 정신적·도덕적 문제를 제기한다는 중대한 차이가 있다. 내부에서 자치가 이뤄지는 교육 길드와 보건 길드를 제안한다고 하더라도 이것이 교육 및 보건과 관련한 모든 문제를 교사와 의사의 전적인 결정 아래 맡겨둬야 한다는 이야기는 결코 아니다. 교육과 보건 모두 시민 누구나 친숙히 여기며 관심을 기울이는 사안이고, 두 영역 모두에서 모든 시민은 자신의 의견과 영향력을 펼칠 기회를 충분히 보장받아야만 한다. 다른 한편 다른 길드와 직능 연합은 기술 교육 문제에 가장 적극적인 관심을 보일 것임에 틀림없으며, 이 영역에서 이들의 목소리는 교사와 일반 시민의 목소리와 마찬가지로 효과적으로 경청될 수 있어야만 한다.

경제적 측면을 중심으로 지방자치단체를 검토하면서 우리는 '집합적' 소비자를 대변하는 필수 기능에 지방자치단체가 가장 잘 어울린다면 이 목적만을 위해 구성되고 선출된 개별 기관들이 있어야 하며 이를 지방자치단체의 비경제적 목적들과 한데 합치려 해서는 안 된다는 점을 이미 확인했다. 그러나 이는 경제적 관점에서도 중요하지만, 지금 우리가 논하는 공익 서비스의 관점에서는 훨씬 더 명백하게 필요한 원칙이기도 하다. 이들 서비스가 거의 필연적으로 경제적 관점을 우선시하는 기구들의 통제 아래 머물러 있는 한, 이들 서비스를 경제학에 대한 굴종 상태에서 해방하려고 시도조차 하기 힘들 것이기 때문이다. 따라서 우리에게는 앞 장에서 기술한 집합 공공재 평의회와 더불어, 공익 서비스와 관련해 인민의 필요와 욕망을 표현할 또 다른 평의회가 필요하다. 지방자치단체를 단순히 둘로 쪼개는 것만으로는 이를 결코 충족시킬 수 없다. 소비의 서로 다른 부분을 대변하기 위해 적어도 두 가지 독자적 조직 형태, 즉 협동조합과 집합 공공재 평의회가 필요하다고 인정했지만, 공익 서비스의 경우에는 이 점이 훨씬 더 강하게 나타나기 때문이다. 공익 서비스의 경우에는 둘 이상의 경제적 집단이 그럴 수 있는 것보다 훨씬 더 뚜렷하게 주요 성격이 차별되는 집단들이 발생하게 된다. 우리가 지금껏 검토한 두 주요 서비스인 교육과 공공 보건만 두고 본다면, 두 서비스가 서로에 대해서뿐만 아니라 다양한 형태의 경제적 서비스들과도 여러 지점에서 중첩되고 상호 침투하지만 각각의 경우에 서로 구별되는 독자적인 일군의 문제가 존재한다. 그래서 서로 다른 처방이 요구되며, 이 영역들과 관련해 공공적 관점을 대변하도록 위임된 이들에게 서로 사뭇 다른 자질과 이해관계가 요청된다. 이에 따라 교육과 보건은 우리의 기능적 원칙을 충실히 따를 경우에 동일 기관의 관리 대상이 될 수 없다. 그리고 우리는 최근 경제적 서비스와 공익적 서비스의 차이를 알아채지 못한 집산주의 개혁가들이 참으로 열심히 파괴 대상으로 삼았던, 각 영역마다의 특별 관리 방식으로 돌아가자고 주창해야만 한다.

따라서 모든 기초 단위에 집합 소비재 평의회와 나란히, 시민 전체의 관점에서 교육 문제를 다루는 평의회와 보건 문제를 다루는 또 다른 평의회가 있어야 한다. 하지만 그렇다고 하여 서로 다른 지역별 특별 기관이 끝도 없이 늘어나야 한다는 이야기는 아니다. 교육 기능과 보건 기능의 정확한 개념은 오늘날 공공 정책을 지배하는 개념들에 비해 훨씬 더 널리 알려져 있기 때문이다. 이러한 구별은 무척 중요하기 때문에, 어쨌든 교육의 경우에 특징 있는 용어를 통해 이를 부각하는 것이 아마도 최선의 방책일 것이다. 이에 따라, 비슷한 부류의 수많은 정신적 서비스를 포함하는 가장 광범한 의미에서의 교육에 대해서는 모든 시민이 공익적 관점을 표현하기 위해 선출한 문화 평의회Cultural Councils[30]가 필요하다고 정식화해보자.

이들 문화 평의회는 교육 길드뿐만 아니라 비슷한 부류의 서비스를 제공하는 다른 길드들과도 긴밀하면서 지속적인 관계를 맺게 될 것이다. 예를 들면 연극 및 음악 직종과 이들이 제공하는 서비스에 관심이 있는 사람들 모두는 인민에 의해 코뮌의 인정을 받아 (오늘날은 당국에 의해 거부되고 있는) 민주적인 사회적 시스템의 확대 적용 대상이 된 상태에서 각자의 길드를 통해 문화 평의회와 직접 관계를 맺을 텐데, 그 이유는 문화 평의회는 무엇을 가르친다는 더욱 좁은 의미의 교육만이 아니라 연극과 음악 같은 서비스까지 다룰 것이기 때문이다. 교육 길드나 직능 연합이 직접 운영하는 미술관, 박물관, 도서관과 유사 기관들이 문화 평의회의 관리 대상이 될 것이다. 다른 한편 보건 평의회Health Councils는 의료 길드뿐만 아니라 위생 서비스를 담당하는 길드들과도 직접적인 관계를 맺게 될 것이며, 병원뿐만 아니라 공원과 공지空地 그리고 물리적 생활의 다른 편의 시설들을 관리 대상으로 삼을 것이다. 또한 건설 길드Building Guilds와 긴밀하고 지속적이면서도 배타적이지 않은 관계를 맺을 것이며, 기초 및 광역 단위의 도시계획 결정 과정에서 커다란 영향력을 행사할 것이다.

말하자면 협동조합과 집합 공공재 평의회의 경우와 마찬가지로, 보건 평의회와 문화 평의회도 단일한 길드가 아니라 일군의 친족 길드들과 관계를 수립할 것이며, 친족 길드들 사이에서도 긴밀하고 지속적인 상호작용이 벌어질 것이다. 또한 보건 평의회와 문화 평의회 그리고 이에 대응하는 길드들은 초등학교 학생들의 건강이나 정신지체 장애인의 교육 같은 양자의 공통 과제가 경제적 궁핍의 철폐 이후에도 지속될 경우에 이를 함께 해결하기 위해 틀림없이 긴밀한 연계를 맺어야 할 것이다. 게다가 이들은 우유 공급, 도시계획, 산업과 연관된 교육 설비 그리고 다른 많은 문제와 관련해 집합 소비재 평의회 및 협동조합과 좀 더 느슨하지만 결코 중요성이 덜하지 않은 관계를 맺어야 할 것이다. 다양한 형태의 코뮌 조직들의 이러한 상호 관계에 대해서는 다음 장에서 더 자세히 다루겠다.

그러나 이것이 이런 핵심 서비스들과 관련된 공익적 대의 구조라면 위에 기술한 평의회 대의제의 기능은 무엇인가? 앞 장에서 기술한 경제적 관계의 경우와 마찬가지로 이는 본질적으로 적대적 관계가 아니라 협동적이며 보완적인 관계일 것이다. 문화 평의회는 공익적 관점, 인민의 핵심적인 정신적·신체적 요구를 명확하게 정리하고, 이런 요구들을 충족시키는 임무를 위임받은 다양한 길드들과 협력하기 위해 존재할 것이다. 경제적 요구만이 아니라 정신적·신체적 요구도 있기 마련이며, 이런 영역들에서도 명확히 정리된 요구를 조직화된 공급과의 협력을 통해 충족시켜야 한다.

이런 점에서 문화 평의회는 문화적·물리적 필요와 관련해 전체 시스템의 분권화와 조화를 이루며 전국적 수준보다는 오히려 지역적 수준에서 인민의 요구를 표현하게 될 것이다. 시민은 어떤 유형의 교육, 연극, 의료와 위생 서비스, 공원과 공공 기관이 제공되는지에 관심이 있으며, 인민이 원하는 바를 자신들의 지식과 창의성과 조화시켜 제공하는 것은 이들 서비스를 직업으로 삼는 이들의 과업이다. 때로, 특히 교육 영역에서 대다수 인민은 바라는 바가 거의 없다고 이야기되기도 한다. 그러나 각각의 목적에 따른 관리 기관들을 따로 선출하는 제도와 결합된 기능적 대의제는 뭔가를 분명히 원하며 관심을 보이는 이들에게 목소리를 낼 최선의 기회를 매우 적절하게 제공한다. 게다가 지위의 민주적 평등이 갖춰진 상황에서는 문화 평의회가 정신적·예술적 열망을 표현할 기회를 통해 대다수 대중에게 코뮌 차원 서비스를 최대한 제공할 것임에 틀림없다.[31]

　하지만 이 대목에서 우리는 교육 영역에서 나타나는 공익적 의사 표현의 또 다른 문제와 곧바로 마주하게 된다. 모든 성인 시민이 기능적 기관들에 투표할 권리 덕분에 보건과 문화 활동의 일부 형태와 관련해 공익적 관점을 충분히 표현할 수 있게 된다면, 그 상당 부분이 비성인과 관련된 교육의 경우는 그러면 어떠한가? 다름 아닌 학교 안에서 아동과 청소년이 교육 시스템의 틀을 짜는 데 비록 전적으로는 아니어도 어쨌든 그들에게 직접 영향을 끼치는 부분에 대해 목소리를 낼 권리가 없다면? 나는 주저 없이 이 권리를 인정하는데, 이는 비성인을 위한 대규모 대의기구를 수립하려는 몽상적 시도나 그만큼이나 몽상적인, 성인과 비성인이 함께 참여하는 문화 평의회를 제안하는 것이 아니라 모든 학교에 교사뿐만 아니라 학생의 자치 기구도 완전히 보장하자는 것이다. 개별 교사들 자신이 완전한 자유와 자치를 누리는 학교들에서는 이미 이 방향에서 커다란 실험적 성취가 있었으며, 나는 교사에게 전반적으로 자유를 확대하면 곧바로 이러한 실험이 광범하게 발전하리라는 점을 의심하지 않는다.32 이런 학생 자치는 주로, 학교 안에 자발적 연합을 결성할 최대한의 자유, 규율에 대한 실질적인 통제 등을 비롯한 그들 자신의 문제에 대한 소년·소녀의 통제를 점차 확대함으로써 시작될 것임에 틀림없다. 하지만 이는 빠른 속도로 교과 과정과 교사에 대한 필수적이고 실질적인 비평과 학습 형태 및 수업 방식에 대한 협조적 제안으로까지 확대될 것이다. 이러한 발전의 규칙이나 준칙을 정식화하기는 힘든데, 왜냐하면 교사의 인격과 학급 기풍에 따라 매우 다양한 형태를 띨 것이기 때문이다. 하지만 학생 자치의 수단이 크게 발전하지 않는 한, 학교 안에서는 민주주의가 실현되지 않을 것이며, 해방적 영향력을 끼치는 교육의 힘 또한 제대로 발전하지 못할 것이다.

여기에서 우리는 두 번째 커다란 문제인 기술 교육 문제와 맞부딪히게 된다. 오늘날은 경제적 원인 탓에, 기술 교육 확대를 주창하는 이들과 '문화적' 혹은 '인문주의적' 이상을 견지하려 하는 이들 사이에 끊임없는 마찰이 있다. 자본주의적 조건 아래에서 이 마찰은 불가피하다. 하지만 경제적 민주주의 아래에서는 이를 발생시키는 원인이 사라질 것이다. 오늘날은 많은 이가 그 자체로는 훌륭한 기술 훈련의 확대를 원칙상 올바르지 않다며 반대하는 입장을 취하게 되는데, 왜냐하면 첫째 기술 훈련이 판에 박힌 과업으로서 매우 협소하게 인식되고 있고, 둘째 기술 교육이 다른 형태의 교육을 대체하는 것으로 제시되기 때문이다. 민주적인 조건 아래에서 올바르게 이해되기만 한다면, 기술 교육이 책으로 하는 공부만큼 문화적 영향을 끼칠 수 있다는 점과 둘은 서로 긴밀히 얽혀 상호 보완한다는 점이 널리 인정될 것이다. 즉 둘은 서로 적대하기는커녕 협력할 것이다. 하지만 기술 교육의 통제와 조직화를 위해서는 분명히 특별 수단이 필요하며, 다양한 길드와 직능 연합들은 이와 매우 긴밀한 연계를 맺어야 할 것이다. 작업장 혹은 실습 훈련과 교육기관이 실시하는 훈련은 서로를 보완한다고 인정받을 것이며, 길드와 직능 연합들이 둘의 실질적 통제와 관리에서 커다란 역할을 할 것이다. 이 경우에 시스템이 획일성을 띨 이유는 없으며, 아마도 매우 다양한 시스템들이 서로 밀접한 관계를 가지며 만개할 것이고, 교육 길드가 유관한 모든 기관들과 긴밀히 공조해야 한다는 것이 모든 시스템의 공통 원칙이 될 것이다.

말하자면 나는 기술 교육이 교육 길드의 관할 범위 바깥에 있어야 한다고 제안하지는 않는다. 왜냐하면 그럴 경우에 서로 긴밀히 묶일 사회적 필요성이 있는 교육의 두 형태가 대책 없이 분리될 것이기 때문이다. 교육의 기술 훈련적 측면에 대한 통제를 위해, 그리고 이를 다루는 과정에서 산업 및 직업의 이해관계를 대변하기 위해 길드 안에 특별한 규정을 마련해야 한다. 이에 따라 칼리지 시스템[33]을 갖춘 종합대학들은 다른 길드나 직능 연합들이 많은 부분을 직접 통제하지만 종합대학의 학사 전반에 참여하며 그 일반 학칙을 따르는 칼리지들을 포함할 수 있을 것이다.

이제 우리에게는 교육, 연극, 의료, 위생(혹은 공중보건) 서비스와 여타 공익적 서비스를 위한 길드들이 있다. 그러나 더 물어야 할 것이 있다. 즉 과학, 통계, 예술과 관련된 '독립적 직종들'은 어떻게 할 것인가? 앞에서 거론하지 않은 전문가와 예술가의 사회적 지위와 조직은 어떠해야 하는가? 모든 문제에 답을 제시하거나 모든 기능적 역할마다 이에 속하는 사람들을 모조리 조직하는 직접적 방안을 제안하는 것이 길드 사회주의의 목적은 아니지만, 그래도 나는 이 점에 대해 약간이나마 언급하고 싶다. 마지막 사람까지, 마지막 기능까지 남김없이 조직하려 한다니 이는 당치도 않다! 많은 기능들과 일부 사람들은 다행히도 완전히 조직화하기 불가능하며, 더 많은 기능과 사람은 협력과 분열의 자생적 분출에 따라 모였다 흩어지기를 반복하는 작은 단위로만 조직될 수 있다. 그러나 이런 협력 형태와, 이 기능들과 사람들이 조화로운 사회 조직으로 나아가는 길을 신속히 찾아낼지 여부는 본질적으로 이들을 에워싼 사회의 짜임새와 정신에 달려 있다. 길드 공동체처럼 연합의 충동이 퍼져 있는 공동체에서는 온갖 유형의 과학자와 직능 연합이 흐드러지게 만개할 것이고 완전한 사회적 인정을 기꺼이 보장받을 것이다. 또한 심지어는 가장 조직화하기 힘든 사람들인 예술가조차 그들을 에워싼 연합의 충동에 반응할 것이고, 틀림없이 비록 안정성은 덜하겠지만 바로 그 예술가 특유의 불안정성 덕분에 더욱 활력에 넘칠 협력 집단들을 기꺼이 구성할 것이다. 이미 검토에 검토를 거듭한 대로, 온갖 유형의 직능 연합들은 길드 공동체 안에서 수행할 가장 중요한 기능을 찾아낼 것이며, 내가 기술한 다양하게 조직된 기능적 사회보다 더 훌륭하고 더 광범하게 진정으로 대중적인 기초 위에 더 확고히 서서 예술과 과학이 꽃을 피우는 곳은 없다고 말해도 틀리지 않다고 나는 생각한다. 왜냐하면 산업과 사회 생활의 모든 영역으로 확대된 민주주의가 최고의 정당성을 지니는 것은 자본주의가 억압하거나 오도하는 창조적이고 과학적이며 예술적인 충동을 대중 속에서 이끌어내는 그 힘에, 지금은 질식당하는 공익적 정신이 삶의 좋은 것들에 대한 인간적 취향과 감상을 되살리는 기적을 일으킬 수 있게 하는 그 힘에 있기 때문이다.

제7장

코뮌의 구조

우리는 지금까지 사회의 기능적 조직이 취할 주된 형태를 그것이 경제적이거나 공익적인 표현으로 나타났을 경우를 중심으로 순서대로 제시했지만, 두 가지 중요한 예외가 있었다. 이 책 전체에 걸쳐 의도적으로 예외로 삼은 첫 번째 주제는 종교 조직이다. 교회와 국가 그리고 현대 공동체 안에서 교회가 차지하는 위치에 관한 이론이 이룩한 최근의 발전이 매우 많은 점에서, 산업과 공익 서비스 영역에서 이뤄지는 길드 발전에 관한 이론과 유사한 방향으로 나아가고 있다는 것은 의미심장하다.[34] 하지만 교회 그리고 이처럼 신앙이나 의견에 바탕을 둔 모든 연합의 정신적 자유의 핵심은 사회의 물질적이고 경제적인 구조에 대해, 더 나아가서는 공익적 구조에 대해서까지 독립적이라는 데 있으며, 경제적이거나 물질적인 힘이 아니라 정신적인 힘의 차원에서 그 고유한 문제를 절대로 사회의 물질적 강제에 기대지 않은 채 다룬다는 데 있다. 나는 다른 곳에서 이 문제를 더욱 상세히 다룬 바 있지만,[35] 이는 이 책이 포괄하는 주제에서는 벗어난다.

두 번째 예외는 경제학의 영역에 속한다. 농업을 담당하는 길드 조직은 설령 이를 설계할 수 있다손 치더라도 산업을 담당하는 길드 조직과는 분명히 다른 특징들을 보일 테지만, 이 책에서는 지금껏 이에 대해 언급하지 않았다. 제9장에서 이를 다룰 테지만, 본격적인 설명까지는 아니더라도 이 장에서 농업 길드Agricultural Guild라는 이름으로 이를 어느 정도는 소개해야 하겠다. 농업 조직에 대한 논의가 이 장이 다룰 문제들 가운데 일부에 대한 사전 논의를 포함하기 때문에 이 상황에서는 이러한 순서를 따르는 게 가장 편할 것 같다.

지금까지 우리는 각기 고유한 하위 체계를 갖춘 네 가지 서로 다른 조직 형태를 검토했다. 첫째로 경제적 길드라는 생산자 조직을 살펴봤고, 다음에는 협동조합운동과 집합 공공재 평의회로 이뤄진 소비자 조직을 검토했으며, 그 다음에는 공익 길드라는 공익 서비스 조직을 보았고, 마지막으로 문화 및 보건 평의회라는 공익적 조직 혹은 시민citizen 조직을 검토했다. 이에 더해 우리는 많은 차이점에 대한 비교를 통해 다양한 집단 사이에 나타날 수 있는 상호 관계와 상호작용을 조직 내적 측면뿐만 아니라 대외적 측면까지, 전국적 차원뿐만 아니라 지역적 차원까지 함께 논의했다. 그러나 아직까지 하지 않은 게 있는데, 이 모든 집단이 하나의 단일한 시스템의 일부로서 작동하는 것에 대한 사색, 즉 길드 사회의 기능적 조직 및 작동과는 구별되는 그 코뮌적communal 기능과 작동에 대한 사색이 그것이다.

우리는 생산자와 소비자가 어떻게 만나고 협력하는지나 공익 종사자와 시민이 어떻게 만나고 협력하는지에 대해서만 살펴봐선 안 된다. 사회 전체의 공동체적 정신을 어떻게 표현할 수 있을지, 그리고 그 전제로서 사회 조직의 모든 형태에 이러한 표현이 존재하도록 할 방법은 무엇인지에 대해서도 검토해야 한다.

그러다 보면 우리는 곧바로 '국가'의 위상에 대해 더욱 깊이 있게 고찰하게 된다. 왜냐하면 정통 사회이론가들은 흔히 공동체 정신을 표현하는 최고의 과업을, 그리고 사회구조의 모든 다양한 부분의 활동들을 조정하고 지휘하는 적극적 권한을 '국가'의 몫으로 돌리기 때문이다. 우리는 지금까지 두가지 서로 다른 관점에 따라 보편적 국가주권 관념을 공격했고, 아직 이 이론을 완전히 박살내지는 못했지만 내 생각에는 커다란 균열쯤은 냈다. 첫째로는 미분화된 대의제 이론이 사회 활동의 모든 개별적 측면에서 마땅히 울려 퍼져야 할 민주적 정신의 표현이 되기에는 어울리지 않는다는 점을 들면서 기능민주주의의 관점에서 국가 구조를 비판했다. 이 비판을 통해 우리는 국가가 '전능'하다는 생각을 타파했다. 둘째로 경제 영역에 대한 집산주의 이론을 다루면서 국가가 소비자를 대표한다는 이론을 타파했으며, 이에 따라 산업이나 서비스의 통제에 대한 기능적 참여에서 국가를 배제했다. 추론을 이어갈 경우 이 비판은 공익 서비스에도 적용되어야 하는데, 우리는 공익 서비스에서도 산업이나 서비스와 마찬가지로 기능에 토대를 둔 대의제가 작동해야 함을 보여주었다. 즉 우리는 국가 '전능성' 관념을 파괴하는 데에서 더 나아가 이를 경제적 봉사와 공익적 봉사 양자를 통제하는 임무에서 분명히 배제한 것이다. 하지만 우리의 이러한 반론에 맞선다는 명확한 목표에 따라 재정리된 형태의 국가주권 관념까지 뒤엎어버린 것은 아직 아니다.[36]

이 수정된 국가 이론은 국가 전능성에 반대하며, 최소한 일반적 맥락에서 국가를 모든 사회적 기능의 일상적 작동에서 배제하자는 데 동의한다. 하지만 이 이론에서는 '주권이 곧 그 기능인' 국가, 즉 사회 안의 다양한 기능적 기관들의 활동들을 조정하는 것이 유일한 임무인 국가가 계속 배경으로 존재한다. 그렇다면 지금까지 상술한 기능민주주의에는 명확히 공인된 조정 기관이 필요하며 이것이 반드시 갖춰져야 한다는 것, 그리고 '국가'라는 이름이 사람들에게 오해를 낳을 뿐인 두 가지 생각을 곧바로 불러일으키지 않는 한 이 기관을 '국가'라 불러도 반대할 이유가 없다는 것은 물론 명백하다. 오해를 낳는 첫 번째 생각은 이 새로운 기관이 사회의 현존 정치기구에 대해 역사적으로 연속적이리라는 것이다. 두 번째 생각은 이 기관이 특히 비기능적인 직접선거에 바탕을 두고 현존 정치기구의 구조를 상당한 정도로 재생산하리라는 것이다. 기능민주주의에 필요한 조정 기관은 어떤 의미에서도 현존 국가에 대해 역사적으로 연속적일 수 없으며, 현존 국가의 구조를 어떤 중요한 측면에서도 재생산해서는 안 된다. 즉 이 기관은 우리가 이미 살펴본 국가 기능의 대다수를 물려받지 않을 것이다.

새로운 조정 기관은 두 가지 정당하고 충분한 이유에 따라 사회의 현존 정치기구에 대해 연속적이지 않을 것이다. 현대 마르크스주의 교리가 뚜렷하게 단언하고 누구보다도 레닌이 가장 선명하게 주장한 첫째 이유는 현존 정치기구가 자본가 권력에 오염되었을 뿐만 아니라 강제에 바탕을 두고 있다는 점에서도 분명히 계급 지배 기관이며 본래 강제의 도구라는 것이다. 여기에서 중심을 이루는 생각은 '질서'가 바깥으로부터 강요된다는 것이며 이를 자치와 자유의 표현이 불가능한 형태로 변질시킨다는 것이다. 이 점에 대해 레닌에 동의한다고 하여 자본주의 국가를 이와 똑같이 강제에 바탕을 둔 과도적인 '프롤레타리아 국가'로 대체해야 한다는 그의 주장에도 동의하는 것은 아니며 내가 동의하는 바는 단지 진정으로 사회주의적인 사회에서는 현존 정치기구에 대해 연속적인 기관은 존재할 여지가 없다는 것이다.

두 번째 이유는 현존 정치기구가 이른바 '정치적 민주주의'에 스스로 적응한 곳에서는 본질적으로, 한 사람이 다른 사람을 특정한 목적이나 일군의 목적들에 한해서가 아니라 절대적 수준에서 대표할 수 있다고 전제하는 잘못된 대의 정부 사상에 바탕을 두고 있다는 것이다. 우리는 기능적 대의제 구상을 지지하면서 이 그릇된 대의 관념을 이미 논박한 바 있다.

그러나 새로운 형태의 국가라면 새로운 '국가 기능'으로는 단지 조정이 있을 뿐이라는 주장과 모순을 빚지 않는다고 주장할 수 있을지 모른다. 그렇다고 이 논란에 의미가 없는 것은 아니다. 왜냐하면 기능들의 조정은 그 자체로 기능이 아니며 도무지 기능일 수 없기 때문이다. 기능들의 조정이라는 과업 안에 그것이 조정하는 각 기능에 대한 통제까지 포함될 경우에는 사회 조직 전체가 다시금 국가의 지배 아래 놓여 기능민주주의의 원칙 전반이 파괴될 것이며, 그렇지 않고 기능들의 조정이라는 과업 안에 그것이 조정하는 각 기능에 대한 통제가 포함되지 않을 경우에는 틀림없이 조정이 불가능해질 것이다. 달리 말하면 국가 '대의기구'는 경제 및 공익 영역을 통제하거나 전혀 통제하지 않거나 양자택일을 해야 한다. 통제한다면, 이들 영역에서는 대의기구를 통한 자치가 불가능하게 된다. 반대로 통제하지 않는다면, 이들 영역에서 상호 관계를 조절할 수 없게 된다.

현존 정치기구와 새로운 조정 기관이 역사적으로 연속해서는 안 된다는 점을 확인해주는 이 두 번째 주장은 새 조정 기관이 현존 국가의 핵심 구조를 재생산하지 않으리라는 점을 보여주는 역할도 한다. 오직 그릇된 미분화된 대의제 이론에 근거를 둘 경우에만 새 조정 기관이 기존 국가 구조를 재생산하리라고 주장할 수 있을 것이다.

즉 우리는 현존 정치기구가 새로운 기관에 경제적·공익적 기능을 이양할 뿐만 아니라 이들 기능을 조정하는 임무 역시 내려놓게 될 것이라고 자신 있게 가정할 수 있다. 말하자면 최소한 기존 국가의 상당히 많은 부분이 '사멸'할 것이며, 정면 공격 이후에든 아니면 핵심 권력의 박탈에 뒤이은 점진적 쇠퇴를 통해서든 기존 국가가 완전히 사라지리라 믿는다고 주저 없이 말하겠다. 오늘날 추밀원과, 국왕을 포함한 여타 구시대의 유물이 잔존하듯이 아마도 기존 국가의 일부 파편이 새로운 사회의 형식적 도구로 잔존할지도 모른다. 하지만 어떤 경우든 이는 전혀 실질적 중요성을 갖지 못할 것이다.

그렇다면 이제는 우리의 모든 시스템의 토대가 되는 기능 민주주의와 모순되지 않는 새로운 형태의 조정 기관을 탐색해야 한다. 이는 이미 앞에서 각각의 작동에 대해 기술한 다양한 기능적 기관들의 결집 외에 다른 무엇일 수 없다. 조정이란 자기 조정이 아닌 한 필연적으로 강제적일 수밖에 없으며, 따라서 조정은 이를 필요로 하는 다양한 기관들의 공조를 통해 이뤄져야 한다.

이 조정 문제에는 서로 구별되는 두 측면이 있다. 첫째로 이는 다양한 유형의 기능적 기관들을 단일한 코뮌 시스템으로 조정하는 문제이며, 둘째로는 상급 영역에서 작동하는 기관들을 통해 하급 영역에서 작동하는 기관들을 조정하는 문제다. 두 문제 다 조정의 구조를 통해 해결되거나 아니면 지금부터 내가 사용할 표현에 따라 길드 사회주의 사회의 코뮌적 구조를 통해 해결되어야 한다.

첫째 논의로 들어가면서, 문제를 가능하면 단순한 요소들로 환원하기 위해 한 소도시town[37], 가령 노리치에 대입해 살펴보자. 노리치에는 중요한 사회 기능들을 지닌 기관들이 최소한 다음 6가지는 존재할 것이다.

(1) 다양한 산업 및 경제적 서비스들을 조직하고 운영하는 다수의 산업 길드들. 그리고 이들 길드는 각 길드에서 선출한 대의원이나 대표자들로 구성된 길드 평의회를 통해 연합할 것이다. (2) 협동조합 평의회. (3) 집합 공공재 평의회. (4) 다양한 공익적 서비스들을 조직하고 운영하는 다수의 길드들, 즉 공익 길드들. (5) 문화 평의회. (6) 보건 평의회.

이 모든 기관은 앞으로 내가 간단히 코뮌이라 부를 지역 공동체적 기관에 반드시 똑같은 비중은 아닐지라도 어쨌든 대표자를 파견할 분명한 권한을 갖는다. 대표자의 수가 어떻게 해야 하는지 상세히 정할 생각은 없지만, 각 길드에서 혹은 길드 평의회를 통해 선출될 산업 길드의 대표자 수는 아마도 협동조합 평의회와 집합 공공재 평의회의 대표자를 합친 인원과 대략 일치할 것이며, 공익 길드들의 대표자 수 역시 문화 평의회와 보건 평의회의 대표자를 합친 인원과 대체로 같을 것이다. 경제적 집단과 비경제적 집단 각각의 비중을 어떻게 정할지는 분명 경우에 따라 달라질 것이다.

하지만 지금까지 언급한 기관들로만 코뮌의 구성이 완결되지는 않는다. 어떤 경우든 시에서 차지하는 중요성 때문에 대의기구에 참여시키는 것이 바람직한 특별한 조직이 있을 수 있다. 다시 말하지만, 이보다 훨씬 더 중요한 것은 시 전체를 하나의 미분화된 단위로 간주할 수는 없다는 점이다. 위에 언급한 네 개 평의회들[38]에서 복무할 대표자들을 선출하는 과정에서 시민들은 시의 규모가 어떠하든 상관없이 거의 예외 없이 동洞, ward[39] 단위로 투표할 것이며, 평의회의 각 성원은 해당된 특정 기능에 대한 동 대표자로서 활동할 것이다. 이러한 대의제가 실질적으로 작동하려면 동이 다양한 선거들의 투표구만이 아니라 지역 여론을 표현하는 활동적 중심으로 존재하는 게 무엇보다 중요한데, 지역 여론을 성공적으로 끌어내려면 공통 정서를 지닌 자연스러운 최소 단위의 구역들을 서로 이어야만 한다. 실제로 소비자 조직과 공익 조직의 두 영역에서 소도시의 동과 농촌의 면面, village[40]은 자연스럽게 산업 영역에서 작업장이 차지하는 것 혹은 교육 영역에서 학교가 차지하는 것과 동등한 위상을 갖는다.

우리가 사례로 드는 노리치의 경우에 동은 실질적 존재감을 지녀야 하고, 동 대표자들은 자신을 대표자로 선출한 동 주민 전체의 동 회의에 정기적으로 보고해야 하며 지침과 권고를 받아야 한다. 또한 동 회의는 앞으로 논의할 한계 안에서 어떤 평의회에 대해서든 동 대표자들을 소환할 권한도 행사할 것이다. 또한 동 회의는 특히 도시의 규모가 클수록 최소 단위의 구역에서 최적으로 수행되는 특정한 행정 기능을 부여받을 것이며, 이를 동 총회를 통해서나 아니면 특별한 목적을 위해 대체로 한시적으로 운영되는 위원회나 공무원의 지명을 통해 집행할 것이다. 동의 기능이 확장되는 대규모 도심 같은 곳에서는 상임 동 위원회가 발전할 수 있으며, 이들 동 위원회가 그 기능과 관련해 시 코뮌에 직접 대표자를 파견하는 것이 바람직할 수 있다.[41] 이런 경우에 이들 대표자는 길드에서 파견하는 대표자와 평의회에서 파견하는 대표자와는 구별되는 제3그룹을 형성할 것이다.

노리치 코뮌의 핵심 구조를 정식화했으니 이제는 코뮌이 수행해야 하는 업무를 더욱 명확하게 살펴보자. 이 주제에 대한 이 책의 주장은 앞으로 기술할 다른 유형의 코뮌에도 약간의 수정을 거쳐 적용될 것이다. 이것이 대체로 조정 기관이지 행정기관이 아님은 분명하다. 다양한 서비스들은 길드들을 통해 운영될 것이고, 그 정책은 길드들과 이에 상응하는 시민 평의회들의 공조를 통해 결정될 것이다. 다음 다섯 가지가 코뮌만의 고유한 핵심 임무로 남을 것이다. 첫째,

코뮌은 각기 비용을 청구하는 다양한 서비스들에 지역의 재원을 어떻게 배분할지에 대해 승인해야 할 것이다. 즉 코뮌은 핵심적인 재정 기능을 맡을 것이며, 실로 해당 구역의 길드 시스템 전반을 위한 재정적 기둥이 될 것이다. 둘째, 코뮌은 다양한 유형의 기능적 기관들 사이의 모든 다툼에 대한 항소법원이 될 것이다. 가령 생활협동조합Coöperative Society이 '지역 내' 생산과 유통의 영역에서 활동하는 길드들과 일부 정책에 합의하지 못한다면, 코뮌이 사례를 조사해 판결을 내릴 것이다. 셋째, 코뮌은 다양한 기능적 기관들 사이에서 업무 경계선과 관련된 문제가 제기될 경우에 이에 대한 결정을 내릴 것이다.[42] 넷째, 코뮌은 시 영역 확장 제안이나 시청 청사 신설처럼 기능적 역량과는 하등의 관계가 없고 시 전반과 관련된 문제에서 주도권을 발휘할 것이다. 이러한 경우에 최초의 제안은 기능적 기관들 가운데 한 곳이나 동에서 제출될 테지만, 이 사안에 대해 결정을 내리는 곳은 시 코뮌이 될 것이다. 다섯째, 경찰력처럼 강압적인 기구가 남아 있는 한, 이는 기능적 기관 어느 하나가 아니라 그들 모두의 공조를 통해, 즉 코뮌을 통해 통제되어야 한다. 뒤에서 살펴보겠지만, 이는 법률 영역에도 적용된다.[43] 코뮌은 자신의 담당 영역이 된 실질적 행정 기능을 동에 이양하도록 결정할 수 있으며, 가장 직접적인 형태의 민중적 통제를 유지하기 위해서는 가능한 한 이렇게 이양하는 쪽이 현명할 것이다. 말하자면 나는 동이 경찰을 지명하고 통제하길, 즉 소도시나 촌락마다 의용경찰관constable[44]을 지명하던 시절로 돌아가길 바란다.

이 기능들에 대한 상세한 검토를 시도하기 전에, 방금 소도시의 경우를 들어 보여준 원칙들을 다른 구역에도 적용함으로써 코뮌 구조에 대한 개관을 완결하자. 첫째, 농촌에서 무엇이 이에 상응하는 조직 형태가 될지 매우 일반적인 차원에서 살펴보자. 동에 상응하는 것은 면이지만, 동보다 자급자족적인 성격이 강한 면의 특성에 맞춰 좀 더 커다란 행정력을 요구하게 될 것이며, 면 회의가 존재하고 대부분의 경우에는 이에 더해 면 위원회가 설치될 것이다. 모든 시민이 자기 문제를 상당한 정도로 직접 관리할 수 있을 경우에는 굳이 정교한 대의제 형태가 필요하지 않을 것이다.

면은 농촌의 최소 행정단위 역할을 하는 것에 더해 상위 농촌 자치조직을 위한 선거구가 될 것이다. 나는 도시 자치조직의 '시'에 대응함을 강조하기 위해 이를 '군township'이라 부른다. 이는 면이나 읍들의 결집으로서, 아마도 곳에 따라 규모는 매우 다양하겠지만, 예외 없이 현재의 교구敎區보다는 크고 현존하는 대개의 행정상 주州, counties[45]보다는 작을 것이다. 여기에는 해당 구역 안에 소재한 소도시는 포함하지 않을 것이며,[46] 이에 따라 농업에 종사하는 농촌이 대부분을 차지할 것이다. 이 경우에도 코뮌이 존재할 텐데, 여기에서는 군 코뮌으로서 그 대의 구조는 대체로 시의 경우와 다를 바 없을 것이다. 면이 동을 대신한다는 사실을 제외하면, 여기에서도 다양한 집단들(산업 길드들, 공익 길드들, 생활협동조합, 집합 공공재 평의회, 문화 평의회, 보건 평의회)이 존재할 것이며 군 코뮌에 대표를 파견하게 될 것이다. 그러나 군 코뮌의 경우에는 농촌에서 참으로 커다란 중요성을 지니는 또 다른 조직, 즉 농업 길드가 이들과 어깨를 나란히 하며 존재할 것이다. 이 기관에 대해서는 이 책 뒷부분에서 기술할 예정이며, 여기에는 다만 이것이 농업 인구를 위해 아마도 생산자 조직인 길드의 기능을 농업 생활협동조합 기능과 병행하는 기구가 되리라는 점만을 밝히겠다. 농업 길드는 군 코뮌에 직접 상당수의 대표자를 파견하게 될 것이다.

더 큰 행정구역에 대한 논의로 넘어가게 되면, 새로운 문제들이 한꺼번에 제기된다. 현재 우리나라 지방정부 시스템의 주된 결점은 행정상 주와 전국 수준 사이에 있는 행정구역을 인정하지 않기 때문에 상당한 영역에 걸쳐 공조를 요구하는 전력, 철도 운송 같은 서비스를 효과적으로 관리하지 못하고 도시와 농촌을 단일한 행정 체계로 일원화하지 못한다는 것이다. 이러한 요구는 광역 조직 편제라는 방법을 통해서만 충족될 수 있으며, 이 대목에서 광역주의regionalism를 주창하는 이유를 자세히 설명하지는 않겠지만 나는 길드 사회가 위와 같은 명백한 요구에 대응해 광역별 조직 토대를 갖출 것을 제안한다.[47] 하지만 내 주장을 독자들이 분명히 이해할 수 있도록 매우 간략하게나마 내가 '광역region'이라는 말을 어떻게 이해하는지 밝혀야 하겠다.

나는 가령 잉글랜드가 경제생활의 중심이면서 동시에 공동의 사회적 전망의 중심이며 또한 공동의 행정적 문제의 중심이기도 한 여러 구역으로 자연스럽게 나뉜다고 확신한다. 이들 광역은 규모나 인구, 부의 측면에서 대등하지는 않지만, 아마도 코벳[48]이 '혹Wen[49]'이라고 표현한 런던 구역만 예외로 한다면 현재의 지방자치단체 역량을 넘어서는 서비스의 관리를 효과적으로 수행하기에 지나치게 작지도 않고 합리적인 균형을 이루기에 지나치게 크지도 않다. 일단 다음과 같은 예를 들 수 있겠다.

(1) 북동부(노섬벌랜드, 더럼, 요크셔의 클리블랜드 지구), (2) 요크셔의 웨스트 라이딩(몇 개 구역으로 세분되는 셰필드 지역은 제외)과 노스 라이딩, 이스트 라이딩, (3) 데번셔와 콘월, (4) 동부 주들, (5) 남서부(글로스터, 서머싯, 헤리퍼드, 윌트셔).

이것은 일반적인 경우를 보여주기 위한 대강의 예시에 불과하다. 광역 경계가 항상 현재의 주 경계와 일치할 것이라고 주장하는 것은 아니다. 물론 가능하다면 현재의 주 경계를 따르는 게 편하겠지만 말이다.[50]

각 광역은 도시와 농촌의 복합체가 될 것이며, 광역 코뮌은 이 사실에 대한 완전한 인정에 바탕을 둬야 할 것이다. 물론 우선은 광역 안의 다양한 기능적 기관들에게 직접적 대의 통로를 제공해야 할 것이다. 길드 측면에서 보면 이러한 대의제의 형태는 더없이 분명하다. 왜냐하면 길드는 산업 길드든 농업이나 공익 길드든 자체의 광역 관리 체계를 보유할 것이며, 이에 바탕을 두고 길드 대의제가 입안될 것이기 때문이다. 그러나 이제껏 우리는 광역 길드들에 부응하기 위해, 그리고 광역 단위 서비스와 관련하여 소비자 혹은 시민의 관점을 표현하기 위해 반드시 필요한 소비자 혹은 시민의 광역 조직에 대해서는 이야기한 바가 없다.

이 경우에 분명히 광역 생활협동조합이나 연맹, 광역 집합 공공재 평의회, 광역 문화 평의회와 광역 보건 평의회가 있어야 한다. 내가 믿기에 최선은 이들 조직을 광역 내 시·군의 다양한 기능적 평의회들에서 선출한 대표들로 구성하는 것이다. 사실 이는 많은 자칭 민주주의자들이 반대할 간접선거를 함축한다. 하지만 나는 대표자들을 유권자들과 지속적으로 접촉하게 하는 노력이 병행되는 경우 외에는 직접선거에 과연 특별한 장점이 있는지 전혀 확신하지 못하겠다. 이를테면 직접선거는 면이나 동에서는 훌륭한 제도인데, 왜냐하면 모든 유권자가 서로 만나 그들의 대표자와 얼굴을 맞댄 채 질문하고 지침을 줄 수 있기 때문이다. 그러나 피선출자가 자신을 선출한 이들과 실질적인 접촉을 유지하기에는 선거구가 너무 큰 의회의 경우에 이는 소극笑劇이 될 뿐이다. 유권자를 위한 실질적인 안전 장치는 실제적인 접촉이 가능한 소규모 단위 안에서 소환을 포함해 완전한 형태의 민주주의를 유지하는 것이고, 더욱 규모가 큰 기관에 대해서는 인민의 의지를 관철하기 위해 이러한 소환 권한과 일상적 접촉에 의지하는 것이다. 이런 대형 기관은 하급 영역 안에서 작동하는 기관들에서 선출된 대의원들로 구성되는 게 최선이며, 이 경우에 항상 전제되어야 할 것은 이들 대의원 스스로 그 선출 단위인 하급 기관과 지속적인 접촉을 유지해야 하며 언제든 이들 기관의 소환권 행사 대상이 되어야 한다는 것이다.

신기한 것은 '민주주의'를 가장 염려한다고 자처하며 그래서 간접선거를 가장 맹렬히 반대하는 이들이 소환에 대해서도 똑같이 완고히 반대하는 경우가 많다는 점이다. 내가 보기에는 소환이 민주주의의 절대적인 필수 안전 장치로 작동한다면 직접선거인지 간접선거인지 하는 물음은 대체로 편의상의 문제로 축소될 것이며, 소환 제도가 없는 경우라면 나도 간접선거에 결함이 있음을 인정하겠다. 이런 점에서 이런 연관 관계 속에서 소환이 뜻하는 바를 분명히 진술하는 게 중요하겠다. 왜냐하면 만약 A가 노리치 보건 평의회에서 특정 동을 대표하기 위해 선출되고 다시 노리치 보건 평의회가 이스트 앵글리언 광역 보건 평의회에 파견하는 대표로 선출될 경우에 A의 활동을 못마땅하게 여겨 소환권을 행사할 수 있는 기관이 어느 쪽인가라는 문제가 공히 제기되기 때문이다. 광역 평의회에서 A를 소환할 권리가 노리치 평의회에 있음은 분명한 듯하지만, 동이 A를 노리치 평의회에서 소환함으로써 광역 평의회로부터 소환할 권한을 간접적으로 행사할 수도 있지 않겠는가? 나는 그렇지 않다고 말하겠다. 왜냐하면 광역 평의회에서 A는 동이 아니라 노리치를 대표하기 때문이다. 최선의 상황은 다음과 같을 것이다. A가 광역 평의회에 파견되기 위해 노리치 보건 평의회에서 선출되는 즉시, 그가 대표하는 동은 A가 상급 기관 활동에 복무하는 기간에 한해 그의 역할을 대신할 대표자를 선출할 권한을 가져야 한다. 이 대표자는 동의 소환권 행사 대상이 될 것이며, A는 오직 노리치 보건 평의회만의 소환권 행사 대상이 될 것이다. 하지만 동이 A를 선출하며 시작된 임기가 끝나면 A는 동으로 돌아와 재선출을 거쳐야만 광역 평의회에 파견될 대표자로 재임명될 수 있는 자격을 갖게 될 것이다. 이 정도면 이 난제에 대한 공정하고 실현 가능한 해법이 아닌가?

이제 우리에게는 광역 코뮌의 구성에 대한 복안이 있다. 본질적 측면에서 이는 이미 기술한 하급 코뮌의 구조를 되풀이한다. 하지만 도시와 농촌을 결합한다는 점에서 다른 점이 있다. 말하자면 광역 코뮌 내의 하급 지역 기관의 대표자들은 동이나 면의 대표자들이 아니라 시와 군 코뮌에서 파견된 이들이다. 이에 따라 코뮌 내 하급 도시 및 농촌 지역 대표자들과 함께 산업·농업·공익 길드 대표자들, 소비자 조직인 협동조합·집합 공공재 평의회 대표자들, 문화·보건 평의회 대표자들 그리고 아마도 광역의 일상생활에서 특별한 중요성을 지니는 다른 기관 한두 곳의 대표자들이 광역 코뮌을 구성할 것이다.

지금 이 책의 용어법에 따른다면, 지금까지 말한 코뮌은 지방정부의 기관으로 간주될 것이다. 하지만 현재 우리는 지방정부와 중앙정부 사이에 뚜렷하면서 거의 절대적인 구분선을 상정한다. 반면에 이 책이 주장하는 분권화된 길드 사회라면 이런 명확한 구분이 존재하지 않을 것이다. 왜냐하면 공동체의 업무 중에서 틀림없이 그 대다수가 지역이나 광역 수준의 관리를 통해 수행될 것이고, 중앙 업무는 기능에 따라 서로 다른 다수의 조직들로 나뉠 것이기 때문이다. 따라서 관료적이고 강압적인 기구들이 잔뜩 포진한 구심이 성장할 필요가 없을 것이며, 그럴 수 있는 기회도 없을 것이다. 길드 사회의 전국적 조정 기구는 현존 국가와는 본질적으로 다를 것이며, 직접적인 행정 기능은 거의 없을 것이다. 이는 주로 정책, 기능적 기관들 사이의 구획 그리고 이와 유사한 쟁점 등에 대해 근본적 결정을 책임지고, 분쟁 사안에 대한 항소의 최종 판결을 책임지게 될 것이다. 하지만 육·해군이 계속 설치되어 있어 법률이라는 최종 수단을 통한 간접적 통제뿐만 아니라 이들 군대에 대한 직접적 통제를 수행해야 하는 경우를 제외하면, 중앙정부 자체가 거대한 기구를 보유하는 일은 없을 것이다. 경제적 기관이나 공익적 기관의 영역과 중첩되는 사안들을 배타적으로 다루지 않는 것을 전제로 대외 관계는 중앙정부의 몫이 될 것이다. 하지만 다른 공동체들[51]에서도 민주주의가 승리하게 되면 이러한 비기능적인 대외 활동은 최소화되는 경향을 보일 것이다.[52] 우리가 이미 전제한 바, 지역 및 광역 기관들에 토대를 두고 사회 활동의 다양한 영역들을 망라하는 전국적인 기능적 조직들이 존재한다면, 전국적 활동과 지역 및 광역의 활동이 대등한 지위를 지니며 함께 기능을 수행할 것이다.

이에 따라 전국 코뮌에는 전국 농업·산업·공익 길드의 대표자들, 경제와 공익 영역의 전국 평의회 대표자들, 광역 코뮌 자체의 대표자들이 참여하게 될 것이다. 즉 전국 코뮌의 일반적 구조는 전국적인 기능적 기관들과 마찬가지로 전국 코뮌의 조정 대상인 하급 코뮌들의 구조와 본질적으로 동일할 것이다. 이는 압도적인 강압적·관료적 정부 기구를 지닌 오늘날의 거대한 리바이어던에 비하면 사회의 중심 기관으로서는 그리 인상적인 조직체가 아닐 것이다. 하지만 그래도 문제가 없다. 왜냐하면 공동체 정신이 충만한 곳에서는 중앙정부의 기구가 최소화되는 경향이 있다는 뚜렷한 증거가 있기 때문이다.

나는 지금까지의 기술이 사실이라기에는 지나치게 정연 整然하며 매우 형식적이고 교조教條적인 내용이라 느껴질 수 있음을 십분 인정한다. 이를 충분히 수용한다. 내가 기술하고 있는 것은 실제 구조가 아니라 하나의 전형이며, 설령 길드 시스템이 완전히 채택된다 할지라도 실제로는 분명 이론적 전형과는 다른 다양한 변형이 나타날 것이다. 하지만 길드 시스템이 현실에서 어떻게 작동하는지에 대해 명쾌하게 밝힐 수 있으려면 그 핵심 구조를 다소 불쾌하게 느껴질 정도로 세밀히 주장할 필요가 있다. 이 방법을 사용하는 이들이 자신이 상상하는 구조가 그저 하나의 전형이며 상상하는 만큼 세밀하게 실현될 수는 없음을 자각하기만 한다면, 이는 해를 끼치기는커녕 오히려 논의에 아주 큰 도움이 된다. 인간의 제도는 정확히 논리 규칙에 따라 발전하지 않으며, 핵심적 발전 방향은 인간의 의지에 따라 정해지더라도 사회 변화의 정확한 형태는 많은 부분 역사적 우연에 의해 결정된다. 완전히 길드인의 뜻에 따라 변화가 이뤄지더라도 이는 마찬가지다. 게다가 당연하게도 앞으로 도래할 사회는 다양한 영향들의 결과일 것이며, 하나의 이론적 시스템을 그 구조 안에 구현하기보다는 서로 상충하는 수많은 시스템을 포함하게 될 것이다. 우리라고 다른 길을 밟길 바랄 이유는 없다.

제8장

코뮌의 작동

앞 장에서는 지면 사정을 고려해 어쩔 수 없이 압축적으로 지역, 권역, 전국에 걸친 길드 사회주의 사회의 코뮌 구조를 기술했다. 이제는 이 사회가 어떻게 작동하는지 보여줘야 하며, 사회관계의 몇 가지 근본 문제를 해결하는 방식이라는 쟁점과 대면해야 한다. 우리는 다양한 코뮌의 주요 기능을 다섯 개 표제로 분류해 기술했는데, 이러한 정리 방식에 따라 문제를 풀어가는 게 아마도 최선일 것이다.

　이에 따라 우리는 길드 시스템 아래에서 코뮌 사회가 어떻게 작동하는지를 다음 다섯 가지 문제군과 관련해 살펴봐야 한다.

　(a) 재정 문제. 특히 국가 자원 할당, 자본 지원 그리고 일정 범위 내에서 소득과 가격의 조절.

　(b) 정책 문제에 대해 기능적 기관들 사이에서 발생하는 의견 차이.

(c) 기능적 기관 간 경계라는 헌법적 문제.

(d) 대외 관계의 일반적 문제를 비롯해, 어떤 기능적 기관의 담당 영역에도 속하지 않는 문제.

(e) 강압적 기능들.

이 다섯 가지 문제군은 주로 두 가지 더 큰 집단으로 나뉜다. 앞의 세 문제군은 모두 좀 더 좁은 차원에서 조정의 문제이지만, 뒤의 둘은 조정의 성격을 띠는 문제가 아니기에 조정 임무를 수행하는 기관의 직할 업무가 될 수밖에 없다.

앞의 세 문제군을 다루면서 우리는 조정 대상이 되는 다양한 기능들이 앞에서 이미 정식화한 조건 아래에서 긴밀하게 지속적으로 협조하는 다양한 기능적 기관들에 의해 부족함 없이 수행된다는 점을 계속 유념해야 한다. 따라서 이들 문제 때문에 코뮌이 직접 맡아야 할 중요한 행정 업무가 생기지는 않으며, 그 실행에 관한 결정은 기능적 기관들의 몫이된다. 이의 간단한 사례를 들라면, 과잉 팽창되고 무정형인 작금의 행정 사무가 어쨌든 계속 작동하는 한은 그 대다수가 코뮌의 직속 공무원에 의해 수행되지 않고 다양한 길드와 평의회들로 분산되리라는 점을 지적할 수 있겠다. 이는 지방정부에서도 마찬가지일 텐데, 실로 오늘날의 행정 기제 중 거의 대부분이 분할되어 다양한 기능적 연합들과 연결되도록 재편될 것이다. 코뮌뿐만 아니라 이러한 기능적 연합 각자는 오늘날 노동조합이나 사용자연합이 자체 행정 요원과 사무원을 보유한 것처럼 소규모의 자체 '행정 사무'를 필요로 할 것이다. 하지만 이들의 숫자는 자본주의의 폐지 덕택에 인민의 생산적 부문에 비교해 엄청나게 축소될 것이다. 왜냐하면 비생산적 노동을 과잉 팽창시키는 주된 요인은 사적 소유이기 때문이다.

우리는 우선 한 가지 상품의 사례를 고찰하고 난 뒤에 이와 관련된 더욱 복잡한 문제로 나아가는 방식을 통해 첫 번째 문제군에 가장 효과적으로 접근할 수 있다. 유통 길드가 농업 길드가 공급하는 우유를 유통한다고 가정해보자. 생활협동조합이 소비자 입장에서 우유에 관해 제기되는 문제를 해결하는 업무를 맡는다. 여기에서는 다른 가능한 쟁점은 고려하지 말고 우유의 판매 가격에만 관심을 기울이자. 가격은 어떻게 결정되는가? 추정해보건대 유통 길드는 농업 길드에 지불한 가격과 자체 유통 비용에 대한 평가를 바탕으로 가격을 제안할 테고, 이는 생활협동조합에 제출될 것이다. 유통 길드와 생활협동조합이 합의한다면, 추가적인 문제 없이 합의 가격이 실제 판매가가 될 것이다. 만약 합의하지 못한다면, 이 문제는 토론과 최종 결정을 위해 코뮌(경우에 따라 지역일 수도 있고, 권역이나 전국일 수도 있다)에 회부되어야 한다. 하지만 아마도 충분한 고려 없이 최종 결렬에 이르지는 않을 것이다. 만약 생활협동조합이 유통 길드에 인가된 유통 비용은 합리적이지만 농업 길드에 지불된 가격이 너무 높다고 생각한다면, 혼자서든 아니면 유통 길드와 공동으로든 이 사안을 농업 길드와 직접 협의하고 그래도 합의에 이르지 못하면 이를 코뮌에 넘길 것이다. 이럴 경우에도 유통 길드는 이 문제를 농업 길드와 직접 협의할 수 있다. 하지만 이 사례에서 만약 농업 길드가 산업길드의회에 속한다면, 이러한 두 길드 간의 문제는 코뮌보다는 산업길드의회에 회부될 것이다. 이런 복수의 경로를 통해 공동체의 사회 의식에 부합하는 우유 가격, 달리 말해 '공정 가격'에 도달하게 될 것이다. 우리는 이것이 길드 사회에서 가격이 결정되는 표준적 방식이라 가정할 수 있다.

하지만 또 다른 사회적 고려가 더 필요할 수 있다. 사회적 이유에서 특정한 상품을 생산비에 바탕을 둔 자연 가격보다 더 비싸거나 싸게 파는 것이 바람직하다 판단할 수도 있다. 이런 결정은 무엇이든 코뮌에 회부되어야 할 것이며, 코뮌은 실현된 이윤의 할당이나 손실 부담 방식을 결정할 것이다. 사실상 이는 길드 '간접세'와 역간접세다.

하지만 가격 문제에 대한 이러한 고려는 훨씬 더 큰 문제로 이어지지 않을 수 없다. 그것은 바로 '자본' 문제다. 길드 사회주의자에게 가장 자주 제기되는 물음 중 하나는 길드 사회에서 산업과 서비스에 자금을 공급하는 일반적 방식은 무엇이냐는 것이다. 왜냐하면 현존 방식, 즉 소득에서 비롯되는 실제 '저축'부터 금융적 이익을 추구하는 자본주의적 신용 창출까지 포괄하는 방식은 분명히 아닐 것이기 때문이다. 이 논점을 이해하려면, 자본에 대한 현실의 모든 탐닉이 최종 생산품의 제조나 최종 서비스의 제공이 아니라 최종재 생산의 중간 과정으로 부가된 생산품 제조와 서비스 제공을 위해 노동의 생산력 중 일부를 지휘하고 특정 원료를 사용하는 형태를 취한다는 사실을 분명히 인식해야 한다. 만일 내가 사보이호텔에서 저녁 식사비로 1천만 파운드를 쓴다면, 나는 그만큼의 노동의 산물을 소비한 것이다. 반면에 내가 같은 비용을 공장의 필수 설비를 개선하는 데 쓴다면, 나는 미래 생산을 위해 사용될 수 있는 '자본'을 그만큼 추가한 것이 된다.

공동체가 그 노동력에서 더 많은 부분을 '자본' 생산에 할당한다고 하여 성원들이 더 행복해지지는 않는다. 하지만 공동체가 최종 사용을 위한 생산과, 다른 생산의 중간 과정 역할을 할 생산 사이의 균형을 유지하기 위해서는 이러한 할당은 늘 필수적이며, 단지 상황에 따라 경중에 대한 고려가 달라질 뿐이다. 게다가 이 균형은 다양한 측면과 기능을 빠짐없이 고려해 공동체 전체에 의해, 공동체 전체에 이롭도록 결정되어야 마땅하다. 이는 경제적인 생산자·소비자 조직(경제적 길드들과 소비자 평의회들)만의 사안은 아니다. 왜냐하면 공익적 조직에게도 첨예한 관심사이기 때문이다. 경제적 서비스에 더 많은 돈을 쓰게 될 경우에 교육에 쓸 돈은 줄어들 텐데, 교육을 하려면 교사뿐만 아니라 온갖 종류의 건물, 서적, 장비를 만드는 노동에게도 소득을 제공해야 한다.

따라서 코뮌 내 생산 자원의 할당은 공동체 전체의 사안이며, 코뮌은 지역이든 광역이나 전국이든 '소비용' 생산과 '자본' 생산, 비경제적 성격의 서비스에 어떻게 할당할지 결정할 뿐만 아니라 각 산업이나 서비스에 어떻게 할당할지도 상세히 결정해야만 할 것이다. 이를 화폐 형태로 표현할지 아닐지는 중요하지 않다. 이는 본질적으로 물자와 노동의 할당이며, 근본적으로는 인간 생산력의 할당이다.

그렇다면 코뮌은 어떤 방식을 통해 이러한 할당을 이룰 것인가? 통상적으로 각 길드는 경제적 길드든 공익적 길드든 즉각적 사용, 확장, 개선을 위해 필요한 재화와 서비스의 예상액을 제시하는 예산안을 준비할 것이다. 길드들은 틀림없이 서로 상의하며 이러한 예산안을 준비할 것이다. 이러한 길드 예산안은 다양한 소비자 평의회들이나 시민 평의회들에 제출될 것이며, 평의회들은 예산안을 비판하며 수정안을 제시하거나 그들 입장에서 대안 청구서를 제출할 것이다. 어떤 경우가 되었든 모든 예산안은 모든 수정안 및 청구서와 함께 코뮌에 제출되든가 아니면 통계 전문가를 상근자로 둔 코뮌 산하 재정위원회Finance Committee에 먼저 접수될 수 있을 것이다. 여기에서 다양한 예산안들이 전국적 생산 예측과 조율될 것이며, 필요한 추가 협상을 거쳐 완성된 예산안은 코뮌에 제출되어 예산안 전체에 대한 인준 절차를 거칠 것이다. 여기에는 코뮌 자체의 행정 및 여타 경비 예상액이 포함될 텐데, 이는 원천과세 형태로 길드로부터 직접 징수될 것이다.

이런 식으로 코뮌 내 노동력 할당과 자본 지원은 코뮌이 직접 조절하는 사안이 될 것이며, 지금과 달리 경제적 힘의 맹목적 작동이나 금융가의 농간에 맡겨지지 않을 것이다. 최초로 '저축 및 지출'이 질서 정연한 균형을 이룰 것이며, 각 봉사 영역의 사회적 유용성이 어느 정도인지에 따라 다양한 봉사 영역들에 인간 활동이 합리적으로 할당될 것이다. 이 모두는 실질적인 자치의 방식으로 이뤄질 것이며, 각 봉사 영역 및 이익과 관련된 집단은 자기 입장을 제시하며 코뮌의 결정에 참여할 기회를 충분히 보장받을 것이다. 게다가 이는 전국적 수준에서만 이뤄지는 게 아니며, 지역 및 권역의 봉사와 관련되는 경우에는 지역과 권역 수준에서도 이뤄질 것이다.

물론 앞 장에서 보았듯이[53] 길드 예산안에는 성원들에게 지불될 급여 예상액이 포함될 것이며, 이에 따라 모든 소득 문제는 코뮌의 관할 범위 안에서 강력한 심의의 대상이 될 것이다. 더 나아가 코뮌 자체도 기능적 기관에서 직접 소득을 수령하지 않는 이들이 속한 부문에 대해 소득 할당을 결정할 의무를 지닐 것이다. 소득의 직접 교부든 아니든 코뮌의 지출로 이뤄지는 모든 형태의 현금 지원은 코뮌에 의해 결정될 것이다.

이런 맥락에서 길드 시스템은 간편하고 유연하기 이를 데 없는 과세 방식을 취하게 된다. 길드 시스템은 이 시스템 바깥에서 계속 영업하는 사기업 같은 예외 사례를 제외하면 개인에게 과세하지 않는다. 기본 방식은 원천과세이며, 각 조직이 합의한 길드 노동력 청구 형태로 코뮌이 승인한 액수를 징수한다. 더 나아가 성원들의 소득 형태로 이뤄지는 길드 간 분배, 코뮌이 조절하는 자본 계정의 할당, 길드의 연간 활동을 통해 실현되는 잉여 등은 코뮌을 거쳐 할당이 결정되며, 만일 그렇게 하지 않는다면 생산적 길드 전체가 코뮌 차원의 봉사 요구와 대립하게 될 것이다.

이런 모든 세부적인 재정 활동 가운데 더 많은 부분을 실제 수행하는 것은 코뮌이 아니며 다양한 기능적 기관들이 서로 상의해 직접 수행할 것임을 다시 한 번 강조하고 싶다. 통상적으로는 오직 타협이 필요한 논쟁 사안과 일반적인 원칙 문제만이 코뮌에 회부될 것이다.

재정 문제에 대한 논의를 마치기 전에, 앞에서 말한 바의 귀결로서 신용 문제는 길드나 길드의회가 자체 은행을 보유하든 그렇지 않든 상관없이 코뮌에 의해 통제될 것이며, 길드는 코뮌이 허용한 한계 안에서만 움직일 수 있음을 첨언해야겠다. 그렇지 않을 경우 '저축'과 '지출' 사이의 균형, 다양한 봉사 영역들 사이의 균형은 한꺼번에 무너질 것이며, 인플레이션과 디플레이션이 새로운 형태로 부활할 것이다. 코뮌이 통화를 통제하리라는 데는 의심의 여지가 없으며, 전반적인 은행 시스템 역시 코뮌에 속할 것이다.

이 대목에서 우리는 두 번째 문제군, 즉 기능적 기관들 사이에서 발생하는 정책 문제에 대한 이견을 해결하는 문제와 마주하게 된다. 이 문제에 긴 시간을 들일 필요는 없다. 왜냐하면 그 절차가 앞에서 생산비나 가격 관련한 입장 차이를 예로 들며 기술한 바와 본질적으로 동일할 것이기 때문이다. 우선은 관련된 기관들 사이의 직접 협상을 통하여 합의에 이르기 위해 가능한 모든 노력을 다할 것이며, 직접 합의에 도달하려는 노력이 모두 실패한 뒤에야 문제가 코뮌에 회부될 것이다. 게다가 통상적으로 동일한 유형의 두 기관, 예를 들어 두 길드 사이에서 발생한 문제는 관련 기관들이 합의에 도달하는 데 실패할 경우에 코뮌이 아니라 관련 기관 양자를 포괄하는 상급 기관(예로 길드 평의회나 길드의회)에 의해 다뤄질 것이다. 말하자면 이 영역에서 코뮌은 예외적인 사례의 해결만을 맡을 것이다. 아마도 코뮌은 이를 원칙상 전문가의 도움을 받는 특별위원회를 통해 수행할 것이다. 왜냐하면 코뮌의 세부 업무 가운데 대다수는 현재 지방자치단체에는 존재하지만 조웻F. W. Jowett 씨의 매우 조리 있는 주장에도 불구하고 아직 의회에는 도입되지 않은 상임위원회와 유사한 위원회를 통해 이뤄질 것이기 때문이다.

세 번째 문제군인 기능적 기관들 사이에 발생하는 경계 및 권한 다툼이라는 헌법상의 문제는 어느 정도는 정책 문제와 유사하지만 이보다 훨씬 더 근본적인 고민을 하게 만든다. 왜냐하면 여기에는 기능적으로 조직된 사회에서 벌어지는 헌법 문제 전반이 포함되기 때문이다. 다양한 기능적 기관 각각의 영역을 결정하는 헌법을 통과시키는 기관은 틀림없이 코뮌일 것이다. 이러한 법률 중 일부가 지역·광역과 관련되리라는 데는 의심의 여지가 없지만, 전국 코뮌을 이 임무와 관련된 전형적 기구로 들어도 무리가 없을 것이다. 이 경우에 전국 코뮌은 이런 법률을 비록 반드시는 아니더라도 대체로는 성문헌법 형태로 통과시킬 것이다. 게다가 전국 코뮌은 이를 개정할 권한을 지닌 기관이기도 하다. 전국 코뮌은 길드민주주의의 제헌의회이자 헌법상 입법기구다.

하지만 권한 및 기능의 광범한 일반적 문제에 대해서든 꽤 사소한 쟁점에 대해서든 특정한 경우에 이러한 법률의 의미와 해석을 둘러싸고 분쟁이 일어나는 것은 피할 수 없다. 이런 분쟁은 분명 사법 시스템을 통해 해결되어야 하며, 사법 시스템이 코뮌에 직접 속해야 한다는 점은 매우 명백하다고 생각된다. 법조인은 자체 길드로 조직될 것이며, 이 길드 안에는 자치가 강력하게 발전되어 있을 것이다. 하지만 판사는 코뮌에 의해 자질 있는 법조인 가운데에서 지명될 것이다. 이들 판사가 일상적인 헌법적 사안을 다룰 테지만, 전국 코뮌이 법률을 통과시킬 권한뿐만 아니라 법률 해석을 둘러싼 일체의 분쟁 사례에 대해 유권해석을 내릴 권한을 지녀야 하며, 판사는 이에 구속되어야 한다. 이 임무는 전국 코뮌의 특별기구인 헌법위원회Constitutional Committee의 몫이 되는 것이 가장 자연스러우며, 헌법위원회의 결정은 전국 코뮌의 인준을 받아야 할 것이다.

여기에서 내가 직접 언급하는 것은 법률 전체가 아니라 헌법적 문제와 관련된 법률이다. 하지만 법률 및 사법 시스템 전반이 법조인의 내적 자치와 동일한 원칙, 전국 수준에서든 광역 수준에서든 코뮌에 의한 판사 지명, 판사에 의한 코뮌 법률의 시행 등에 따라 조직되어야 한다는 점은 틀림없다고 생각된다. 어떤 의미로는 길드와 여타 기능적 기관들도 마치 현재 지방자치단체가 조례를 통해 그리하듯이 입법 활동을 할 것이다. 하지만 이들 기관은 코뮌 헌법이 허용하는 권한 안에서만 이런 활동을 할 수 있을 것이며 기능적 기관의 법률 중 강압을 포함한 것은 내 생각에는 코뮌의 인준을 받은 뒤에야 코뮌 법정에서 효력을 갖게 될 텐데, 코뮌 헌법이 기능적 기관에게 명확히 강압적 권한을 부여한 경우에만 예외가 인정될 것이다. 서로 다른 사법 시스템이 병존하며 작동한다면 해결 불가능한 사태가 초래될 것이며, 따라서 사법 시스템은 하나여야만 하고 코뮌 구조의 일부여야만 한다.

내가 판사와 법률 길드에 대해 말한 바는 상급 법원에만 적용된다. 계급 차이로 고통 받지 않는 민주적 사회라면 나는 '즉결심판' 법원의 경우는 지역 코뮌이 추천한 비전문가 치안판사제도[54]를 유지하는 쪽을 선호하겠다. 이런 법정에서는 어떤 비전문가라도 변론을 맡을 권리가 있어야 하며, 이 경우에 형식적 법률 절차는 최소화되어야 한다. 이런 제도는 오늘날이라면 혼란을 야기할 수 있겠지만, 빈곤에 대한 자본주의적 분쟁이나 사회 계급에 짓눌리지 않은 사회라면 그렇지 않을 것이다.

네 번째 문제군은 우리를 지금까지와는 사뭇 다른 영역으로 인도한다. 왜냐하면 이제 우리의 관심사는 코뮌의 조정 업무가 아니라 어떤 기능적 기관의 영역과도 관련되지 않으며 오직 코뮌에 속한 적극적 업무이기 때문이다. 이러한 임무는 세 가지 종류로 나뉜다. 첫째, 바로 그 본성 때문에 조정 업무를 수행하는 기관의 수중에 있어야 하는 업무들이 있다. 전쟁 가능성이 남아 있는 한에서 전쟁과 평화를 선포할 권한은 분명히 코뮌에 속해야 하며, 역으로 여기에는 군대가 잔존할 경우에 이를 직접 통제할 권한이 포함된다. 육군과 해군 내부가 길드 노선에 따라 조직될 것이라는 데는 의심의 여지가 없으며, 바라건대 적어도 육군은 정규 상비군이 아니라 대개 다른 생업에 종사하는 시민들로 이뤄진 비정규 의

용군일 것이다. 이런 육군이라면 많은 부분 지역 및 권역 코뮌에 의해 관리될 것이며, 전쟁에 나가려는 열의에 불타지는 않을 것이 분명하다. 하지만 이 문제에 대한 본격적 토론은 이 책의 주제에서 벗어난다.

물론 전쟁과 평화를 선포할 권한을 코뮌에 부여한다고 하여 대외 관계 전체가 코뮌의 관할 범위에 속한다는 것은 아니다. 예를 들어 대외무역 및 통상 관계 업무 전체는 경제적인 소비자 평의회들과 연계하며 활동하는 길드들에 의해 관리될 것이다. 국제적인 공익적 관계 역시 공익 길드 및 평의회들의 관할 범위에 속할 것이다. 하지만 관련된 기능적 기관들 사이에 관점 차이가 있을 경우에 국제적인 경제 정책이나 공익 정책이 코뮌에 위임될 수 있다는 데는 의심의 여지가 없으며, 경제적 혹은 문화적·정치적 연관성이 혼재하는 문제 역시 통상적으로 코뮌에 위임될 것이다. 말하자면 전국 코뮌이 국외에서 해당 국가를 대표하는 최고 기구가 될 것이다. 하지만 전국 코뮌 조직은 경제적·공익적 기관들이 해외 주재 대사관과 공사관에서 적절한 위상을 차지하도록 보장할 것이며, 영사 업무는 일종의 길드 서비스가 될 수도 있고 아니면 길드들과 매우 긴밀히 연결된 서비스가 될 수도 있다. 또한 특정 길드가 해외에 자체 대표와 무역 사무소를 두는 경우도 틀림없이 많을 것이다.

네 번째 문제군에 속한 업무 가운데 두 번째 부류는 공동체 전체의 [지리적] 영역에 관한, 혹은 공동체 내부에서의 영역 분배에 관한 문제와 관련된다. 이 유형의 대표적 사례는 국경과 식민지 보유(만일 식민지가 계속 존재한다면)의 영토적 문제, 그리고 광역·시·군의 경우에 나타나는 비슷한 경계 및 확장의 문제다. 이는 분명히 공동체 전체와 관련된 사안이면서 각 기능적 기관 각자와 관련된 사안이기도 하다. 따라서 이를 다룰 가장 자연스러운 기관은 코뮌이다.

  네 번째 문제군에 속한 제3유형의 임무는 더욱 어려운 문제들을 제기한다. 사회의 기능적 조직들이 아무리 발전하더라도, 담당할 개별 기능 조직을 설립하라는 요구도 없고 기능적 기관 중 어느 곳의 관할 업무로도 쉽게 분류되지 못하는 사안이 여전히 있을 것이다. 코뮌은 이 사안을 이를 가장 잘 수행할 만한 기능적 기관에 배당할 것이고, 혹시 그럴 수 없는 경우라면 코뮌이 직접 수행하고 관리할 것이다. 물론 어떤 단계에서든 특정한 목적을 위해 개별 기능 기관을 설립하는 게 바람직한 경우라면 코뮌이 전국 차원에서든 하위 행정구역 차원에서든 이런 기관을 언제든지 창설할 수 있을 것이다. 또한 코뮌은 관련된 다양한 관점을 대표할 특별위원회나 모종의 조직을 설립하는 방식을 통해 이와 같은 서비스를 관리할 수도 있을 것이다. 이런 기구들은 이후에 완결된 기능 조직을 설립하는 게 불가피하게 되면 이 조직의 중핵 역할을 하게 될 것이다.

여기에서 고민하는 문제 유형에 대해 구체적인 예를 들기란 어렵다. 왜냐하면 예측하기가 거의 불가능한 조건의 충족을 주로 염두에 두며 대비해야 하기 때문이다. 하지만 이 제안이 특별한 적실성을 지니는 사회생활의 한 영역이 있다. 길드 사회의 코뮌 구조에 대한 이 책의 제안들에는 개인적이고 사적인 관계(개인적 품행 문제와 소유관계 문제)의 영역 전체를 다루는 특별한 기구를 만들자는 내용은 없다. 그 주된 이유는 이런 문제들은 여론의 힘을 통한 방식이 아니라면 되도록 규제 대상이 되지 말아야 한다고 믿기 때문이며, 민주적 사회라면 이런 문제들에 영향을 끼치는 법률의 필요성이 크게 줄어들 것이라고 믿기 때문이다. 하지만 이런 문제들이 여전히 잔존할 것이며, 어느 정도는 규제를 받아야 할 것이다. 소비자와 시민의 다양한 기능적 평의회와 동일한 원칙에 따라 시·군·광역·전국 수준에서 개별 기관을 설립할 수도 있을 것이며, 내가 믿기에 더 좋기로는 코뮌 자체가 규제 업무를 수행할 수도 있을 텐데, 이 경우에 코뮌은 목적에 따라 지명된 특별위원회를 통해 업무를 진행하고 여기에 다양한 기능적 연합들의 대표자뿐만 아니라 공동체에 존재하는 다양한 형태의 자발적 연합들의 대표자 또한 포함시킬 것이다. 심지어는 이제 경제적·공익적 기능은 사라진 의회 기구가 이렇게 잔존한 일군의 특별한 기능들을 관할하며 이 사안들을 다루는 역할에 적응할 수도 있을 것이다. 하지만 코뮌에 의한 통제에서는 사적 관심사에 대한 사회적 개입의 정도가 최소화되는 경향이 나타날 것이며, 이는 흔히 코뮌의 매력 중 하나로 거론된다. 어쨌든 개인적 관계와 품행에 영향을 끼치고 강압을 수반하는 법률들은 다른 강압적 법률들과 마찬가지로 코뮌의 인준을 받아야 한다.

이 장에서 다루기로 한 문제들 중 다섯 번째이자 마지막 범주는 실제로는 독자적인 범주라기보다는 다른 문제군들과의 관련 속에서 발생하는 문제다. 따라서 이는 당연히 앞에서 이미 상당히 논의되었다. 코뮌의 강압적 권한에는 두 가지 서로 다른 고민이 담겨 있다. 하나는 개인을 강제해 코뮌 법률을 준수하게 하는 것이고, 다른 하나는 기능적 기관들에 대한 강제다. 강압은 나쁜 것이며, 따라서 사회가 정의로운 사회제도에 바탕을 두고 있어서 최대한 강압 없이 유지될 수 있는 상태가 최선이다. 그럼에도 불구하고 어떤 사회도 현재는 강압을 전혀 고려하지 않을 수는 없으며, 최후의 수단으로 강압적 수단을 발동해야만 한다. 개인과 관련해 어려운 점은 사회가 강압적 수단을 갖추도록 만드는 것이 아니라 사회가 강압적 수단을 지나치게 가혹하게 그리고 자주 써먹지 않게 막는 것이다. 길드 사회주의 상황에서는 우선 중앙정부가 비교적 소규모이기에 권위를 빨아들여 독차지하려는 경향이 최소화되리라는 사실, 둘째로는 연합이 다양한 형태로 만개함으로써 '거대한 리바이어던'과 마주한 현재 상황에서는 결여되기 일쑤인 소중한 보호를 개인이 마음껏 누리도록 하리라는 사실만으로도 이런 강압의 남용을 막을 수 있다.

하지만 이 대목에서 우리는 두 번째 문제, 즉 길드 같은 집단이 코뮌의 결정을 준수하길 거부하는 상황에서 필요할 강압의 문제와 마주해야 한다. 공동체의 사회적 여론이 격앙되어 있을 경우에는 이런 집단에 대해 경제적 보이콧을 통한 직접적 강제를 행사할 수도 있겠지만 이것이 아주 바람직하지 못한 경우임은 두말할 필요도 없다. 하지만 어떤 형태의 사회 시스템에서든 예외 없이 똑같이 이런 어려운 문제가 생길 수 있음을 지적해야만 하겠다. 가령 오늘날 우리는 국가에 명목상으로나 이론상으로 강압적 수단을 사용할 권한이 충분히 보장되어 있음에도 불구하고 거대하고 강력한 집단을 쉽게 강제하지 못하는 처지인 것이다.

이 문제에 대한 인식에서 강압을 중심에 두는 시각이 우선시되어서는 절대 안 된다. 강력한 집단에 대한 강압은 이 집단 안에 저항의 의지가 살아 있을 경우에는 필연적으로 내전의 위험을 수반한다. 그렇기에 사회는 반드시 나름의 질서를 갖춤으로써 이런 강압이 오직 최후의 수단으로만 발동되게 해야 하며 그럴 일이 있더라도 아주 드물도록 만들어야 한다. 사회가 이런 조건을 갖추게 만드는 최선의 길은 모든 일리 있는 요구가 가능한 최대로 사회적 숙고의 대상이 되도록 보장하는 것이다. 왜냐하면 이는 코뮌 결정에 저항하는 집단의 의지를 분쇄하는 데 강한 영향을 끼칠 뿐만 아니라, 직접적 강압보다 훨씬 더 효과적으로 해당 집단에 실질적인 영향을 미치는 수단인 공동체의 사회적 여론을 조성하는 데도 강력한 영향을 끼치기 때문이다. 길드 사회는 인민을 신뢰하고 기능적 기관들에 권력과 책임을 함께 부여한다는 원칙에 바탕을 둔다. 따라서 코뮌이 각 기관에 자기 주장을 개진할 기회를 충분히 보장하기만 한다면, 이들 기관은 설령 코뮌의 결정이 자기 입장에 반대될지라도 저항하는 일이 거의 없을 것이다. 사람들이 봉사에 열성을 다하도록 강압적 수단에 호소해봐야 소용없음을 우리는 현 사회의 조건 속에서 경험을 통해 알고 있으며, 이것만 놓고 봐도 우리는 사람들을 신뢰하는 게 더 나은 길임을 수긍하게 된다. 이렇게 신뢰를 중심에 둔다고 해서 강압적 권력을 최후의 수단으로서도 모조리 폐기한다는 것은 아니며 또한 그럴 수도 없다. 하지만 강압보다는 쟁론과 코뮌 내 여론의 압력에 주로 의존하게 되리라는 것만은 틀림없다. 우리가 건설하고자 하는 새 사회는 강제가 아니라 자유로운 봉사의 정신에 따라 밑그림이 그려질 것이며, 민주적 동료 의식이 보장되기만 한다면 사람들이 누구의 명령에도 따르지 않고 스스로를 이끌어나갈 능력이 있다는 믿음에 바탕을 둘 것이다. 우리는 이런 정신을 함께 나누며 실천하면서, 집단이나 개인에 대한 강압은 최대한 피해야 할 최후의 해결책이라 여겨야 하고, 사회의 기능적 조직에서 개인적 자유에 없어서는 안 될 안전 장치와 자발적 봉사를 자극하는 엄청난 영감을 발견해야 한다.

나는 길드 사회에서 코뮌이 어떻게 작동하는지에 대한 이상의 서술이 많은 점에서 부족하며 어떤 점에서는 지나치게 교조적이기까지 함을 잘 알고 있다. 하지만 많은 유토피아 저술가들이 깨달았듯이, 묘사의 정확성을 떨어뜨리지 않으면서 이론적 시스템의 작동에 대한 서술을 현실에 적용하기란 어렵다. 공동체의 삶과 정신에서 가장 소중한 부분은 거의 언제나 공식 조직과는 그리 직접적인 관계가 없는 경우가 많다. 그렇기에 사회 조직의 작동에 대한 어떠한 묘사도 사실 공동체의 실제 생활에 대한 묘사와는 거리가 있다. 게다가 이는 현존하는 사회 상황보다는 참된 민주 사회에서 더 들어맞는 진실이다. 왜냐하면 실질적 민주주의의 결과는 사회적·개인적 에너지의 엄청난 해방으로 나타날 것이기 때문이다. 또한 이는 사회의 코뮌 조직에만 흐르거나 이곳만을 중심으로 흐르는 게 아니라 사회의 모든 자발적·비공식적 조직에서도, 그리고 사회 성원들의 거의 모든 개인적 관계와 활동에서도 흘러넘칠 것이기 때문이다. 인민의 이렇게 조직되지 않은 정신을 만족스럽게 되살려내기란 쉽지 않지만 제대로 된 역사학자라면 이를 해내기 마련이다. 하지만 미래를 위한 사회 시스템을 설계하는 이론가는 자신의 작업에 이런 정신이 함께하지 않을 경우에 인간의 가장 심오한 욕구를 다루지 못하는 데다 비현실적으로 보일 위험이 크다는 점을 알더라도 이 정신을 마음대로 불러내지는 못한다. 그럼에도 길드인이 새로운 사회구조를 위한 계획을 수립하는 것은 조직을 그 자체로 숭배하기 때문은 아니다. 오히려 새로운 사회구조가 예측할 수 없을 만큼 다양한 방향에서 에너지를 해방시키며 행복과 성취를 촉진할 것이기 때문이다.

또한 나는 이 책, 그중에서도 특히 이 장과 앞 장이 개인성이 사라진 끔찍하고 당혹스러울 정도로 복잡한 사회 조직을 이야기한다는 인상을 줄 수 있음을 잘 안다. 나는 이런 시각에 기울어 있는 이라면 누구에게나, 오늘날의 사회 조직을 의회적·정치적 형태만이 아니라 자본가적·노동자적·직업적·문화적 형태 그리고 연합의 그 밖의 형태에 이르기까지 온갖 복잡한 모습 그대로 탐구하는 데 짬을 내보라고 권한다. 그런 다음, 무엇이 더 복잡하게 얽혀 있는지, 그리고 오늘날의 사회 상황 탓에 곳곳에서 대체로 사회 기능을 수행하기 위해서가 아니라 다른 누군가를 이기기 위해 조직된 연합들이 갈등과 전쟁을 반복하고 있지는 않은지 자문하게 한다. 누구든 내가 기술한 구조가 현존 자본주의 사회의 구조보다 훨씬 덜 복잡할 뿐만 아니라 훨씬 더 목적에 부합함을 깨닫게 될 것이다.

제9장

농업 분야의
길드 사회주의

사회주의 이론은 거의 항상 주로 도회적 경험에 기반을 두어왔고, 사회주의 지지자의 주축은 산업 시스템에 속한 도시 노동자였다. 농업 노동자는 실제로 간혹, 그리고 대개는 단기간 노동조합 노선과 다양한 협동조합 형태로 조직되면서 얼마간 민주적 성격을 띠기도 하며, 많은 나라에서 농업 노동자가 농업 인구 가운데에 굳건히 뿌리내리고 있기도 하다. 하지만 사회주의를 농촌문제에 적용하려는 사회주의자는 낯선 땅에 들어선 느낌을 받을 때가 많았다. 물론 사회주의자들 가운데에는 늘 토지에 대해 단호한 입장을 견지하고 사적 지대 탐식의 사악함을 강조하는 경향이 뚜렷이 존재했다. 또한 퍼거스 오코너Feargus O'Connor[55]의 '농지 계획Land Scheme', 19세기 초 협동농장 정착지라는 오언주의의 이상[56] 그리고 좀 더 최근에는 블래치포드Robert Blatchford[57]의《즐거운 잉글랜드Merrie England》, 크로포트킨Pyotr[Peter] Kropotkin의 저작 등이 보여주듯이, 도시 노동계급운동에서는 '땅으로 돌아가자'는 강력한 열광적 움직임이 여러 차례 나타났다. 그러나 러시아 사회주의혁명당을 제외하면 몇 년 전까지 거의 모든 사회주의정당은 농업 종사자 중에 의미 있는 규모의 지지자가 없었다. 그리고 심지어는 오늘날에도 농촌 지역의 노동조합은 물론이고 사회주의·노동자 정당들조차 농업 생산에 적용할 선명하고 실천적이며 건설적인 정책을 갖고 있지 못하다.

소농 소유가 대체로 지배적인 곳뿐만 아니라 영국처럼 대농장주 계급과 농업 프롤레타리아트가 공존하는 곳에서도 사정이 이러하며 이것이 심각한 약점임을 다들 인정한다. 이런 두 유형의 국가들에서 농업 문제는 분명히 매우 다른 양상을 보이며, 당면 정책을 논하는 경우에 특히 그렇다. 현재 자본주의 아래에서 존재하는 농업 생산방식의 광범한 차이는 사회주의 상황 아래에서도, 비록 그 성격이 크게 바뀌기는 하겠지만, 지속될 것이다.

길드인은 농업 문제를 해결할 방안을 갖고 있는가? 달리 말하면, 내가 지금껏 상술한 길드 철학은 자유로운 사회에서 농업 조직이 취할 최선의 형태에 대해 뚜렷한 메시지를 전달하는가? 분명 이 문제는 주로 농업 전문가에 의해 고민되어야 할 것이다. 그래서 나는 이 장에서 단지 '비전문가'가 앞에 이미 밝힌 길드의 일반 원칙의 견지에서 이 문제를 바라보는 방식에 대해 매우 일반적인 윤곽만을 제시하려 한다. 나는 건강한 공동체에서 공업 생산과 농업 생산이 차지해야 할 상대적 비중이라는 더욱 광범한 문제에 대해서는 전혀 다루지 않을 생각인데, 이는 이 문제가 중요하지 않아서가 아니라 이 책의 주제에서 너무 멀어질 것을 우려해서다.[58]

우리의 일반 원칙이 다음 두 가지 규정을 담고 있다는 점은 처음부터 명확하다. 첫째, 어떤 시스템 아래에서 일하든 땅에서 일하는 노동자들은 산업, 전문직, 공익 서비스 영역에서 일하는 이들과 마찬가지로 여러 형태의 자치를 누려야 한다. 둘째, 지대의 사적 전유는 공동체적 전유로 대체되어야 한다. 그러나 우리의 원칙은 대규모 경작인지 아니면 소규모 경작인지에 대해서는 규정하는 바가 없으며, 소농 형태의 개별 영농을 폐지해야 하는지 아니면 지속해야 하는지에 대해서도 마찬가지다. 특히 '국가사회주의' 변종들에 속하는 상당히 많은 사회주의자들이 사회주의는 대규모 국가 영농으로 인도한다고 잘못 가정했으며, 그래서 자본주의 방식이 농업에 적용되어 소규모 경작이 사라지거나 크게 줄어들기 전까지는 농업에서 사회주의의 조건이 무르익을 수 없다는 그릇된 전제에 빠져들었다. 예를 들어 카우츠키Karl Kautsky 는 이 노선에 따라 볼셰비즘을 비판했으며, 볼셰비키는 러시아 농민에게 그들이 이해하는 바 '공산주의' 농업을 강요하려 하지 않을 만큼은 현실주의적임에도 카우츠키와 마찬가지로 소규모 경작을 대규모 경작으로 대체하는 것을 농촌 정책의 목표로 삼는 듯 보인다. 오늘날 러시아의 많은 지역처럼 아직 경작되지 않은 야생 상태의 토지로 뒤덮인 나라에서는 어쩌면 이것이 이해하기 쉬운 일일지 모르지만, 그럼에도 불구하고 내게는 아주 그릇되고 불필요한 전제로 보인다. 사회주의는 '산업화된' 대규모 경작뿐만 아니라 소규모 경작과도 완벽하게 조화를 이룬다.

따라서 사회주의 아래에서 영농의 규모가 어떠해야 하는가라는 문제는 열어놓은 채로 놔두고, 우리의 민주적 원칙에 부합하는 조건 아래에서 대규모 영농과 소규모 영농이 계속 공존한다는 전제에 맞춰 우리의 구상을 준비해야 한다. 이 경우에 우리는 두 가지 문제를 해결해야 한다. 한 가지는 길드 사회주의 아래에서 대규모 농업이 취하는 형태이고, 다른 하나는 소농 경작이 지속되면서 취할 형태와 그것이 대규모 시스템과 맺는 관계다.

틀림없이 전자의 유형과 관련해서는 심각한 어려움이 발생하지 않을 것이다. 상당한 정도로 분권화되고 광역화된 전국적 농업 길드라면 대규모 산업과 꼭 마찬가지로 쉽고 자연스럽게 대규모 농업에 대해 통제를 수행할 수 있다. 실제로는 이런 유사성에도 불구하고 농업 길드와 통상적인 산업 길드 사이에 기능과 구조 면에서 상당한 차이가 있을 가능성이 있다. 예를 들어 대농장에서 일하고 대규모 재배를 위해 최신의 과학적 경작 방법을 활용하는 농업 길드 성원들은 거의 대다수가 작은 개인 소유 농지를 추가로 보유하고 이를 경작할 것이며, 이 개별 소유지의 농사를 위해 길드의 농기구, 비료, 여타 필수품을 가져다 쓸 것이다. 또한 거의 전적으로 농업 생산에 전념하는 면面에서는 농업 길드가 많은 경우에 생산자 조직의 기능, 농업 필수품 공급 기구의 기능뿐만 아니라 전반적인 소비자 조직으로서 생활협동조합의 기능까지 자연스럽게 발전시킬 수 있으며, 농업에 직접 종사하는 게 아니라 농촌의 필요에 부응하는 일부 소규모 일거리에 종사하는 고립된 면 주민까지 길드 성원으로 받아들일 수도 있다. 많은 경우에 면은 너무 작은 행정단위여서 인구 규모가 더 클 경우에 필요한 기능적 기관의 정교한 분화가 굳이 필요하지 않으며, 가장 직접적인 형태의 민주주의를 통해 관리되는 농업 길드가 면 평의회와 더불어 자연스럽게 면 내에서 수행되는 부차적 기능들을 흡수하는 경향을 보일 것이다. 순전히 광업에 종사하는 면에서는 광원 길드가 유사한 경향을 보여줄 수 있다.

하지만 이러한 중요한 차이에도 불구하고 농업 길드는 적어도 대규모 농업과 관련될 경우에는 다른 경제적·공익적 길드가 공유하는 바와 거의 그대로 닮은 특징을 보일 텐데, 비슷하게 지역·광역·전국 기구를 갖춘다는 점과 비슷한 형태의 민주적 내부 통제와 자치를 실시한다는 점이 그것이다. 대규모 농장은 공장과 마찬가지로 자치의 자연스러운 단위이며, 이러한 자치 단위는 어렵지 않게 지역·광역·전국 조직에 걸쳐 확대된 민주주의의 기초가 될 수 있을 것이다.

소규모 영농에서는 주로 한 가지 낯선 문제 때문에 좀 더 어려움이 있다. 소규모 농업은 현재는 자기 가족 외에는 누구도 고용하지 않는 소자작농 혹은 차지농을 통해 수행되거나 아니면 보통 좀 더 큰 면적에서 농사를 지으며 제한된 정도로나마 임금노동자를 고용하는 소농장주를 통해 수행된다. 우리는 길드 사회주의 사회에서 이 두 경작 형태가, 혹은 그중 하나가 지속되는 경우를 예상할 수 있는가? 있다면, 이는 어떤 조건을 전제하는가? 어쨌든 나는 필수적인 안전 장치를 전제로 두 경작 형태 모두가 현재와 같이 고립되고 순전히 개별화된 생산 조건이 아니라 협동적 방식이 충분히 발전하고 반드시 농업 길드와 연계를 맺는 조건 아래에서 상당한 정도로까지 지속될 가능성을 완전히 받아들인다.

민주적 사회라면 사람들이 땅을 적절히 사용하게 하는 최소한의 안전 장치를 받아들이는 한은 땅뙈기를 자기 방식대로 자유롭게 경작하지 못할 이유가 전혀 없으며, 오히려 그래야 할 이유가 차고 넘친다. 자기 부인과 자식을 마음대로 착취하지 못하게 막는 것은 당연하다. 하지만 이는 아동의 경우는 공동체 전체의 사회적 규제를 통해 다뤄야 할 사안이고, 여성의 경우는 여성들이 길드 사회주의가 반드시 보장해야 할 경제적·사회적 독립을 누림으로써 해결해야 할 사안이다. 민주적 사회의 목표는 만인에게 자유를 최대한 보장하여 각자가 스스로의 선택에 따라 사회적 안녕과 일치되게 행위하고 생산하게 만드는 것이다. 특히 한 뼘의 땅도 남기지 않고 집약적 생산을 해야 하는 곳에서는 개별 농업 생산자가 다양한 범위에 걸쳐 사회적 유용성을 지닐 것이며, 비록 농촌 생산의 주된 형태에서는 그렇지 않을지 몰라도 어쨌든 많은 부차적 생산 형태(시장용 원예, 가금 사육 등)에서는 분명 그럴 것이라 믿을 이유가 충분하다.

하지만 농가가 '임금노동자hired labor'를 고용하거나 농장에서 어떤 식으로든 가족의 일원이 아닌 다수의 개인에게 일을 시킬 수 있는 수준으로까지 개별 자작농을 용인해야 한다는 주장은 분명한 이해가 수반되지 않는 한 상당수 사회주의자의 반대를 부추길 가능성이 있다. 이런 생산 형태가 잔존할 경우에 가능하다면 타인을 고용하는 개인이 아니라, 사회적 지위가 아닌 다양한 기능과 공인된 권위를 통해 민주적으로 협동하는 생산자 연합 집단an associated group of producers이 이를 수행하는 것이 틀림없이 더 바람직할 것이다. 이런 원칙에 따라 운영되는 소규모 혹은 중간 규모 농장은 많은 경우에 길드의 직접적 일부가 될 수 있을 것이며, 여기에서 일하는 연합한 생산자들은 길드 조직의 한 단위가 될 수 있을 것이다. 그러나 길드 바깥에 잔류하거나 길드와 느슨한 연계만을 맺는 작업장에 대해 제시했던 것처럼 연합의 원칙에 따라 운영되는 많은 농장들 역시 비슷한 위상을 점할 수 있다. 특정한 사안에 대해서는 길드 규정 준수가 의무화된다는 것, 많은 경우 구매 기능 전담 기관으로서 적어도 부분적으로는 길드를 활용하고 그러지 않을 경우는 자체 해결한다는 것이 그 예다. 따라서 이런 농장에서는 길드가 농업 생활협동조합의 기능을 맡는 경향이 있을 것이며, 혹은 어떤 경우에는 이런 연합한 생산자 집단이 자체 농업 생활협동조합을 길드와 제휴한 형태로든 아니면 이와 분리된 형태로든 조직할 수도 있다.

하지만 '임금노동자' 문제는 여전히 미해결로 남는다. 나는 개인이든 연합형 집단이든 소규모 생산자에게 타인을 고용할 권한을 전면 금지하는 조치는 실행 불가능하다고 단언한다. 하지만 나는 이 권리에 매우 엄격한 안전 장치가 동반되어야 하며, 최선의 안전 장치는 (그리고 농업 노동조합운동의 발전을 통해 자연스럽게 등장할 안전 장치는) 이런 노동이 모두 오직 길드를 통해서, 그리고 길드가 직접 입안한 해당 노동자의 고용 및 지위와 관련한 조건에 따라 공급되는 것이라고 생각한다. 아마도 이런 노동은 거의 전적으로 특별한 절기에 필요한 한시적 노동일 것이며, 정규 농업 노동자가 아니라 주로 추수를 거들거나 단기간 농촌 노동을 하는 산업 노동자 아니면 가끔 대농장주를 돕는 소자작농에서 충원될 것이다. 개별 농장주 사이의 친목에 따른 관계가 아니라면 이런 작업자는 농업 길드를 통해 농촌 일거리를 제공받아야 할 것이다.

말하자면 내가 구상하는 것은 대규모 경작 형태와 소규모 경작 형태를 모두 포함하는 농업 시스템인데, 이 시스템의 일부는 분권화가 진전되어 광역별로 관리되는 농업 길드의 직접적 지원 아래 운영될 것이고, 또 다른 일부는 일반적인 길드 규정 아래에서 농업 길드와 다소 긴밀한 연계를 맺으며 작업하는 개별 생산자 혹은 연합한 생산자 집단에 의해 운영될 것이다. 이 연계가 더욱 긴밀할수록, 그리고 소규모 농장주와 관련해 길드가 직속 생산 조직을 농업 생산자의 생활협동조합의 기능과 더욱 밀접하게 결합시킬수록 [내가 구상하는] 이중 시스템은 분명히 더욱 원활히 작동할 것이다. 그리고 나는 민주적 조건 아래에서라면 두 방식이 처음에는 동떨어질 수도 있겠지만 급속히 함께 성장하게 될 것이라고 믿는다. 노동조합과 직능 조직이 산업 및 서비스 길드들의 토대가 되듯이, 농업 길드도 주로 오늘날 농촌 노동자들의 노동조합에 토대를 둘 것임에 분명하다. 독립 생산자들을 농업 길드와 민주적으로 연합하며 작동할 역량을 지닌 일정한 기관으로 묶을 수 있는 조직의 성장은 부분적으로는, 농업 협동조합운동이 현재 영국에서 이 운동이 주로 보이는 모습과는 달리 지주와 정치인의 통제에서 벗어나 농업 생산자 자신의 시각을 직접적으로 표현하는 방향으로 발전할지 여부에 달려 있다. 아일랜드 농업조직연합Irish Agricultural Organization Society은 이미 상당 부분 이런 운동으로 성장해 있다. 이러한 기관들의 존재는 대다수 소농이 농업 길드에 가입하는 것과 전혀 충돌하지 않는다.

실현 가능한 민주적 농업 조직에 대한 이러한 소묘에서 제기되는, 당면 실천에서 중요한 의미를 지니는 근본 문제는 다름 아니라 농장주의 지위 문제다. 조직된 농업 프롤레타리아트가 존재하는 오늘날은 농업 프롤레타리아트와 이들의 고용주인 농장주 사이에 심각한 투쟁이 시작되고 있으며, 이 투쟁은 산업에서 자본가와 노동자가 벌이는 경합의 특성 대부분이 시골에서도 재연될 조짐을 충분히 보여준다. 인간답다고 하기에 충분한 생활 조건을 구축하려는 농촌 노동자의 모든 시도를 결연히 반대하는 대다수 농장주의 모습은 이러한 갈등이 어느 정도 불가피함을 보여준다. 하지만 그럼에도 불구하고 농장주를 거의 모든 주요 산업을 지배하는 자본가와 대등한 하나의 계급으로 간주하는 것은 오류다. 평균적 농장주는 평균적 산업 고용주보다 나을 게 없는 심성과 전망을 지닐 수 있으며, 실제로 그렇다. 하지만 평균적 수준에서 볼 때 농장주는 얼마간 유용한 사회적 기능을 정당하게 수행할 뿐만 아니라 미래의 민주적 공동체에서도 계속 정당하다고 인정받을 방식으로 수행한다는 점에서 산업 고용주보다는 훨씬 훌륭하다고 하겠다. 물론 농장주는 노동을 착취한다. 하지만 노동조합도, 생활협동조합도 노동을 착취하는 경우가 있다. 요점은 변화된 상황에서도, 특히 이행기 중에 농장주는 산업자본가가 소멸하는 것과는 달리 여전히 존재할 것이며 유용한 사회적 봉사를 수행하리라는 것이다.[59]

사실 농장주 전체를 단일하고 동질적인 사회적 혹은 경제적 계급으로 간주하는 것은 오류다. 러시아 공산주의자들은 광범한 소농 경영이라는, 우리와는 매우 다른 조건 아래에서 이 사실을 매우 명확히 인정했고, 빈농이 부농에 대한 과거의 사회적 굴종을 벗어버리도록 만드는 데 많은 에너지를 쏟아부었다.[60] 우리의 문제는 이들과는 다르다. 하지만 다른 나라들도 사회 조직과 경제적 충성 측면에서, 자기 노동으로 먹고살며 부를 축적하거나 '토호土豪, country gentleman'가 될 전망이나 기회 따위는 없는 사회적으로 유용한 개별 경작자와 소유권 박탈 대상이 되어야 할 자본주의적 농장주의 차이에 대해 성찰하는 숙제를 풀어야 한다. 나는 이를 인정하고 미래를 바꾸기 위해서는 미래 사회에서 소규모와 중간 규모 농업의 지위를 완전히 인정해야 하며, 농업 노동자 사이에서 노동조합을 육성해야 할 뿐만 아니라 소농장주 사이에서 생산자 협동조합 노선에 따라 민주적 조직을 육성해야 한다고 믿는다. 물론 다름 아닌 농장주 계층 안에서 실제로 균열이 일어날 수 있다. 하지만 이런 균열이 나타날 가능성은 사회주의자들이 소농 편에서 그들의 지위를 보장할 민주적 농업 정책을 얼마나 발전시키는지에 달려 있다. 나는 길드 사회주의가 이러한 보장을 제공하기에 족할 만큼 폭이 넓고 융통성이 있다고 믿는다. 하지만 이 문제를 해결하자면 내가 이 장에서 시도할 수 있었던 것보다 훨씬 더 세밀하고 전문적인 세부 작업이 필요하다는 점 역시 십분 인정한다. 캐나다, 그리고 이보다는 덜하지만 미국 같은 나라에서 이미 조직된 농장주의 거대한 부문과 노동조합운동이 서로 연합을 이루는 경향이 실제로 명백하게 나타나는 것[61]을 보면서 나는 다른 나라에서도 비슷한 발전이 불가능하지는 않으며 언젠가 기회가 올 수 있다는 희망을 품게 된다. 상황을 피상적으로만 바라본다면, 지금으로서는 영 가망이 없는 것처럼 보이더라도 말이다.

제10장

진화와 혁명

이제 길드 사회주의 공화연방Guild Socialist Commonwealth
의 구조와 작동에 대한 대략의 소묘가 완성되었으니, 오늘날
자본주의 사회에서 길드 사회주의 연방으로 나아가는 이행
의 실천적 문제를 본격적으로 다룰 차례다. 여기에서 우리가
직면하는 첫 번째 물음은 오늘날의 조건에서 모든 사회주의
자가 직면하는 그 문제, 즉 '진화evolution와 혁명'의 문제다.
우리는 순전히 진화의 방식을 따르는 거대한 사회 전환이 일
어나길 바라며 이를 추구하는가, 아니면 특정한 단계에서 파
국 혹은 혁명적 이행의 국면이 닥칠 것이라 예상하는가?

　이 물음은 늘 그렇듯이 얼마간 오해를 불러일으키는 형태
를 띠고 있다. 왜냐하면 '혁명적'이라는 단어는, 그리고 그보
다는 덜하지만 '진화적'이라는 단어도 특정한 종류의 해석을
내포할 수 있기 때문이다. 예를 들어 혁명 혹은 파국적 이행
은 거의 항상 일정한 폭력 사용을 함축하지만 반드시 내전이
라는 말에 값할 정도로 전면적인 폭력을 함축한다고 볼 수는

없다. 1917년의 첫 번째 러시아혁명[2월 혁명]과 1918년의 독일혁명은 명백히 혁명이었고 폭력에 대한 호소를 어느 정도 수반했다. 하지만 둘 중 어느 쪽도 무장 충돌이라는 의미에서 심각한 규모로 폭력을 사용하지는 않았다. 교체 대상이 된 낡은 헌정 시스템은 산산조각이 났고, 최소한의 전투와 함께 이와는 다른 시스템이 자리를 잡았다. 물론 이것이 이 두 혁명이 이룬 바가 그토록 적은 주된 이유 가운데 하나이며 정치제도뿐만 아니라 사회·경제 시스템의 변화를 수반하는 진정한 사회혁명은 훨씬 더 광범한 무력 사용 없이는 결코 달성될 수 없다고 주장하는 이들이 많이 있다. 하지만 이게 진실이든 아니든, 무력이 사용되더라도 오직 부차적 요소일 뿐인 파국적 변화와, 무력이 실제로 변혁의 주된 동인인 파국적 변화는 명확히 구별해야 한다.

이와 마찬가지로 '진화적'이라는 단어도 한 가지 의미만을 지니지 않는다. 이는 현실에서 흔히 '정치적'인 것으로 해석되며, 진화적 방법은 합법적 의회 활동을 활용하는 것과 동일시된다. 그러나 더욱 넓은 의미에서는 '진화적' 전술 역시 정치만이 아니라 정치, 경제, 공익 등 사회 행위의 전 영역에 적용 가능한 방법을 뜻할 수 있다.

따라서 우리의 물음은 다른 형태로, 아니 더 정확히는 다른 일련의 형태로 재정식화되어야 한다. 첫째, 우리는 합법적 정치 활동이 홀로 사회변혁의 그럴듯한 동인이 될 수 있는지, 혹은 사회변혁과 연관된 정치 변화가 합법적 성격을 온전히 계속 유지하는 게 과연 가능할지 따져봐야 한다. 둘째, 우리는 혁명까지는 아니어도 직접 행동의 산업적·공익적 형태를 포함하는, 더욱 광범한 의미로 이해되는 진화적 방법만으로 사회변혁의 필요성을 충족시킬 수 있는지 따져봐야 한다. 만약 이것만으로는 만족스럽지 못하다면, 다음으로 우리는 이 필요성을 충족시키기 위해 내전을 배제한 파국적 행위에 얼마나 의존해야 하는지 물어야 하며, 마지막으로 만일의 경우에 필요하다면 내전의 기회와 효용을 검토해야 한다.

이런 주제들을 검토하는 과정에서 우리는 무기를 손에 들 자들이 자본주의 시스템의 도전자가 아니라 그 옹호자일 가능성이 높다는 점을 잊어선 안 된다. 길드 사회주의자를 비롯한 사회주의자들이 자신들이 바라는 사회 재편을 달성하기 위해 어떤 방법을 가장 바람직하다고 여기든 아랑곳없이 자본주의의 옹호자들은 자기네 지위를 위협받는다고 느낄 경우에 성공과 실패 여부는 따지지 않고 늘 자본주의적 직접 행동이나 무력에 호소할 수 있다. 그리고 더욱 극단적인 수단을 동원하는 적대자와 마주한 도전자는 예외가 없지는 않겠지만 많은 경우에는 적에게 굴복하든가, 아니면 그들도 같은 수단을 동원해 보복하지 않으면 안 된다. 우리가 자본주의에 맞서 병력을 끌어모을 때에 자본주의가 가만히 앉아서 두고 보지만은 않으리라는 사실은 너무나 명백하다. 자본주의는 어떤 수를 써서든 생존을 위해 치열하게 싸울 테고, 자본주의에 맞선 이들의 전술은 자본주의 옹호자들의 전술에 의해 결정되는 것까지는 아니어도 필연적으로 이에 따라 방향이 잡힐 것이다.

어느 편이든 방법의 문제를 오로지 이성에만 바탕을 두고 결정하는 일은 없을 것이다. 양편 모두에 군중심리의 요소가 있음을 고려해야 한다. 게다가 앞에서 이미 살펴본 내용에 따르면, 본능적이고 이성을 잃은 대중의 폭발이 일어날 가능성을 배제할 수 없기에 통치 계급이 단순히 공포 때문에 넋을 잃고 무력에 호소하는 일은 없으리라고 결코 장담할 수 없다고 느껴도 하등 이상할 게 없다. 국내에서든 해외에서든 '다이어주의Dyerism'⁶²는 전쟁 자체와 마찬가지로 많은 부분 '공포의 자식'이다.

따라서 우리는 책상 앞에 앉아 과학적 정밀성을 갖춘 길드 사회주의의 전략과 전술을, 아니 어떠한 거대한 사회변혁이든 이를 위한 전략과 전술을 짤 수는 없다. 우리가 할 수 있는 일이란 현실의 조건 아래에서 선택 가능한 행동 방식 가운데 최선의 결과를 낳을 수 있을 듯 보이는 것이 무엇인지 살피고, 덜 극단적인 방식으로도 동일한 목표를 실현할 가능성이 있다면 극단적 방식을 사용하지 않도록 스스로 결단하는 것뿐이다. 우리는 혁명을 위한 혁명은 피할 수 있다. 하지만 혁명 없이도 현실에서 변혁이 이뤄질 수 있다고 믿을지라도 실제로 일이 이렇게 풀리리라 장담할 수는 없다. 왜냐하면 각자 자신의 의지로 싸우는 쌍방만 있는 게 아니라, 취향에 따라 기회라 부를 수도 있고 숙명이라 부를 수도 있을 매우 강력한 제3의 요소 또한 존재하기 때문이다.

하지만 이 모든 고민을 유념하고 러시아혁명이 우리보다 먼저 현실에서 성취한 바를 고려하면서, 사회의 얼굴을 바꾸기 위해 우리 앞에 제출된 다양한 방법들의 최대 잠재력이 무엇인지 따져보는 것은 가치 있는 일이다. 그러면, 우선 합법적 정치 활동을 활용해 이뤄내길 기대할 수 있는 최대치가 무엇인지 탐색해보자. 이와 관련해 노동계급 유권자 총수가 대체로 어느 정도인지 계산하고, 이 유권자들이 제대로 된 노동계급 정부를 뽑아 이 정부가 우리나라의 유연한 헌정 구조 아래에서 전체 사회 조직을 변혁하는 것이 이론적으로 가능하다고 지적하는 것은 별로 의미가 없다. 의미가 없는 첫 번째 이유는 자본주의 아래에서는 노동계급 전체가 하나가 되어 투표할 기회가 없고, 참으로 '계급의식'이 넘치는 다수가 참으로 '계급의식'이 넘치는 정부를 선출할 기회 또한 없기 때문이다. 둘째로, 이런 정부가 존재할 수 있다 하더라도 의회라는 수단만으로는 한 세기가 다 되도록 변화를 이뤄내기 힘들 것이기 때문이다. 셋째로, 현존 국가 조직이 사회의 근본적인 구조 변화를 포함하는 목표를 추구하는 데에는 영 맞지 않기 때문이다. 넷째로, 정치적 수단만으로 변혁을 이루려는 시도는 그것이 완수되기 전에 거의 필연적으로 경제 영역의 권력에 바탕을 둔 통치 계급의 반혁명운동을 유발할 것이기 때문이다. 돈의 조종을 받는 교육, 프로파간다, 압력의 모든 힘에 맞서 다수 대중이 건전한 정치적 사고에 익숙해지도록 바꾸는 데 시간이 필요하다는 사실은 정치적 수단만을 통한 사회변혁의 실현 가능성을 반박할 충분한 이유가 된다. 왜냐하면 이 과정이 정점에 이르기 훨씬 전에 이 책에서 이미 명확히 밝힌 다른 원인들의 작동 때문에 현재의 경제 시스템은 황폐해지고 말 것이기 때문이다. 그렇다고 노동당 정부가 들어서기도 전에 벌써 정치적 수단을 통한 변혁은 불가능하다고 말하려는 것은 아니며, 심지어는 쉽지 않을 것이라는 이야기도 아니다. 하지만 나는 이러한 정부가 들어설 수 있다 하더라도 이는 급진적 사회변혁을 시도조차 하지 않겠다고 미리 분명히 밝힐 때에만 가능할 것이며, 어떤 경우든 이 정부가 급진적 사회변혁을 달성하기란 거의 불가능에 가까울 만큼 어려울 것이라고 생각한다. 노동당 정부가 들어선다면 이는 실로 가속기보다는 브레이크로 다가올 가능성이 훨씬 더 높다.

정치적 수단만으로는 급진적 사회변혁이라는 목표를 수행할 수 없는 근본 이유는 우리에게 필요한 변혁이 근본적으로 정치적이기보다는 경제적이라는 데 있다. 자본주의 시스템 아래에서 "경제 권력이 정치 권력에 우선한다"는 것은 반박할 수 없는 진리다. 경제적 요인의 이러한 우위를 타파하는 것이 길드 사회주의자의 목표다. 하지만 그렇기 때문에 길드 사회주의자는 오늘날 경제적 요인의 존재를 더욱 강하게 의식한다. 노동자의 정치 권력보다는 경제 권력이 자본주의의 전복에서 위력을 발휘하게 될 것이며, 이런 경제 권력은 때로 정치적 표현으로 나타날 수 있더라도 주로는 경제 영역 자체 안에서 작동할 것이다. 따라서 우리가 노동계급 정치 활동에서 기대할 수 있는 최대치는 노동계급 경제 권력의 행사를 뒷받침하는 역할을 하는 것이고, 정치 활동만으로는 실질적으로 달성하기 어려운 이행을 좀 더 용이하고 수월하게 만드는 데 기여하는 것이다. 정확히 이해한다면, 노동계급의 정치 활동이란 중요한 이차적 기능이며, 그 이상은 아니다.

따라서 우리는 노동계급운동이 구사할 수 있는 또 다른 진화적 활동 방식을 깊이 고민해야 한다. 이 가운데 일부는 다음 장에서 더욱 상세히 다룰 테지만, 여기에서 일반적 차원의 논의를 전개할 수는 있다. 가장 중요한 것은 노동계급 조직이 구성원의 노동력에 대해 행사하는 통제에 바탕을 둔 노동계급 경제 권력의 직접적 표출임에 틀림없다. 정치적 목적을 위한 '직접 행동'의 경우에도 이런 양상이 나타날 수 있지만, 이것이 통상적으로 행사되는 것은 명백히 경제적인 목적을 위해서다. 노동조합운동은 이를 수단으로 삼아 임금 인상과 노동조건 개선을 이뤄냈을 뿐만 아니라 노동자의 지위를 크게 높였고, 소극적이고 외재적인 성격의 산업 통제 수단 63을 이미 상당한 정도로 구축했다. 분명히 이 과정은 상당한 수준으로 더 진전될 수 있으며, 실제로 이런저런 노동조합을 통해 매일 조금씩 진전되는 중이다. 노동조합은 산업에 대한 통제를 양적으로 확대할 수 있고, 실제로 확대하는 중이며, 광원노동조합의 광산 국공유화 계획과 건설 길드의 민주적 통제 혹은 직접 건설 실험과 같은 사례에서는 만일 실현될 경우에는 산업의 생산 통제에서 중대한 변혁이 이뤄질 수 있을 요구를 이미 제출하고 있다.

하지만 이 과정에는 분명 한계가 있다. 이는 자본가의 수중에서 산업의 생산적 작동에 대한 통제를 상당 부분 압수하는 데에, 심지어 어떤 경우에는 사적 소유를 공적 소유로 대체하는 데에 활용될 수 있다. 요즘 이해되는 바대로 '직접 행동'의 형태를 띨 경우에 이는 고립되어 있으면서도 아주 광범위한 잠재성을 지닌 요구들을 더욱 밀어붙여 소유권을 크게 침식하는 수준으로까지 확장시키는 데 활용될 수 있다. 그러나 나는 이것 홀로로든, 이를 정치적 무기와 결합해서든, 아니면 지방자치단체 집권과 노동계급 교육의 최대한 발전 같은 다른 진화적 무기와 결합해서든, 이것이 완벽한 사회변혁의 도구가 될 수 있다거나 변혁의 핵심 과정(부유층에게서 부와 경제 권력을 실질적으로 압수하는 과정)이 될 수 있다고는 생각하지 않는다.

달리 말해 '철저한' 사회변혁 정책이라면 그 안에는 혁명
적 요소가 없을 수 없다. 하지만 그럼에도 불구하고 주로 경
제 및 산업 측면에서 진화적 정책이 최대한 발전한다면 어떠
한 '혁명적' 행동이든 성공할 기회가 확연히 늘어날 뿐만 아
니라 변혁 과정에 필요한 '혁명적' 행동의 양 또한 최소로 줄
어드는 경향이 있으리라는 점은 분명하다. 이 점에 대해 더
상세히 논하기 전에 '혁명적' 행동 자체의 가능성, 아니 노동
계급운동의 현존 역량과 조직에 바탕을 둔 '혁명적' 행동의
가능성에 대해 잠시 살펴보자.

만약 현재 일부 노동자에서 그러한 것처럼 다수 노동자 또
한 '계급의식' 요소에 따라 즉각적인 '혁명적' 행동이 필요하
다는 결론에 도달한다고 가정할 경우에 이들은 어떤 정책 노
선을 추구하는 게 자연스러운가? 짐작컨대 노동자들은 노동
자 내부의 의식적 혁명가에만 의존하면서 폭동을 선동하려
하는 게 아니라, 교육과 조직을 통해 혁명적 소수를 확대하
는 과정을 밟을 것이며, 모종의 광범위한 산업 위기 혹은 '직
접 행동' 위기를 바탕으로 혁명적 운동을 일으킬 기회를 잡
기 위해 참고 기다릴 것이다. 그러는 동안 그들은 당연히 노
동 진영의 조직을 발전시키고 이들 조직이 더욱 투쟁적인 전
술을 채택하도록 설득하기 위해 갖은 노력을 다할 것이다.
여기까지는 다들 동의할 테지만, 이 지점에서 '혁명'이라는

단어의 뜻에 관해 입장 차이가 발생할 수 있다. 어떤 이들은 이를 일종의 '직접 행동'의 확대, 즉 총파업을 통해 사회의 경제활동을 마비시키고 이를 통해 사회의 정치기구를 뒤흔들며 붕괴시키는 것으로 상상한다. 다른 이들은 이것이 실제로 내전의 형태를 띨 것이라 상상한다. 우선 후자의 가능성부터 살펴보자.

진짜 내전은 갈등 중인 쌍방이 무장할 경우에만 벌어질 수 있다. 하지만 노동자의 무장은 독일이나 이탈리아의 사례가 어떠하든 영국이나 미국에서는 자본주의 시스템과 그 정치기구의 해체와 쇠퇴가 지금보다 훨씬 더 진전되지 않는 한 도저히 실현될 수 없을 것이다. 유일한 대안인 군대 내부의 반란은 어떤 혁명적 프로파간다로도 일어나기 힘들며, 이런 일은 외관상으로는 비혁명적인 이유에 따라 혁명적 상황이 도래했는데 병사들이 무고한 동료 시민이라 생각되는 사람들에게 발포하라는 명령을 받았을 경우에만 그나마 일어날 가능성이 있다. 이런 상황에서는 군대 내 반란이 일어날지 모르지만, 이는 혁명가들의 노력을 통해서가 아니라 오히려 이들이 거의 영향을 미칠 수 없는 이유에 따라 닥칠 것이다. 이것은 매우 널리 인정받고 있는 진실이며, 혁명가라 자처하는 이들 가운데에 사전 대비도 없이 내전을 의식적으로 선동한다고 해서 성과가 있으리라 믿는 이들은 거의 없다.

혁명을 확대된 '직접 행동'이라 파악하는 이들이 구상하는 두 번째 대안은 더욱 그럴듯하지만 현재로서는 해명되지 않은 대목이 훨씬 많다. 이것의 성공은 노동자가 산업 조직을 통해 발휘하는 힘에 달려 있는데, 무엇보다 이 조직 덕분에 노동자는 기아에 빠지지 않고도 현 시스템의 정치·경제 구조가 황폐해질 만큼 긴 시간 동안 사회의 경제 기제를 멈출 수 있기 때문이다. 나는 우리나라보다 훨씬 취약한 자본주의 사회에서만, 그리고 1917년에 러시아에서 나타난 것 같은 아주 예외적으로 유리한 국면에서만 현재 우리나라 정도의 역량을 지닌 노동운동에게 이런 일이 일어날 수 있을 것이라 믿는다. 영국이나 미국처럼 훨씬 더 강력한 자본주의를 이 방법을 통해 전복하자면 현존하는 어떤 나라의 노동운동보다도 훨씬 더 강력하고 더 완벽하게 각성한 노동운동이 필요할 것이다.

이 노선을 추진할 노동계급은 그 자신이 더 강력해야 할 뿐만 아니라(즉 숫자, 조직, 결의, 선명한 정책 비전 등이 상대보다 더 강해야 할 뿐만 아니라) 더욱 굳건한 참호들을 구축해놓고 있어야 할 것이다. 달리 말하면, 우리가 노동자들이 이제껏 실행해온 것보다 훨씬 더 발전된 수준에서 다룬 저 진화적 과정을 실제 수행해야 할 필요성이 생길 것이다. 왜냐하면 이 과정은 본질적으로 급진적 사회변혁을 완수하기에는 충분하지 못하지만, 혁명적 행위를 성공시키기 위해서는 반드시 있어야 하는 선결 조건이기 때문이다. 오늘날 상상할 수 있는 가장 성공적인 봉기가 일어난다면, 노동자들은 수천 곳의 전략적 지점을 동시에 장악해야 하며―중심 권력을 장악하고 임시정부를 급조해야 할 뿐만 아니라 수천 곳의 지방 공익 기관을 장악해야 하고 수없이 많은 공장에서 경영을 인수하고 임시변통으로라도 이를 실행해야 한다― 자기 제어와 공동체적 봉사에 대해 하루에 천여 가지는 되는 수업을 받아야 한다는 즉각적이고 준엄한 필요성에 맞닥뜨려야 할 것이다. 이것이 이뤄질 수 없다고는 말하지 않겠지만, 만약 이뤄진다면 이는 기적일 것이다.

하지만 노동자들이 급진적 변혁의 이상을 단념하지 않으면서 각 영역에서, 무엇보다 산업과 지방자치단체 영역에서 권력을 세부적으로 점령해가는 진화적 과정을 더욱 적극적으로 실행할 수 있다면, 이러한 난점도 난공불락으로만 보이지는 않게 될 것이다. 노동조합 조합원 수, 조직, 교육의 발전은 전투력을 확대하고 향상시킨다. 협동조합의 발전은 배급 역량을 향상시킨다.[64] 지방자치단체 집권은 행정의 전환을 용이하게 만들며, 중요한 경제적 서비스가 노동자의 수중에 놓이게 한다. 노동조합 통제력의 확대는 자본주의의 공장 장악을 약화시키며, 노동자들이 산업을 어떻게 운영하는지 스스로 학습하도록 돕는다. 혁명의 성공을 바라는 이라면, 이를 향해 조금씩이라도 나아가도록 재촉해야 하며, 세부적 점령을 통해 그 길을 열어나가야 한다.

그러나 내가 서두에서 분명히 했듯이, 무기를 선택하는 쪽은 도전받는 자들이며, 우리는 계획에 따라 질서 정연하게 전진하리라 장담할 수 없다. 베르사유조약을 통해 억제는커녕 오히려 촉발된 유럽 경제·정치 시스템의 끝 모를 해체 속에서 유럽 내 어떤 노동자 집단도 이를 장담하기 힘든 처지다. 어느 때고 혁명적 상황이 도래할 가능성은 거의 없으니, 소유계급이 반격의 때가 왔다고 생각하기 때문이기도 하고 투쟁하는 세력들이 뒤죽박죽으로 얽혀 출구 없는 상황만 만들고 있기 때문이기도 하다. 만약 혁명적 운동이 곧바로 등장할 운명이 아니라면, 조건이 거의 믿을 수 없을 만큼 유리하지 않는 한 나는 노동계급이 단번에 성공을 거두리라는 희망은 접겠다. 하지만 나는 노동계급의 패배에 끝이 없을까 봐 두려워하지도 않는다. 그럼에도 나는 다른 대안이 남아 있지 않다고 확신하는 경우가 아니라면 계급의식에 넘치는 노동자의 대다수가 이런 위험을 감수하길 바라지는 않을 것이라고 믿는다.

　특히 적극적 이상뿐만 아니라 명확한 진화적 프로그램까지 갖춘 길드 사회주의자의 입장에서 보자면 목표(우리가 이를 실제로 달성할 수 있든 없든)가 조속한 혁명이 아니라, '혁명'을 만들어간다는 관점과 함께하는 진화적 발전 노선에 따라 모든 세력을 결집하는 것임이 분명한데, 이 경우에 혁명은 가능한 한 내전이 아니라 이미 이뤄낸 사실의 각인과 이미 작동 중인 경향의 완성으로 다가와야 한다. 통치 계급이 자기 권력을 아래로부터 허물어 결국에는 실력에 의한 저항조차 없이 파멸에 이르는 경우라 하더라도 우리가 바라는 완벽한 변혁이 산업에서든 정치에서든 오로지 합법적 수단을 통해서만 실현될 수는 없다. 하지만 비합법적 '혁명' 역시 단지 붕괴한 시스템의 이미 쓸모없어진 잔해를 청소하는 것으로, 자본주의 아래에서 이미 잠식이라는 방식을 통해 상당한 권력과 기능을 확보한 세력과 제도를 공인된 사회 시스템으로 급속히 조직하는 것으로 그 의의가 축소될 수 있다. 만약 우리가 이런 식의 혁명을 달성할 수 없다면, 그리고 만약 소유계급의 저항 탓에 혁명이 우리의 예상보다 더 빨리 닥치고 그래서 더욱 폭력적인 성격을 띠게 된다면, 우리는 이런 순간이 오기 전까지 잠식의 방법을 통해 이뤄온 성취가 많을수록, 그래서 이를 통해 준비 태세를 갖출수록 더욱 유리해질 것이다. 내가 주창하는 정책은 만약 성공할 경우에는 완만하기보다는 급속할 것임에 틀림없다. 그럼에도 이는 문자 그대로 점진적이어서 단계에 맞춰 전진할 것이다. 이는 맹목적으로 러시아혁명을 모델로 따르려는 사람들의 마음에는 들지 않을 테지만, 나는 지금으로서는 예상하기 힘든 조건이 등장하지 않는 한 러시아의 방식이 영국이나 미국 상황에 적용될 수 있으리라고는 믿지 않는다.

제11장

이행 정책

이제껏 여러 장에 걸쳐 자세히 설명한 양대 노동계급운동 (노동조합운동과 협동조합)은 지난 몇 년 동안 눈에 띄게 전진했다. 이 전진이 계속되리라는 데는 의문의 여지가 없다. 왜냐하면 두 운동 모두 노동자들 사이에서 점점 더 많은 이들이 중요하다고 인정하고 있는 목적을 수행하기 때문이다. 하지만 두 운동에는 이러한 전진을 가로막는 분명한 장애물이 있다. 노동조합운동은 열악한 직종보다는 양호한 직종에서 더 나은 성과를 거두고 있으며, 이 사실은 논외로 하더라도 이 운동은 성공을 거둘 때마다 오히려 더 두터운 장벽과 마주하고 있는데, 특히 현재는 노동조합이 자본주의를 받아들이도록 길들이거나 이게 불가능하다면 박살을 내버리려는 소유계급의 결의가 점점 더 강해지는 중이다. 적어도 지금까지는 이론가들의 주장과는 달리 실제로는 그리 야망이 큰 운동은 아닌 협동조합의 경우에 주된 장애물은 자본주의의 조건 아래에서 작동하는 협동조합이 성장하려면 자발적 방식을 통해 충분한 자본을 확보해야 한다는 사실이다. 조합원 출자금이 늘어나기는 하지만 속도가 느려서, 단지 필수적인 확장에 자금을 대기 위해 동원할 수 있는 자본이 충분하지 못하다는 이유로 조합원을 무턱대고 가입시키고 있으며, 그런데도 운동을 더욱 확대하기 위해 필요한 혁신적 사업을 펼치기에는 여전히 자본이 부족한 형편이다. 이 문제에 직면한 도매상조합Coöerative Wholesale Society은 최근 공개 시장에 회사채를 내놓는, 논란의 여지가 큰 편의적 방식에 의지했다. 이런 상황 전개는 비록 이자율이 고정되어 있다 하더라도 분명히 협동조합을 자본주의적 기업과 유사하게 만드는 경향이 있다. 이런 편의적 방식까지 활용함에도 불구하고 자본 문제 자체만으로도 협동조합은 비록 분배 영역에서는 확장해나갈 수 있겠지만, 예상 가능한 미래에 자본주의의 생산 지배에 강력히 도전할 수는 없는 처지라는 데는 의문의 여지가 없다. 거대한 자본주의 기업 각각의 실적과 비교해보면 협동조합이 생산에서 거둔 성취는 충분히 경이롭다. 하지만 서로 경쟁하는 자본주의 기업 전체와 그 규모를 비교하면 실제로는 너무 소규모다.

자본주의 아래에서 협동조합운동의 확장을 가로막는 이러한 장애물을 제거는 못하더라도 완화는 시킬 방법이 있다. 협동조합 발전을 위해 노동계급이라는 자원을 더욱 적극적으로 활용한다면, 충분하지는 못해도 일정하게 도움이 될 것

이다. 왜냐하면 협동조합원들은 적어도 예상 가능한 미래에
는 협동조합이 소유계급 자신이 정해놓은 조건 아래에서 단
순히 이들과 경쟁함으로써 이들을 산업에서 축출하기란 완
전히 불가능하다는 사실에 직면해 있기 때문이다. 게다가 협
동조합이 정말로 대규모 자본주의에 위협적일 경우에 소유
계급은 십중팔구 필요하다고 생각되기만 한다면 경쟁 조건
을 그들에게 유리하게 바꿀 힘이 여전히 그들에게 있음을 곧
바로 일깨워줄 것이다. 생활협동조합에 과세하려는 시도는
이런 정책의 가벼운 예행연습이라 볼 수 있다.

   하지만 협동조합이 현 노선을 유지하는 한 협동조합 활동
은 자본주의의 본진本陣에 대한 주공격과는 거리가 멀어질
것이다. 자본주의에 맞선 투쟁에 적극 결합하는 협동조합원
들과 노동조합운동 전체가 협동조합 자원의 처분권을 쥐도
록 한다면 도움이 될 수 있으며 틀림없이 그럴 것이다. 하지
만 그중에서도 노동조합이야말로 투쟁의 책임을 짊어지게
될 것이다. 길드 사회주의에 기회가 올지 여부는 진실로 자
본주의 아래에서 과연 길드의 토대를 성공적으로 놓을 수 있
는지에 달려 있으며, 따라서 길드 사회주의로 나아가는 이행
의 문제는 일차적으로 노동조합의 발전을 어떻게 이뤄낼 것
인가 하는 문제다.

   여기에서 노동조합운동이 현재까지 이뤄낸 긍정적 성취
와 발전의 단계에 대해 상세히 기술할 수는 없다. 노동조합

운동은 다수의 주도적 산업, 특히 전략적으로 가장 중요한 산업에서 육체노동자를, 실제로 파업 방해자로 드러난 이들까지 조직할 정도로 조합원 수를 늘려왔다. 650만, 아니 어쩌면 거의 700만 명 이상의 조합원이 있으며, 여기에는 여전히 상대적으로 소수이지만 점차 늘고 있는 비육체노동자의 일부와 함께 육체노동자의 가장 중요한 요소들이 거의 망라되어 있다. 특히 비육체노동자들 사이에서 노동자의 새로운 집단들이 빠른 속도로 조직되고 있으며, '사무직 노동자the black-coated'[65]는 투쟁에서 육체노동자와 한 편에 서는 것이 유리함을 점차 깨닫고 있다. 게다가 노동조합은 단체교섭을 통해 산업에 대한 소극적 통제를 쟁취했으며, 그중에서도 전략적으로 가장 중요하게는 자본주의 시스템을 정지시키는 수준까지는 아니어도 의지만 있다면 어쨌든 자본주의가 작동하고 생존하기 쉽지 않게 만들 수는 있는 수준으로 급성장하는 중이다.

하지만 노동조합운동은 이렇게 강력해진 만큼이나 여전히 심각한 약점을 보이고 있다. 여전히 일관된 노동조합 조직 계획이 없으며, 운동 전체 혹은 운동 내 주도적 부문에 의해 채택된 사려 깊은 정책이 없다. 노동조합들은 온갖 종류의 문제들에 대해 서로 격렬하게 언쟁하지만, 가장 심각하게 충돌하는 사안은 조합원 자격과 조직 구획이며, 고용주와 분쟁할 경우에 노동조합 프로그램에서 자주 보이는 가장 뚜렷한 특징은 건설적 제안과 요구의 결여다. 노동조합들은 문자 그대로 무엇을 요구해야 할지 모르고 있으며, 대개가 모호한 열망을 즉각 실행될 수 있는 실질적이고 명확한 제안으로 옮기는 법을 아직껏 배우지 못했다.

따라서 노동조합운동이 의미 있게 더욱 전진할 수 있도록 자신을 재정비하려면 적어도 네 가지 측면에서 근본적 재편이 필요하다. 특히나 오늘의 노동조합을 내일의 길드의 토대로 만드는 방향으로 전진하려면 이런 재편이 반드시 필요하다. 첫째, 비육체노동자의 포용뿐만 아니라 산업 운영에서 노동조합이 차지하는 독특한 위상에 대한 명확한 공식적 인정을 통해 조합원 기반을 크게 확장해야 한다. 둘째, 노동조합운동은 조직 기준을 합의해야 하며, 서로 의심하고 자주 갈등하는 단위들의 패거리에서 벗어나 합리적으로 조직된 기관으로 바뀌어야 하는데, 그러려면 주로 '산업별' 조직 형태를 따라야 하고 조직 노동자 전체를 효과적인 지휘를 받는 단일한 세력으로 단결시켜 공동 관심사들에 대해 실질적으로 공조할 수 있게 해야 한다. 셋째, 작업장이나 그에 상응하는 현장을 상급 단위 운영의 기초가 되어야 할 핵심적 조직 토대로 인정함으로써 노동조합의 내부 운영을 민주화할 필요가 있다. 그리고 넷째로 노동조합운동에는 선명하고 확실한 정책이 필요하며, 이런 정책은 근본 원칙 측면에서는 모든 노동자에게 동일해야 하지만 각 산업과 집단의 성격과 환경에 따라서는 커다란 차이를 인정하는 것이어야 한다. 더 나아가 이런 정책에는 두 가지 측면이 공존해야 한다. 이는 산업별 협상에서 사용자에게 제시될 올바른 요구를 보여줘야 하며, 동시에 국가에 대해서도 단지 직접적 고용주라는 측면에서뿐만 아니라 노동 진영과 얼굴을 맞대는 모든 다양한 측면에서 노동자가 취할 태도의 선명한 지침을 제공해야 한다.

이러한 노동조합 재편의 네 측면은 서로 매우 긴밀히 얽혀 있으며, 실현 과정에서 많은 부분 상호 의존적이다. 하지만 다른 세 측면이 의존하는 것은 주로 마지막 측면, 즉 정책의 문제다. 왜냐하면 육체노동자와 두뇌노동자의 굳건한 단결과 노동조합 내부 재편을 가로막는 장애물을 극복할 수 있게 만들 만큼 강력한 유일한 힘은 선명히 자각된 목표가 존재하는 데에서 나오며, 이 목표가 실현되려면 앞에서 말한 구조, 운영, 태도의 변화에 바탕을 둔 정책이 필요하기 때문이다. 예를 들어 노동조합 '참모부'와 같은 기제를 창설하기는 상대적으로 쉽다. 하지만 그 작동 목적에 대한 선명한 구상이 없다면 이를 작동시키기는 창설하기보다 훨씬 더 어려울 것이다. '커다란 하나의 노동조합One Big Union'이나 '산업별 노동조합'의 이상적 계획을 설계하는 것은 쉽다. 하지만 이런 계획을 실행에 옮기기 위해 필요한 추진력은, 직업별 노동조합으로는 산업의 실질적 통제를 달성할 수 없으며 '산업별 노동조합'이나 '커다란 하나의 노동조합'의 부문들도 서로 언쟁을 벌일 수 있을 뿐만 아니라 배후의 정신과 목적이 부재한 단순한 조직 형태만으로는 아무것도 아님을 깨달을 때에만 생겨날 것이다.

내가 언급한 첫째에서 셋째까지 항목을 중심으로 노동조합에 필요한 변화의 성격에 대해 충분히 설명하자면 비교적 짧은 하나의 장으로는 부족하고 책 한 권이 필요할 것이며, 그래서 여기에서 이런 불가능한 임무를 시도하지는 않을 것이다. 이 문제는 많은 부분에서 각 산업마다 그에 맞게 풀어나가야 하지만, 이와 관련된 일반 원칙을 설명하려고만 해도 이 책의 주제에서 너무 멀어지게 될 것이다.66 따라서 나는 다음을 지적하는 데 만족해야 하겠다. 노동조합이 길드의 토대가 되려면, (1) 노동조합은 육체노동자든 두뇌노동자든 각 산업에 필요한 모든 노동자를 포괄하도록, 더 나아가 각 노동조합 내에서 노동자의 다양한 계층 및 부문의 서로 다른 기능이 인정되도록 분명하게 산업별 노선에 따라 조직되어야 한다. (2) 미래의 길드 안에서 노동자의 산업 의식의 자연스러운 단위—공장이나 작업장 혹은 그에 상응하는 현장—에 바탕을 둔 민주주의가 필요하다면, 이런 종류의 민주주의는 오늘날의 노동조합에도 반드시 필요하다.

하지만 이 장의 나머지 부분에서는 노동조합운동의 내부 문제에 대한 고민이 아니라 노동조합이 이 책에 기술된 길드 사회주의 사회의 수립을 향해 첫 발자국을 떼길 바랄 경우에 채택해야 할 정책에 전념하고 싶다. 앞 장에서 이 정책은 '자본주의 아래에서' 혹은 '혁명 전에' 등등으로 다양하게 표현되는 조건에서 전개되는 노동계급 활동과 관련하여 잠식encroachment 정책이라 간략히 규정되었다.[67]

'통제를 잠식하는encroaching control' 것을 통해 뜻하고자 하는 바는 기능과 권리를 소유계급의 지명자로부터 노동계급의 대표자로 지속적으로 이전함으로써 소유계급이 현재 행사하는 경제 권력을 이들의 수중에서 조금씩 압수하길 지향하는 정책이다. 이는 '통제를 잠식'하는 것과 때로 혼동되는 '공동 통제joint control'와는 같지 않다. 왜냐하면 '공동 통제'는 고용주와 노동자가 협조해 특정한 기능을 함께 통제하는 것이 목표인 반면 '통제를 잠식'하는 것은 특정한 권한을 고용주의 수중으로부터 인수해 조직된 노동자에게 완전히 이전하는 것이 목표이기 때문이다. 아주 단순한 사례를 통해 이 근본적 차이를 명확히 보여주겠다. '공동 통제'에는 고용주와 노동자가 함께 참여하는 노사공동위원회joint works committee가 수반된다. 반면에 '통제를 잠식'하는 것에는 고용주의 인정이 필요하기는 하지만 고용주나 그의 이해관계를 대변할 어떤 대표자도 참가가 허용되지 않는 노동조합 직장위원[68] 위원회Trade Union shop stewards' committee가 따른다. 물론 후자라고 해서 고용주와 항상 분쟁할 필요는 없지만,

고용주에 대해 엄격히 독립을 유지해야 한다. 실로 '휘틀리주의Whitleyism'[69] 혹은 '공동 통제'와 길드 사회주의 정책 혹은 '통제를 잠식'하는 것 사이에는 의존과 독립이라는 커다란 차이가 있다. 게다가 직장위원 위원회가 노동조합의 불가결한 일부가 되어야 하고 스스로를 특정한 공장 안에서 공장 밖 광범한 노동계급운동을 대변하는 대표자로 바라봐야 한다는 점이 매우 중요하다.

적어도 사적 고용주를 다루면서 노동조합이 취해야 할 올바른 경로는 노동조합이 인수하여 외부 도움 없이도 충분히 실행할 수 있다고 여겨지는 기능을 가능한 한 고용주로부터 압수·탈취하려고 노력하는 것이다. 이러한 기능은 중대한 것일 수도 있고 사소한 것일 수도 있지만, 이렇게 권한을 배타적으로 인수하는 모든 사례는 그야말로 훌륭한 성취이며, 생산자와 소비자의 대표자가 자본가 권력을 완전히 인수함을 뜻하는 산업 자치를 향해 노동자가 진정한 한 걸음을 내딛게 만든다. 물론 어떤 기능이든 노동자를 자본주의 시스템에 얽어매는 조건(이윤 공유제 같은)에 따라 인수될 경우에는 이러한 성취라 할 수 없을 것이다. 따라서 통제권을 인수할 경우에 이는 본질적으로 배타적인 통제여야 할 뿐만 아니라 노동자를 결코 자본주의 질서에 얽매이게 하지 않으면서 더 많은 권한을 인수하는 방향으로 나아가도록 돕기 위한 것이어야 한다는 점을 덧붙여 강조해야 하겠다.

물론 산업 정책의 지도 원칙은 복수의 산업이 존재하고 서로 다른 여러 경제 환경이 존재하는 한 매우 다양한 방식으로 입안되어야 한다. 여기에서 나는 더욱 자명한 적용 사례 가운데 몇 가지만을 언급할 수 있겠다. 첫째, 노동조합이 작업장에 바탕을 둔 재편을 필요로 하는 것과 마찬가지로 작업장은 분명히 노동조합의 가장 자연스러운 첫 번째 공략 지점이 된다. 왜냐하면 노동자가 그들의 힘을 가장 쉽게 집중할 수 있고 긍정적 기능을 인수할 수 있는 곳이 작업장이기 때문이며, 바로 그곳에 자본주의의 최후 거점까지는 아니어도 어쨌든 가장 중요한 최전선이 있기 때문이다. 따라서 작업장에서 노동조합이 세운 계획에 따라 활동하는 조직 노동자는 주로 두 가지 서로 긴밀히 연관된 수단을 통해 가능한 한 모든 권력을 장악하는 것을 목표로 삼아야 한다. 첫째로 작업장 감독, 반장 등을 지명하는 권한을 고용주에게서 인수하여 노동자로 이전함으로써 현장 규율을 더는 바깥으로부터 가해지는 강요가 아니라 집단 전체의 자기 관리로 만들어야 한다. 둘째로 고용주가 각 노동자와 개인적 관계를 맺으며 고용주의 대표자들을 통해 노동자를 개별적으로 고용하고 해고하며 보수를 지불하는 현 상태를 가능한 한 사업장의 모든 노동자가 고용주와 집단적 관계를 맺는 것으로 바꿔야 한다. 그렇게 되면 장래에는 필요 노동이 노동조합에 의해 공급되고, '고용과 해고'에 대한 노동자의 집단적 관리가 고용주의 그것을 대체하며, 가능한 경우에는 사업장의 산출 전체에 대해 고용주와 단체협약을 맺고, 노동자 편에서도 자체 노동조합 규정에 따라 작업을 배분하며 이미 지급받은 급여를 나눠 갖게 된다.

이 정책 전반은 단체협약이라는 이름으로 알려져 있다. 길드인은 단체협약이 모든 산업과 조건에 동등하게 적용될 수 있는 양 가장하지 않으며, 주로 높은 수준의 기술이 사용되는 산업에 존재하는 조건이 단체협약의 토대가 되어왔음을 인정한다. 하지만 길드인은 단체협약이 모든 '공장'형 산업에 상당한 정도로 적용될 수 있다는 입장이며, 거의 모든 유형의 노동자가 단체협약에 대한 제안 중 하나 이상을 해당 유형에 적용할 수 있다고 주장한다. 아무튼 노동자의 여러 유형 가운데, 자신들의 감독을 선출할 권리, '고용과 해고'에 대한 일정한 통제를 행사할 권리, 많은 측면에서 회사에 대한 노동자의 개인적 관계를 하나의 노동조합 집단으로 움직이는 모든 피고용 노동자의 집단적 관계로 대체할 권리 등을 요청할 수 없는 경우란 없다.

또한 모든 산업에서 너무나 당연한 현실 개선책으로서, 실업자가 다양한 산업과 서비스의 '노동 예비군'을 이루는 상황에 맞서 노동조합이 운영하는 '산업 유지industrial mainte-nance' 원칙을 수립하여 완전한 실업뿐만 아니라 '임시 해고standing off'와 '단시간' 형태의 불완전고용까지 해결하자고 노동조합이 직접 주장해야 한다. 달리 말해, 실업자가 통상적인 생활수준을 유지할 수 있게 하려면 다양한 산업에 합당한 책임을 물릴 수 있게 인정받아야 한다. 그리고 임금노예제의 '지울 수 없는 낙인' 중 하나인 단속적 고용의 불안정성은 마땅히 제거되어야 한다. 이런 변화에 대한 선동은 노동조합 진영에서 이미 상당한 반향을 얻고 있으며, '산업 유지' 원칙의 수립은 분명히 임금노예제 폐지와 길드 사회주의 수립으로 나아가는 한 걸음이 될 것이다.[70]

최근 건설 산업 노동자는 산업 자체의 특별한 위상과 성격 덕분에 대다수 다른 서비스에 종사하는 노동자가 현재까지 이뤄낸 것보다 훨씬 더 앞서 나아갈 수 있었다. 심각한 주택 부족 때문에 건설 산업은 새로운 실험을 펼치기에 특별히 유리한 위치에 있으며, 게다가 산업의 성격상 다른 요소들에 대한 '고정자본' 요소의 상대적 비중이 다른 대규모 산업에 비해 훨씬 작다. 급여, 원료, 비교적 크지 않은 규모의 설비를 위한 유동자본이 확보될 수 있다면, 거의 고정자본 없이도 노동계급 주택을 건설하는 대규모 공사를 진행할 수 있다. 맨체스터의 건설 숙련공들은 홉슨S. G. Hobson 씨[71]의 지도를 받으며 이 기회를 십분 활용해 건설 길드와 길드 위원회를 실제 건설하는 데 착수할 수 있었으며, 다른 도시의 건설 숙련공들 역시 재빨리 그 뒤를 잇고 있다. 건설 길드 및 길드 위원회는 필요 노동력에 대한 지휘를 통해 지방자치단체가 직접 발주한 주택 건설 사업을 수행할 수 있을 것이며, 이에 따라 건설업 고용주와 그의 이윤 추구를 모두 폐지할 수 있을 것이고, 동시에 길드 조합원들의 동지 의식이 지속되는 한 길드가 조합원들의 생활수준을 지켜줄 수 있을 것이다. 이 실험이 그에 값하는 커다란 실질적 성공을 이뤄낼 수 있을지를 판단하기에는 아직 섣부르다. 왜냐하면 이 실험은 건축 청부업자뿐만 아니라 여전히 주로 자본주의 관점에 지배받을 수밖에 없는 대다수 지방자치단체와 관료기구의 강력한 적개심에 맞서 싸워야 하기 때문이다. 이 실험이 이런 장애물조차 극복함으로써 자본주의 시스템이 여전히 존재하는 상황에서도 거대 산업의 일부가 산업 자치의 조건 아래에서 이윤 없이 운영되는 생생한 모델을 제공할 것이라고 기대할 이유가 분명히 있다. 어떤 결과가 나타나든 이러한 선례의 영향력은 사라지지 않을 것이며, 다른 노동자들은 산업민주주의의 이러한 용기 있는 선구적 실험에서 교훈을 얻을 수 있을 것이다.

물론 설령 건설 길드가 성공하더라도, 산업과 정치 모두에서 적대적인 자본주의 환경에 포위된 상황에서 실제로 건설 길드가 길드 사회주의자들이 세우길 열망하는 그런 '길드'가 될 수 있다고 주장하는 이는 아무도 없다. 건설 길드 실험은 기껏해야 길드의 생명력이 빠진 그 예고편이 될 수 있을 뿐이며, 자본주의와 힘겹게 투쟁하는 과정에서 어쩔 수 없이 일정한 타협에 이르게 될 것이다. 그러나 그들이 내세우는 핵심 원칙은 뚜렷하다. 그들은 통상의 상업 원리에 따라 사고 팔 수 있는 상품으로서 인간의 노동을 다루길 거부하며, 그래서 병상에 있든 건강하든, 작업 중이든 아니든, 모든 조합원의 생활수준이 충분히 유지되어야 한다고 요구한다. 그들은 이윤 창출을 거부하며, 그래서 조합원들의 생활수준 유지비를 건설 비용 안에 정당한 한 요소로 합산해야 한다고 요구한다. 그들은 바깥으로부터 그리고 위로부터 가하는 통제를 수용하길 거부하며, 자치의 원칙, 즉 육체노동자든 두뇌노동자든 마땅히 서로 손을 맞잡아야 할 모든 계층의 노동자의 봉사를 위한 자유로운 연합의 원칙에 바탕을 둔다. 이는 길드의 핵심 특징이며, 건설 길드는 매우 현실적인 어려움 속에서 길드 구상에 구체적인 형태를 부여하려는 최초의 시도다.

그러나 여기에서 다음 같은 의문이 제기될 수 있다. 어느 누구의 소유를 직접 수용收用하지 않고 폭력적 봉기도 없이 이렇게 간단하고 평화로운 방식으로 길드를 건설하는 길이 있다면 다른 산업의 노동자들은 왜 건설 노동자 사례를 따름으로써 사회혁명이나 계급 전쟁의 요청을 모두 피하지 못한다는 말인가? 그럴 수 없는 단순하면서 명확한 두 가지 이유가 있다. 첫째로, 막대한 작업을 수행하면서도 고정자본이 사실상 필요하지 않은 산업은 건설 산업밖에 없다. 대다수 산업은 비용이 많이 투입되는 공장에서, 개발에 막대한 돈이 투입되는 광산에서, 소유자의 이윤 추구에서 벗어난 생산을 시작할 수 있으려면 노동자의 소유물로 전환되어야만 하는 사적 소유 작업장에서 이뤄진다. 물론 건설업자에게도 작업장이 있는 경우가 많고 대형 구조물을 다루는 작업에는 고정자본도 필요하다. 하지만 설비 및 자재 비용을 지급해야 하는 처지라 공사 기간 중에 의뢰인이 구매 대금을 치르는 경우에는 실제로 고정자본 없이도 보통의 주택 건설쯤은 충분히 가능하다. 이것이 보통의 건설업자가 건물을 세우는 방식이지만, 보통의 광산주나 기계 산업72 기업은 이런 생산방식을 취할 수 없다. 둘째로, 건설 숙련공들은 자신들의 제안이 채택되리라 기대할 여지가 얼마쯤은 있는데, 그 주된 이유는 커다란 금융적 유인과 계속 개정되는 주거법Housing Act에도 불구하고 사적이든 국가 소유이든 모든 '기업'이 인민에게 필요한 주택을 공급하지 못하는 게 너무도 명백하다는 데 있다. 따라서 주택에 대한 요구는 큰데 예산은 빠듯한 지역의 지방자치단체는 적어도 지역사회 안에 당국이 '똑바로' 처신하게 만드는 조직된 여론이 존재하는 한 현 상황에서 건설 길드의 제안을 거부하기 쉽지 않을 것이다.

다른 산업들에서 노동자에게 열린 전망은 매우 다르다. 예를 들어 모든 광산은 사적 소유 형태이기 때문에 광산 노동자들은 광원 길드의 설립을 향해 실질적인 첫 발자국을 내딛고자 할 경우에 현재의 고용주를 떠나 자신들이 직접 소유한 광산에서 일을 시작할 수 없다. 광원들은 공적 소유를 요구해야 하는데, 이는 그들이 국가의 광산 운영을 원하기 때문이 아니라 이것이 광산주를 제거하고 적어도 광원 길드 설립으로 나아가는 길을 여는 유일한 방법이기 때문이다. 그들은 국가의 광산 관리가 소비자와 광원 모두에게 비효율적이며 나쁠 것임을 잘 안다. 그래서 그들은 공적 소유 요구와 민주적 통제 요구를 함께 내놓는다. 하지만 공적 소유 아래에서라도 관료와 자본가의 반대에 직면할 경우에는 광원 길드로 즉각 나아가길 기대하기 힘들다. 그래서 광원들은 국가와 노동자의 공동 통제 방안을 제시해야 하며, 이는 적어도 광원 길드로 나아가는 한 발자국이 될 수 있다. 광산주와 함께 하는 공동 통제와는 달리 국가와 노동자의 공동 통제에서는 이것이 가능한데, 왜냐하면 공적 소유 아래에서는 국가가 아무리 자본주의적이라도 최소한 해당 산업에서 직접적으로 사적 이윤을 추구하지는 못하게 될 것이기 때문이다.

소속 산업의 '국유화'를 요구하는 다른 노동자의 경우도 광산 노동자의 처지와 거의 같다. 그들이 국유화를 요구하는 것은 국가의 산업 관리를 원하거나 신뢰해서가 아니라 사적 소유주를 치워버림으로써 길드 혹은 노동자 통제로 가는 길을 열기 위해서다.

물론 자본주의 아래에서 이뤄지는 국유화는 실제로는 사

적 소유를 폐지하는 것이 아니라 사적 소유의 청구권을 이윤에 대한 가변적 청구에서 국가 자원 전체에 대한 고정적 청구로 바꿀 뿐이다. 하지만 이는 국유화된 산업에서 합리적인 통제 형태가 채택될 수 있게 만든다는 점에서 장점이 있다. 게다가 자본가를 누가 봐도 기능이 없는 주주 혹은 금리소득자로 격하시킴으로써 청구권까지 철폐하는 후속 조치를 훨씬 쉽게 추진할 수 있게 만들어 현재 부당한 착복의 근거가 되는 사회적 봉사에 대한 외관상의 관계조차 종식시킨다는 점에서도 장점이 있다. 만약 노동자가 핵심 산업에서 광원들이 요구하는 바, 즉 공적 소유를 최소한 절반 이상의 노동자 통제권과 함께 실현할 수 있다면, 자본주의 시스템에 맹공격을 이어갈 노동자의 전략적 위치position[73]를 크게 강화하면서 동시에 자본주의에서 부가 아니라 오히려 경제적 기능과 권한, 즉 장기적으로 부를 보유하는 데 관건이 되는 것들을 박탈함으로써 자본주의를 약화시키게 될 것이다.

간단히 말해 조직 노동자의 참된 목표이자 노동조합 정책의 기본 방향은 단지 자본가의 자산을 수용하는 것만이 아니라 자본가의 경제적·사회적 권력이 작동하는 모든 영역에서 그들의 경제적 기능을 끝내고 노동자가 그들을 대체하는 것이어야 한다. 왜냐하면 노동자는 이렇게 사회적·경제적 기능을 쟁취하고 인수함으로써만 국민 소득의 공평한 분배와 사회 전체의 합리적인 재편이 가능하게 만들 수 있기 때문이다. 길드 사회주의의 핵심적 방법은 산업이나 상업에 존재하는, 아니면 재창조를 하든 파괴를 하든 어쨌든 접수해야 하는 정부 기능 안에 존재하는 모든 전략적 위치에서 노동자가 자본가를 대체하는 것이다.

제12장

국제적 조망

길드 사회주의의 이론과 정책에 대한 이 개설서의 마지막 대목에서 한 가지 물음이 제기되지 않을 수 없다. 내가 소묘한 이론과 정책은 영국에서 발전해왔으며, 영국 상황과 직접적으로 관련되어 있다. 그러면 이 이론과 정책은 더욱 일반적으로 적용될 수 있는가, 아니면 그럴 수 없는가? 달리 말하면, 길드 사회주의는 예컨대 사회주의 자체가 주장하는 것만큼, 혹은 길드 시스템이 중세에 그랬던 것만큼 타당성을 갖췄다고 자부하는 계획으로 제시된 것인가?

　이 물음에 '네'나 '아니오'로 답하기는 쉽지 않다. 길드 사회주의는 모든 영어 사용 국민들 사이에서 광범하면서 매우 비슷한 호소력을 보이는 경향이 있는데, 미국, 오스트레일리아 그리고 남아프리카에서도 영국에 못지않은 관심을 끌고 있다. 또한 매우 다른 발전 단계를 보이는 유럽 대륙의 다양한 나라들에 존재하는 운동들과 길드 사회주의 사이에도 밀접한 유사성이 있다. 하지만 이 경우에는 차이가 훨씬 더 두

드러지며, 이들 나라 노동자들은 길드 사회주의 사상을 직접 수용하기보다는 전혀 다른 지적 여정의 결과로서 비슷한 결론에 도달하는 경향이 더 강하다. 영어 사용 국가들에서도 길드 사회주의가 채택될 경우 이는 일부는 물적 조건의 차이 때문에, 그리고 일부는 기질과 전통의 국민적 차이 때문에 이 책의 이론과는 상당히 달라질 것이 거의 틀림없다.

이는 필연이다. 길드 사회주의자는 어떤 두 길드든 혹은 한 길드의 어떤 두 지부든 동일하길 바라지 않는 것과 꼭 마찬가지로 모든 나라가 단일한 시스템 아래에서 경직되게 조직되길 바라지 않는다. 길드 사회주의자는 영국의 전통과 기질에서 가능한 것을 중심으로 계획을 짰으며, 따라서 각 나라가 고유한 노선에 따라 자국을 위한 사회적 구제 방안을 수립해야 함을 십분 인정한다. 그러나 거의 보편적이라 할 난점에 대한 해법을 제시한다는 점에서 길드 사회주의자는 길드 사회주의의 근거가 되는 핵심 원칙이 이러한 난점이 존재하는 곳 어디에서든 의미를 지닌다고 믿는다. 이러한 원칙은 서로 매우 다른 형태의 사회구조들이 발 딛고 선 토대를 충분히 인정하며, 길드 사회주의자는 심지어 자기 나라에 대해서라 할지라도 전방위적 최선책을 만들어냈다고 자만할 만큼 어리석지 않다. 원칙은 전통과 상황에 맞춰 수많은 다양한 방식으로 응용되거나 아니면 큰 폭의 수정을 거쳐야 하는 법이다.

세계가 평화를 누리려면, 아니 단순한 평화가 아니라 진정한 우애와 협력의 국제 관계를 맺으려면, 세계 안에 존재하는 다양한 사회 시스템들이 풍부한 국민적 특성을 유지하면서도 참으로 진심 어린 공동 행동을 기꺼이 받아들이는 데 바탕이 되는 원칙에 대해 충분히 동질적인 입장을 취해야 한다. 진짜 민주국가와 진짜 독재국가 사이에는 상품과 의견의 상호 교환이 어느 정도이든 참된 협력이 있을 수 없다. 길드 사회주의 사회는 만국이 다 길드 사회주의는 아니더라도 이런저런 형태로 자유에 기여하는 사회구조를 지닌 공동체들이 주축을 이루는 세계에서 생존해야 할 텐데, 이런 상황에서 이 사실은 길드 사회주의 사회의 안보와 최선의 작동에 참으로 중요하다. 나라들 사이의 관계가 너무나 긴밀해질 수밖에 없는 탓에 한 나라의 악이 어떤 측면에서든 다른 나라들로 전파되지 않을 수 없는 오늘날, 이는 더욱 절실하게 다가온다. 그래서 길드 사회주의자는 자유로운 사회들로 이뤄진 세계를 고대하며, 오직 이러한 환경 안에서만 길드 사회주의를 완전히 수립할 수 있음을 늘 염두에 둔다.

이런 이유에서 길드 사회주의자에게는 다른 나라 노동계급 사이에서 발전하고 있는 경향이 무엇인지가 가장 중요한 문제 가운데 하나가 된다. 어떤 나라를 살펴보든 길드 사회주의자는 답을 기다리는 유사한 문제만을 발견하는 게 아니라, 적어도 노동자들 사이에서 일렁이는 비슷한 본능을, 그리고 많은 경우 이런 분위기 속에서 주목받는 길드 사회주의와 유사한 이론들을 발견하려는 열의에 불탄다. 당연하게도 길드 사회주의자는 자본주의 기관들과 언론인들의 지속적인 사실 왜곡과 '방역 저지선'74이 허용하는 한도 안에서 러시아 내부 상황을 열성적으로 주시했다. 물론 길드 사회주의자는 현재 러시아의 산업 운영이 거의 전적으로 내전의 곤경에 의해 좌우된다는 사실을 잘 알고 있으며, 현 상황에서 깔끔하게 설계된 민주적 산업 시스템의 발전을 기대한다면 이는 말도 안 되는 일일 것이다. 또한 러시아 공산주의자들이 제대로 교육받지 못하고 최근에야 해방된 러시아 노동자들 사이에서 당장 민주적 자치를 고취하려고 시도하기보다는 어쩔 수 없이 자국 혁명의 안보를 더 중시한다는 사실도 잘 안다. 길드 사회주의자는 현재의 조건 아래에서는 민주주의보다 더 손쉬운 수단으로서 '노동계급의 철의 규율'에 의지하고픈 유혹이 있음을 이해한다. 하지만 이런 좋지 않은 상황이 연합국의 군사적 모험과 방역 저지선에 의해 불가피하게 조성된 혁명의 단지 일시적인 국면일 수 있다는 점 또한 잘 알고 있다. 그렇다 하더라도 길드 사회주의자는 소비에트의 명목상의 '국가주권'에도 불구하고 러시아에서는 실제로 경제적 권한과 기능이 주로 국가경제최고평의회Supreme Council of National Economy75가 조정하는 상당히 독자적인 경제 기관들의 수중으로 이양되었으며, 국가경제최고평의회는 하급 기관들과 마찬가지로 노동조합 대표자들을 중심으로 구성된다는 사실을 안다. 길드 사회주의자는 노동조합이 '국가 조직'이 되었다고 말하면서 레닌이 뜻한 바가 노동조합이 하위 기관이 되어 국가 지령을 집행하는 단순한 수단이 되었다는 게 아니라 사회의 헌법적 구성 요소로 인정받기 시작했으며 산업의 생산과정을 지휘하는 과업에서 상당한 정도로 적절한 기능적 지위를 맡게 되었다는 것이라는 사실 역시 알고 있다. 또한 이른바 생활협동조합의 '국유화' 역시 협동조합의 권한이 파괴되거나 소비에트로 흡수된 것이라기보다는 전체 소비자의 대표자로서 헌법상의 인정을 받은 데 따른 재편으로 보이며 이에 따라 길드 사회주의자가 미래에 협동조합운동의 과업으로 부여한 바와 매우 유사한 기능을 수행하고 있다는 사실도 알고 있다.

사회주의, 아니 정확히 말해 볼셰비즘이 젊은이들을 대규모로 빨아들인 내전의 압박 아래에서 당장은 길드 사회주의 사상과 전혀 화합할 수 없는 뚜렷한 관료화 경향을 보인다는 것은 틀림없는 사실이다. 하지만 가장 믿을 만한 논평가들은 레닌이 일단 내전의 곤경이 가하는 압박이 사라지면 경제적 기능에 관한 한 '국가와 유사해진' 소비에트와 관료제가 축소되고 노동조합과 소비자 조직이 경제 영역을 장악하게 될 것이라는 입장을 견지했다는 데 생각과 의견을 같이한다. 이런 시스템이라면 길드 사회주의와 거리가 너무 멀어져 긴밀한 국제 관계를 맺기 힘들 정도가 되지는 않을 것이다.

현재 유럽의 모든 나라에서는 '소비에트 시스템과 프롤레타리아 독재'를 주창하는 '좌익'의 외침이 커지고 있다. 이 외침은 실은 조속한 사회혁명을 바라는 노동자들의 외침에 다름 아니다. 그러나 이는 어느 나라에서든 산업상의 자유와 자치를 바라는 외침과, 비록 깔끔히 정리된 채로는 아니어도 분명히 뒤섞여 있다. 이 외침은 독일에서 많은 부분 공산당의 요구와 서로 얽힌 채로 울려 퍼지고 있으며, 이에 선수를 치려는 시도가 독일의 절반쯤 자본주의적인 '사회화' 계획에서 중요한 역할을 하고 있는데, 이 계획은 영국 정부가 광산과 철도에 대한 방안에서 표명한 '휘틀리주의'의 독일판이다. 곳곳에서 노동자들은 국가에 대한 권력을 확보하기 위해 조직화에 나설 뿐만 아니라, 공식 이론에서 경시되는 것과는 상관없이 산업 영역의 자치를 보장하라는 단도직입적인 요구를 제기하고 있다.

우리가 대략이나마 살펴봐야만 하는 다른 두 사례는 프랑스와 미국이다. 프랑스는 아나키스트 공산주의와 노동조합 운동의 혼합물인 '생디칼리슴'의 본고장이며, 길드 사회주의자들은 운동의 태동기에 생디칼리슴에서 배운 바가 많다. 전쟁 전에 생디칼리슴의 충동은 아주 광범하게 확산되었으며, 비록 라틴계 국가들 바깥에서는 조직된 운동으로 뿌리내리지 못했더라도 십여 년 전의 산업적 각성에서 중요한 요소중 하나였다. 생디칼리슴이 해외에서 최대의 영향력을 미치던 그때에 막상 프랑스 안에서는 이 사상이 기력을 소진한 것처럼 보이기도 했다. 하지만 최근에 생디칼리슴의 충동이 여전히 풍족한 결실을 낳을 수 있음이 드러났으며, 현 시대의 변화된 조건 아래에서 새로운 형태를 갖추는 중이다. 노동자경제평의회Economic Council of Labor로 단결한 프랑스의 육체 노동자 및 두뇌 노동자가 현재 주창하는 정식은 '산업화된 국유화industrialized nationalization'인데, 이는 생산자와 소비자의 대표자들이 공동 통제하는 시스템이 산업의 공적 소유와 함께 실현되는 것을 뜻한다. 이 방안은 길드 사회주의는 아니다. 하지만 이는 각각 길드 사회주의 사상에 바탕을 두거나 새로운 프랑스 노동 정책에 바탕을 두게 될 두 공동체[76]의 협력을 용이하게 만들 뿐만 아니라 확고부동하게 만들어줄 만큼 길드 사회주의의 가까운 동맹군이다.

미국의 철도노동조합들American Railroad Brotherhoods[77]이 처음 입안하고 이후 광원과 그 밖의 미국 노동자 집단들이 채택한 '플럼 계획Plumb Plan'[78] 역시 길드 사회주의와 동일시될 수 없다.[79] 하지만 이 역시 최소한 길드 사회주의와 동일한 일부 핵심 원칙에 바탕을 두고 있다. 공적 소유와 민주적 산업 통제를 실현하려는 플럼 계획은 중요한 측면에서 영국의 계획[길드 사회주의]과 다른데, 특히 효율적인 서비스를 위해 물질적인 인센티브를 일부 수정된 형태로 유지한다는 점에서 그렇다. 나 자신은 이 특별 조항이 부적절한 데다 불필요하다고 믿지만, 그럼에도 '플럼 계획'이 이 책이 주창하는 제안 중 일부의 형제까지는 아니어도 가장 가까운 친척쯤은 됨을 인정한다.

프랑스와 미국의 경우는 매우 많은 사례들 가운데에서 골라낸 것에 불과하며, 이 나라 저 나라에서 사례들이 꾸준히 늘어나는 중이다.[80] 나는 현재 모든 산업국가들에서 노동자의 행동을 낳는 충동과 논리가 서로 비슷하기 때문에 각국 노동자가 자본주의 전복에 성공할 경우에 서로 쉽게 협력할 수 있을 만큼 유사한 사회 시스템들이 수립될 것이 틀림없다고 믿는다. 게다가 나는 이 모든 시스템들이 많은 부분 길드 사회주의자가 주창하는 핵심 원칙을 대부분 구현할 것이라고 확신하며, 이런 원칙을 실행할 실제 방법이 경우에 따라 얼마나 다양하게 나타날지는 별개의 문제라고 생각한다. 따라서 나는 길드 사회주의 공동체가 적대국들에 포위되거나, 길드 사회주의 공동체와 타국 사이의 국제무역에 존재하리라 예상되는 난점에 의해 커다란 혼란에 빠질 것이라는 악몽에 시달리지 않는다. 나는 길드 사회주의 공동체와 자본주의 국가 사이의 통상 관계에서조차 극복 불가능한 난점이란 없다고 본다. 또한 나는 모든 나라에서 자본주의의 폐허를 박차고 자유로운 사회들이 솟아나리라 믿는데, 이 자유 사회들 사이의 공동체 봉사의 교환에 토대를 둔 상호 교역에서도 난

점은 없을 것이라 생각한다. 물론 적대적인 세계에 홀로 존재하는 길드 사회주의 공동체라면 아마도 오늘날 소비에트 러시아가 겪고 있는 것과 똑같이 생존을 위해 투쟁해야 할 것임을 인정한다. 많은 이유들 가운데에서도 특히 이 점 때문에 길드인은 길드 사회주의 자체가 전 세계적인 운동이 되든 그렇지 못하든 상관없이 길드 사회주의의 성공뿐만 아니라 다른 나라에 존재하는, 비슷한 충동과 사상에 바탕을 둔 유사한 운동들의 성공에도 관심을 기울여야 함을 잊지 말아야 한다. 모든 진실한 사회주의자들과 마찬가지로 길드 사회주의자는 국제주의자여야 하며, 따라서 자국의 사회 시스템에 관심을 기울일 뿐만 아니라 세계 사회를 자유롭고 내부적으로 자치를 실시하는 공동체들의 연방으로 개조하는 데도 관심을 기울여야 한다. 공동체들을 이런 [세계] 연방으로 묶는 끈은 공동의 공익적·경제적 관심, 공동의 사상의 긴밀한 연결이며, 어쩌면 무엇보다도 각 공동체 안에 존재하며 그것 없이는 각 공동체가 공허해지고 의미를 상실할 바로 그 특성과 독창성이야말로 이런 끈의 역할을 할 것이다.

기타 관련 도서 소개

길드 사회주의를 다루는 문헌은 이미 꽤 많이 나와 있다. 이 문제와 관련된 나의 저작 목록은 다음과 같다(본서는 제외).

《노동의 세계The World of Labour》

《전시의 노동Labour in War-time》

《산업 영역의 자치Self-government in Industry》

《노동조합운동 입문An Introduction to Trade Unionism》

《임금 지급The Payment of Wages》

《철도 노동조합운동Trade Unionism on the Railway》(R. 페이지 아넛Page Arnot과 공저)

《공화연방의 노동Labour in the Commonwealth》

《사회 이론Social Theory》

《산업 영역의 혼돈과 질서Chaos and Order in Industry》

《산업 영역에서 자유의 의미The Meaning of Industrial Freedom》(W. 멜러Mellor와 공저)

다른 저자들의 가장 중요한 저작으로는 다음 책들이 있다.

S. G. 홉슨Hobson, 《전국 길드National Guilds》(A. R. 어레이지Orage 편집),

《전시와 평시의 길드 원칙Guild Principles in War and Peace》,《전국 길드와 국가National Guilds and the State》

A. J. 펜티Penty,《길드 시스템의 복원The Restoration of the Guild System》,《새로운 세계의 답은 옛 세계에 있다Old Worlds for New》,《길드인의 역사 해석A Guildman's Interpretation of History》

M. B. 레킷Reckitt과 C. E. 베치호퍼Bechhofer,《전국 길드의 의미The Meaning of National Guilds》

버트런드 러셀Bertrand Russell,《자유로 가는 길Roads to Freedom》[《버트런드 러셀의 자유로 가는 길》, 장성주 옮김(함께읽는책, 2012)]

라미르스 드 매르투Ramirs De Maertu,《권위, 자유 그리고 기능Authority, Liberty and Function》

R. H. 토니Tawney,《탐욕사회의 질병The Sickness of an Acquisitive Society》[《탐욕사회와 기독교정신》, 정홍섭 옮김(좁쌀한알, 2021)]

A. R. 어레이지Orage,《경제학의 알파벳An Alphabet of Economics》

위 책들은 모두 전국길드연맹 회원들의 저작이다. 다음 책도 그렇다.
프랭크 호지스Frank Hodges,《광산 국유화Nationalization of the Mines》

적대적인 비판을 쏟아내는 책으로는 다음이 유일하다.
G. C. 필드Field,《길드 사회주의Guild Socialism》

하지만 다음 문헌들도 보라.
E. R. 피스Pease의《페이비언협회의 역사History of the Fabian Society》에 부록으로 실린 버나드 쇼Bernard Shaw의 길드 사회주의에 대한 에세이 〈길드 사회주의Guild Socialism〉

시드니 웹Sidney Webb과 비어트리스 웹Beatrice Webb,《대영 사회주의 공화연방을 위한 헌법안A Contribution for the Socialist Commonwealth of Great Britain》

이 주제를 다룬 팸플릿도 많이 나와 있다. 그중 대부분은 다음 주소의 전국길드연맹 사무실에서 입수할 수 있다. 39 Cursiter St., London, E.C. 4. 물론 길드 사회주의를 직접 다루지 않으면서도 길드 사회주의 사상과 매우 깊이 관련된 책들도 아주 많다. 그 가운데 몇 권만 아래에 적어보겠다.

윌리엄 모리스William Morris, 《변화의 신호Sings of Change》, 《예술에 대한 희망과 우려Hopes and Fears for Art》

힐레어 벨록Hilaire Belloc, 《노예제 국가The Servile State》[《노예국가: 자본주의 사회에서 노예로 산다는 것》, 성귀수 옮김(루아크, 2019)]

V. I. 레닌Lenin, 《국가와 혁명The State and Revolution》[《국가와 혁명: 마르크스주의 국가론과 혁명에서 프롤레타리아트의 임무》, 문성원·안규남 옮김(돌베개, 2015)]

R. W. 포스트게이트Postgate, 《볼셰비키 이론The Bolshevik Theory》

H. 라가르델Lagardelle, 《노동자 사회주의Le Socialisme Ouvrier》

P. 크로포트킨Kropotkin, 《상호부조Mutual Aid》[《만물은 서로 돕는다: 크로포트킨의 상호부조론》, 김영범 옮김(르네상스, 2005)]

위의 목록은 사회주의 고전 서지書誌로 무한정 길어질 수 있다. 더욱 명쾌한 전문서로는 다음 책들이 추가되어야 한다.

J. N. 피기스Figgis, 《현대 국가 안의 교회Church in the Modern State》

R. M. 매처Macher, 《공동체Community》

H. J. 라스키Laski, 《주권의 문제The Problem of Sovereignty》

《더 길즈맨The Guildsman》은 길드 사회주의 선전에 집중하는 월간지다.

《더 길즈맨》은 길드운동의 발전을 월 단위로 보고할 계획이다. 발행처는 전국길드연맹이며, 위에 소개한 주소지에서 길드 사회주의에 관한 팸플릿과 정보 일체를 입수할 수 있다.

길드 사회주의를
다시 말한다

1. 지금 왜 길드 사회주의인가?

오늘날 '사회주의'만큼 평가와 전망이 엇갈리는 말이 또 있을까? 유럽과는 달리 사회주의 세력이 오랫동안 정치 무대에서 배제되어온 미국에서는 요즘 사회주의가 뒤늦게 각광받고 있다. 2016년과 2020년 대통령 선거의 민주당 오픈 프라이머리에서 '민주적 사회주의자'라 자처하는 버니 샌더스Bernie Sanders 상원의원이 상당한 바람을 일으킨 뒤에 각종 여론조사에서 사회주의를 지지한다는 답변이 늘어나는 중이다. 특히 2008년 금융 위기 이후 더는 자본주의를 통한 생존과 자기실현을 믿지 못하게 된 젊은 세대 가운데에 사회주의에 우호적인 이들이 많다. 기후 위기와 불평등 위기라는 양대 위기는 오직 민주적 사회주의로써만 극복될 수 있다는 생각이 점점 더 많은 지지를 얻고 있다. 그것도 자본주의의 심장이라 할 나라에서 말이다.

그러나 정작 '사회주의' 국가를 자처하는 중국은 이를 저주받은 단어로 만들려고 작심한 것 같다. 중화인민공화국의 유일 집권당인 중국 공산당은 사회주의로 나아가는 우회로라는 논리를 대며 실제로는 적나라한 자본주의 체제를 운영하고 있다. 노동자 권리를 부르짖는 노동운동가나 이들과 연대하려는 대학생은 이른바 '사회주의' 정권에게 모진 탄압을 받는다. 20세기 국가사회주의의 유산인 일당 독재와 벌거벗은 자본주의가 결합된 최악의 혼종이라 할 만하다. 이런 체제가 '사회주의'라 불리는 한, 사회주의는 단지 자본주의의 자본 독재가 국가 독재로 대체된 체제쯤으로 이해되기 마련이다. 이런 상황에서는 '사회주의'가 바람직한 미래 대안을 가리키는 말로 다시 부상하기 쉽지 않다. 중국뿐만 아니라 북한과 마주하고 있는 대한민국에서는 이러한 현실이 더 무겁게 다가온다.

사회주의를 둘러싼 이 모순을 어떻게 바라봐야 할까? 사회주의는 정말 국가주의의 다른 표현일 뿐인가? 세상에는 자본주의와 국가주의라는 두 가지 선택지밖에는 남아 있지 않으며, 따라서 중국식 체제를 감수하지 않으려면 자본주의에 만족하는 수밖에 없는가? 그러나 사실 '사회주의'라는 말 자체가 이러한 양자택일을 거부한다는 단호한 입장을 함축한다. 애당초 자본주의에 맞서면서 '국가주의'라고 하지 않고 '사회주의'라고 한 것부터가 자본뿐만 아니라 국가에 대한 비판적 입장을 전제한 것이었다. 사회주의란 자본 독재도 아니고 국가 독재도 아닌, 사회의 자기 통치를 뜻했다.

물론 그럼에도 변혁 세력이 막강한 자본 권력에 맞서거나 이를 해체하자면 국가 권력에 개입하든가 아예 새로운 국가 권력의 집행자가 되지 않을 수 없었다. 그리고 그때마다 국가와 사회의 경계나 둘 사이의 관계는 지극히 난해하고 복잡한 문제가 되었다. 안타깝게도 19세기 말부터 최근까지 줄곧 사회주의운동 주류의 선택은 국가가 사회의 믿음직한 대리인임을 별로 의심하지 않거나 '혁명 국가'를 과도하게 신뢰하는 쪽이었다. 그리하여 20세기에는 개혁 진영이든 혁명 진영이든 대체로 국가사회주의라 분류할 수 있는 입장으로 기울었다. 오늘날 사회주의의 부정적 이미지를 대표하는 중국 체제는 이런 선택의 역사적 귀결 중 하나라 할 수 있으며, 국가사회주의의 온건한(혹은 문명화한) 버전이라 할 정통 사회민주주의도 미래 대안으로는 매력을 많이 잃은 처지다.

이러한 역사적 과정을 이미 겪고 난 뒤에 자본주의를 극복할 방도를 고민하려면, 사회주의 이념 · 운동 전반을 철저히 재검토할 수밖에 없다. 국가사회주의가 주종을 이뤘던 '장기 20세기'의 사회주의 경험들을 비판적으로 회고하고, 사회와 국가의 관계에 관해 더욱 역동적이고 복합적인 시각을 정립해야 한다. 동시에 사회주의 이념 · 운동의 역사 속에서 국가사회주의와 구별되는 비전을 제시한 흐름들을 발굴하고 복권해야 한다. 사회주의의 가장 큰 줄기였던 마르크스주의 안에서 생겨난 이단적 시도들을 되살려야 할 뿐만 아니라, 한국 사회에 제대로 소개되지 못한 비마르크스주의 성향의 다양한 사회주의 조류들 가운데에서 지금 우리에게 도움이 될 만한 자원을 찾아내야 한다.

그런데 이것은 21세기에 들어서 불쑥 등장한 과제는 아니다. 사회주의 이념·운동이 한창 청춘을 구가하던 지난 세기 초에도 벌써 비슷한 고민들이 있었다. 그런 고민이 담긴 저작 가운데 하나가 버트런드 러셀이 1918년에 쓴《자유로 가는 길》(장성주 옮김, 함께읽는책, 2012)이다. 설명이 더 필요 없는 철학의 거장 러셀은 정력적인 사회주의 운동가이기도 했다.《자유로 가는 길》은 그가 20세기 벽두의 여러 사회주의 사조들을 비교 검토한 소책자이며, 이 책의 주된 관심사 중 하나는 독일 사회민주당과 영국 페이비언협회로 대표되는 국가사회주의를 비판하면서 그 대안을 찾는 것이었다. 러셀은 아나키즘과 생디칼리슴을 차례차례 검토한 다음, 우리에게는 생소한 또 다른 흐름에서 대안의 실마리를 발견한다.

"길드 사회주의자들은 산업별 자치를 지향하며 국가 권력을 꾸준히 축소하려 하지만 국가 자체를 타도하는 것은 그들의 목표가 아니다. 나는 그들이 지지하는 체제야말로 이제껏 제시된 것들 가운데 가장 훌륭하다고, 또 순수한 아나키즘 지배

체제에서 우려되는 것과 달리 폭력에 끊임없이 호소하지 않고도 자유를 보장할 공산이 가장 크다고 믿는다."(《자유로 가는 길》, 122~123쪽)

러셀이 사회주의의 '사회'주의됨(그러니까 '국가'주의가 아니다)을 가장 적절히 보여준다고 판정한 사조는 바로 길드 사회주의였다. 그의 확신은 너무도 굳건하여 30년 뒤에 쓴 제3판 저자 서문에서도 "내가 지지하는 길드 사회주의는 여전히 존중할 만한 기획으로 보이며, 나는 그 학설이 다시금 인기를 끄는 모습을 볼 수 있기를 바란다"(위의 책, 15쪽)고 적었다. 도대체 길드 사회주의가 어떠한 미래 지향과 청사진을 제시했기에 러셀이 이런 평가를 내렸을까? 이를 확인할 최선의 길은 우선 그 대표적 사상가이자 운동가인 G. D. H. 콜George Douglas Howard Cole의 저작을 꼼꼼히 읽는 것이다.

2. G. D. H. 콜의 생애

1) 페이비언협회의 총아에서 이단적 사회주의자로

콜은 20세기 초반에 활동한 영국의 경제학자이자 정치·사회학자이며 역사학자이고, 무엇보다도 사회주의 사상가이자 운동가다. 게다가 한 가지 이력을 더 덧붙이면, 사회주의운동의 동지였던 부인 마거릿 콜Margaret Cole과 함께 수십 편의 추리소설을 쓴 작가이기도 했다.

콜은 1889년 영국의 유복한 중산층 가정에서 태어났다. 명문 세인트폴학교에서 십 대를 보냈고, 1908년에 옥스퍼드 대학 베일리얼 칼리지Balliol College에 입학했다. 이렇게 영국의 전형적인 엘리트 양성 코스를 밟던 그가 사회주의 사상에 빠져든 것은 윌리엄 모리스William Morris의 저작들을 접하면서였다. 콜은 세인트폴학교 시절 친구의 권유로 중세 민중예술에 대한 모리스의 초기 저작들을 읽다가, 장인匠人 공예의 이상을 바탕으로 산업자본주의의 노동 소외를 비판하고 노동계급 해방을 부르짖은 모리스의 후기 사상에 끌렸다.

대학에 입학하자마자 콜은 사회주의 단체 활동을 시작했다. 사회주의-노동계급 대중정당 건설에 앞장서던 독립노동당ILP(영국 노동당 가맹 조직 중 하나)에도 가입했지만, 더욱 열성적으로 참여한 조직은 옥스퍼드대학 페이비언협회Oxford University Fabian Society, OUFS였다. 당시 페이비언협회 전국 조직을 이끈 이들은 시드니 웹Sidney Webb과 비어트리스 웹Beatrice Webb 부부였는데, 웹 부부는 옥스퍼드대학 지부를 활기차게 만드는 청년 회원 콜에 주목하여 자신들의 후계자로 점찍기까지 했다.

그러나 웹 부부의 개혁주의 노선은 콜과 젊은 동지들에게 점점 비판과 극복의 대상으로 다가왔다. 제1차 세계대전을 몇 년 앞두고 사회주의·노동운동 진영에 새로운 물결이 대두했다. 프랑스의 노동총연맹CGT이 노동자 직접 행동, 즉 총파업으로 자본주의를 뒤엎겠다는 혁명적 생디칼리슴을 표방했고, 도버해협 너머 영국에서도 운수, 항만, 광산을 중심으로 신흥 산업별 노동조합들의 대규모 파업이 전개되었다. 이런 시대 조류 변화에 한껏 고무된 콜 세대에게 기존 페이비언협회 노선은 자본주의를 극복하려는 운동이라기보다는 노동계급을 기존 질서에 적응시키려는 시도로 보였다.

게다가 국가사회주의는 노동계급의 더 큰 예속만 가져올 뿐이라는 가톨릭 사상가 힐레어 벨록Hilaire Belloc의 1912년 저작 《노예제 국가》도 젊은 세대에게 큰 영향을 끼쳤다. 페이비언협회의 사회주의는 선거로 지방자치단체나 중앙정부를 장악해 위로부터 개혁을 펼치려 한다는 점에서 전형적인 국가사회주의였다. 따라서 국가사회주의 비판에 동조한다는 것은 페이비언협회의 전통에 맞서는 반란 모의나 마찬가지였다.

그러나 노동자 대투쟁에 고무된 젊은 세대에게는 거칠 게 없었다. 청년 콜을 비롯한 OUFS 회원들은 운수일반노조 등의 파업에 긴밀히 결합했다. 지역 차원의 파업위원회에 참가했고, 노동계 일간지 《데일리 헤럴드Daily Herald》에 투쟁을 알리는 글을 썼으며, 파업 기금 모금에 앞장섰다. 청년 사회주의자들 사이에서는, 들불처럼 타오르는 노동자 투쟁에 결합함으로써 이들 투쟁을 탈자본주의 질서를 만들어가는 직접 행동으로 발전시킬 수 있다는 자신감이 일었다.

2) 길드 사회주의의 대변자

1913년에 콜은 이런 시대 분위기를 대변하는 첫 저서 《노동의 세계The World of Labour》를 냈다. 이 책은 젊은 논객이 처음 낸 저작치고는 상당한 주목을 받았다. 하지만 영국 역사에 '노동 불안기'로 기록될 정도로 격렬했던 노동자 대투쟁은 돌연 중단되고 만다. 1914년 8월, 제1차 세계대전이 발발한 것이다.

그러나 투쟁의 여진은 쉽게 수그러들지 않았다. 개전 직후의 혼란이 진정되고 전쟁이 장기화되면서 노동력 부족 양상이 나타나자 노동자들이 다시금 목소리를 높이기 시작했다. 특히 작업장 수준에서 노동자들을 대변하는 노동조합 직장위원들의 활약이 두드러졌다. 직장위원들은 공장 단위로 노동자위원회를 조직해 산업 운영에 직접 개입하려 했다. 건강 문제로 징집 면제 판결을 받은 콜은 직장위원운동에 주목하며 새로운 투쟁의 길을 준비했다.

이 과정에서 페이비언협회의 분열은 불가피했다. 1915년 콜이 주도하던 OUFS는 페이비언협회 내의 다른 신진 세력들과 함께 규약 개정안을 총회에 제출했다. 개정안 요지는 보수당과 자유당 당적을 지닌 사람은 회원이 될 수 없게 하자는 것이었다. 즉 정당 중에는 노동당만 지지한다는 방침을 분명히 하자는 것이었다. 이전까지 웹 부부가 주도하던 페이비언협회는 다른 사회주의 조직들과는 달리 노동당에 가입하지 않은 채 노동당과 자유당 사이에서 로비를 벌이곤 했다. 개정안 제출자들은 자유주의 세력에 더는 연연하지 말고 페이비언협회를 더욱 순수한 사회주의 조직으로 개편하자고 주창했다.

그러나 개정안은 통과되지 못했고, 콜은 곧바로 페이비언협회를 탈퇴했다. 탈퇴와 함께, 자신이 주도하던 페이비언연구소Fabian Research Department도 협회와 분리시켜 독립 연구기관인 노동연구소Labour Research Department, LRD로 개편했다. 이후 콜은 LRD 사무처장으로서 노동조합 정책 수립에 참여하고 연구·집필 활동을 벌였다. 그런데 콜의 새 날개는 LRD만이 아니었다. 페이비언 사회주의와 단절하고 난 뒤에 그의 다른 한쪽 날개가 되어준 새로운 사회주의 흐름이 등장하고 있었다. 바로 길드 사회주의 운동이었다.

초기에 길드 사회주의는 마치 중세에 길드가 생산과 유통을 통제했던 것처럼 노동자가 스스로 산업을 경영하는 사회가 현존 자본주의 질서를 대체해야 한다는 이념·운동이었다. 사실 길드 사회주의의 뿌리는 윌리엄 모리스로까지 거슬러 올라간다. 길드 사회주의를 처음 제창한 아서 J. 펜티Arthur J. Penty는 모리스 생전에 그의 추종자였다. 펜티는 노동의 소외를 극복하려면 생산자가 자기 노동을 다시 장악해야 한다는 모리스의 이상을 실현할 방안을 계속 고민했다. 새로운 사회에서는 중세의 전통이 현대에 맞게 새롭게 되살아나리라는 모리스의 예견이 그에게 힌트를 주었다. 펜티는 중세 전통 중에서도 '길드'에 주목하고는, 노동자들이 길드를 복원하여 이 조직을 통해 생산을 통제해야 한다고 주장하기 시작했다.

《새 시대New Age》라는 잡지를 내던 S. G. 홉슨Samuel George Hobson과 A. R. 어레이지Alfred Richard Orage가 이런 펜티의 구상을 받아들여 길드 사회주의 사상을 더욱 발전시켰다. 홉슨은 1912년에 길드 사회주의를 최초로 체계적으로 정리한《전국 길드: 임금제도와 거기에서 벗어날 길에 대한 탐구National Guilds: An Inquiry into the Wage System and the Way Out》를 냈다. 이 책에서 홉슨은 명확하게 길드 사회주의를 국가사회주의에 대한 대안으로 제시했다. 자본가의 지배가 사라진 사회에서 생산을 담당하는 것은 국가가 아니라 생산자들의 자발적 결사체인 길드여야 한다고 주장했다. 홉슨은 길드가 생산자의 이해만이 아니라 소비자까지 포괄하는 공동체 전체의 이해를 고려할 것이라 낙관했다. 그래서 자본주의 체제에서처럼 국가기구가 따로 존재할 필요가 없다고 봤다. 길드의 연합체인 '전국 길드'가 기존 국가의 역할을 대체하리라는 것이었다.

콜은 펜티의 복고주의나 홉슨의 지나친 낙관론에 고개를 갸웃하기는 했지만, 작업장에 뿌리내리고 산업 전체로 확대되는 노동자들의 자주적 조직이 생산 활동을 책임진다는 길드 사회주의의 기본 구상에 전폭적으로 동의했다. 제1차 세계대전 발발을 전후한 시기에 콜과 그의 동지들, 윌리엄 멜러William Mellor, 로빈 페이지 아넛Robin Page Arnot, 모리스 레킷Maurice Reckitt 등은 길드 사회주의 운동 대열에 기꺼이 합류했다.

신참자들은 홉슨 같은 선배들과 더불어 길드 사회주의자들의 독자 조직인 전국길드연맹National Guilds League, NGL을 창립했다. 이 조직은 콜이 페이비언협회에서 탈퇴하기 몇 달 전에 이미 출범한 상태였다. 콜과 동지들의 본래 구상은 NGL을 길드 사회주의의 운동 조직으로 만들고 페이비언협회를 개조하여 길드 사회주의의 연구·선전 조직으로 삼으려는 것이었다. 하지만 콜 등의 페이비언협회 탈퇴로 LRD가 연구와 선전 역할을 떠맡게 되었다. 30대 언저리의 콜은 NGL과 LRD를 양 날개 삼아 영국 좌파를 길드 사회주의 중심으로 재편하려는 큰 꿈을 품었다. 그리고 《산업 영역의 자치Self-Government in Industry》(1917), 《산업 영역의 혼돈과 질서Chaos and Order in Industry》(1920), 《길드 사회주의Guild Socialism Re-stated》(1920) 등의 명저를 속속 발표하며 길드 사회주의의 가장 발전된 체계를 내놓았다.

제1차 세계대전이 끝날 무렵 길드 사회주의는 영국 노동운동 곳곳에서 상당한 호응을 얻었다. 이제는 직장위원들뿐만 아니라 주요 노동조합에서도 관심을 표했다. 이 무렵 러시아에서는 노동자-농민-병사 소비에트(평의회)가 권력을 장악하는 사회주의 혁명(1917년 10월 혁명)이 일어났고, 독일이나 오스트리아에도 노동자-병사 평의회가 등장해 기존 권력을 위협했다. 1920년에 이탈리아의 토리노에서는 피아트Fiat사 노동자들이 점거 파업 중에 공장평의회를 건설하여 자본가의 지휘 없이 스스로 자동차를 생산했다. 토리노에서《새 질서L'Ordine Nuovo》라는 신문을 내던 안토니오 그람시Antonio Gramsci 등의 젊은 사회당 활동가들이 이 실험에 커다란 영향을 끼쳤다. 길드 사회주의 운동은 이러한 유럽 대륙 노동자평의회 운동의 영국판이었다.

3) 노동자교육연합을 이끌며 사회주의의 역사를 정리하다

아쉽게도 길드 사회주의 운동은 빨리 달아오른 만큼이나 너무도 빠른 속도로 식어버렸다. 외형만 보면, 1922년 전국길드평의회National Guilds Council가 출범하면서 운동이 절정에 도달한 듯 보였다. 홉슨은 실제로 건설업에서 길드를 만들어 노동자들이 직접 공사를 수주하는 실험을 전개했다. 그러나 이런 시도가 파멸의 부메랑이 되어 돌아왔다. 건설 길드는 기존 건설업체들과의 경쟁 탓에 결국 재정 문제에 부딪

히고 말았다. 이런 실패로 길드 실험을 둘러싼 뜨거운 기대와 관심이 금방 식고 말았다.

하지만 더 큰 문제는 NGL 내의 정치적 분열이었다. 선배 세대인 〈새 시대〉파는 길드 사회 건설을 단순히 생산자 협동조합 실험의 확대쯤으로 생각했다. 그래서 정치 권력 문제는 남의 일인 양 제쳐두는 경향이 있었고, 러시아혁명이나 유럽 곳곳의 혁명운동 역시 관심 밖이었다. 반면에 콜 등의 신진 세대는 이런 태도를 이해할 수 없었다. 이들이 보기에 길드 사회주의는 자본주의를 극복하려는 변혁운동의 일부였으며, 따라서 세계 곳곳의 비슷한 운동과 연대하는 것은 너무도 당연한 임무였다.

정반대 방향의 또 다른 문제도 있었다. NGL 안에서 점차 영향력을 확대해가던 공산당 지지자들의 문제였다. 콜은 10월 혁명의 대의에 공감했고, 소비에트 정권을 늘 동지적 비판의 시선으로 바라보려 했다. 그러나 공산당 노선을 인정한다는 것과 이를 대안으로 받아들인다는 것은 전혀 다른 문제였다. 콜은 혁명의 가능성과 필요성을 긍정하는 급진적 사회주의자였지만, 러시아혁명 경험을 그대로 따르는 데는 분명히 반대했다.

마침내 NGL은 1923년 자진 해산했다. 이리하여 콜의 길드 사회주의 시기도 저물었다. 이후에 콜의 정치 활동은 노동당과 노동조합의 정책 토론에 집중되었다. 하지만 NGL–

LRD 시기와는 달리 정치 투쟁에만 전념하지는 않았다. 1925년에 옥스퍼드대학 경제학 교수에 임명되고 나서 콜이 애정을 쏟아부은 것은 노동자교육연합Worker's Educational Association, WEA 사업이었다.

콜은 1913년에 J. J. 루소의 《사회계약론》에 관한 강의를 맡은 것을 시작으로 WEA의 노동자 교육에 계속 참여했다. 강의 주제는 정치, 경제, 사회, 역사를 넘나들었으며, 훗날 노동운동 지도자로 성장하게 되는 수강생들에게 훌륭한 스승으로 기억되었다. 그가 《거대한 전환》의 저자 칼 폴라니Karl Polanyi와 만나 교류한 것도 WEA에서였다.

이러한 교육 활동은 다방면의 수많은 저작들의 집필로 이어졌다. 한때 콜은 노동당 후보로 하원의원 선거에 나서려 했지만, 지병인 당뇨병 때문에 전업 정치가의 길은 일찌감치 포기해야 했다. 불행인지 다행인지 그 덕분에 그는 꾸준히 책을 쓰고 발표할 수 있었다. 그중에서도 특히 공들여 쓴 것은 영국 좌파운동, 노동운동의 선배들을 조명한 전기물이다. 윌리엄 모리스와 함께 콜의 평생의 사표였던 초기 사회주의자 로버트 오언의 전기 《로버트 오언Robert Owen》(1925)과 차티스트 지도자들을 다룬 《차티스트의 자화상Chartist Portraits》이 그중에서도 대표작이다. 《영국노동운동사A Short History of British Working-Class Movement》(1924)도 이 무렵에 나온 콜의 저서다.

나중에 제2차 세계대전이 끝나고 나서도 콜은 다수의 저작을 쏟아냈다. 노동당의 현실 정치가 성에 안 찰수록 그에게는 집필에 전념할 시간이 늘어났다. 콜은 특히 사회주의운동과 노동운동의 역사를 계속 정리해나갔다. 예를 들면 영국의 협동조합운동사를 총정리한 《협동조합의 한 세기A Century of Co-operation》(1944)나 노동계급 정치 투쟁의 역사를 기술한 《영국 노동계급 정치 1832~1914년British Working-Class Politics 1832~1914》(1941)과 《1914년 이후의 노동당사A History of the Labour Party from 1914》(1948)가 그런 책들이다.

하지만 이러한 저작의 무성한 숲에서도 단연 돋보이는 것은 전 5권의 《사회주의 사상사A History of Socialist Thought》 (1953~1960, 사후 완간)다. 이 책은 사회주의운동의 주요 참가자 중 한 사람이 직접 서술한 방대한 사상사·운동사로서 지금도 그 권위를 인정받고 있다. 아마도 마르크스주의에만 시야를 한정하지 않으면서 사회주의 이념·운동의 다양한 흐름들을 두루 다룬 사회주의 역사서는 이 책이 아직까지 유일할 것이다.

4) 완전고용과 복지 확대를 기획하며 민주적 계획을 구상하다

1929년 대공황과 이로 인한 파시즘의 대두는 콜이 다시 운동 일선에 서게 만들었다. 당시 램지 맥도널드Ramsey MacDonald가 이끌던 노동당 정부는 공황에 속수무책이었다. 적극적 실업 대책이 절실히 필요하던 시점에 고참 노동당원인 재무장관 필립 스노든Phillip Snowden은 파운드의 통화 가치 안정이 급선무라는 고전 자유주의 교리만 되뇌었다. 콜은 공황 대책을 논의하는 자문위원회에 참여하여 정부를 질타했다. 이 위원회에는 경제학자 존 메이너드 케인스John Maynard Keynes도 위원으로 참여했는데, 그의 입장도 같았다. 둘 모두 공황 대책으로서, 정부의 재정 지출 확대와 적극적 경제 개입을 주장했다. 하지만 정부는 이를 받아들이지 않았고, 결국 맥도널드 총리와 스노우든 재무장관이 노동당과 결별하는 사태까지 일어났다.

이 대참사 이후 노동당은 이제까지의 자유주의적 입장을 반성하며 새로운 방향을 모색하기 시작했다. 노동조합과 젊은 사회주의 지식인들이 달려들어 당을 과거보다 왼쪽으로 이동시켰다. 콜은 예전의 NGL, LRD와 비슷하게 새로운 사회주의 선전 조직(사회주의연구선전협회Society for Socialist Inquiry and Propaganda, SSIP, 일명 ZIP)과 연구 조직(신페이비언연구소 New Fabian Research Bureau, NFRB)을 함께 만들어 이 과정에 적극 개입했다. 1932년 노동당 전당대회 결정은 그 결실이었다. 콜을 비롯한 NFRB와 ZIP 참가자들은 은행과 외환의 긴급 통제, 상원 폐지, 토지와 광물 자원·산업 설비에 대한 공공 소유 등을 제안했고, 이 중 대형 민간은행 국유화가 채택되었다.

공황이 장기화하자 유럽 대륙뿐만 아니라 영국에서도 전 노동당 정치인 오즈월드 모즐리Oswald Moseley가 이끄는 파시스트운동이 등장했다. 이 무렵 ZIP은 노동당이 더욱 급진적인 사회주의 노선을 취할 것을 요구하는 당내 조직인 사회주의동맹Socialist League으로 재탄생했다. 콜은 사회주의동맹을 통해 반파시즘 인민전선운동에 앞장섰다. 노동당과 노동조합뿐만 아니라 공산당까지 포함하는 확고한 반파시즘 좌파 정부를 수립하여 유럽의 투쟁에 적극 개입해야 한다는 것이었다. 비록 반파시즘 좌파 정부는 등장하지 못했지만, 제2차 세계대전에서 영국이 나치에 굴하지 않고 완강한 항전 태도를 고수한 데는 이 운동이 영국 노동계급에 확산시킨 강력한 반파시즘 정서가 한몫했다. 이러한 좌파 연대와 통합의 연장선에서 콜은 1939년에 명맥만 남은 페이비언협회를 인수하여 NFRB와 합쳤다. 결과적으로 그는 24년 만에 다시 페이비언협회 회원이 된 셈이었다.

이 시기 콜의 정책 제안들은 대개 케인스주의와 궤를 같이했다. 실제로 1945년에 노동당이 집권하여 추진하게 되는 복지 정책들은 대공황 전후부터 콜이 끈질기게 주장해온 내용들이었다. 콜은 전후 복지국가 수립에 큰 영향을 끼치는 〈비버리지 보고서〉가 작성되는 과정에도 적극 개입했다. 또한 1930년대 초반부터 이미 복지국가 건설에 나선 스웨덴 사회민주당 정부에 열렬한 관심을 보여 스웨덴을 직접 방문하기도 했다.

하지만 콜은 완전고용과 복지 확대라는 당면 과제에 관심을 기울이면서도 끈질기게 이를 자본주의 극복이라는 장기 과제와 연결시킬 방안을 고민했다. 이것이 길드 사회주의 시기부터 콜의 필생의 숙제였다. 절친한 벗 레킷이 묘사한 것처럼, 그는 '페이비언의 재갈'을 문 '볼셰비키의 영혼'이었다. 현실은 그에게 끊임없이 '페이비언의 재갈'을 요구했지만 그는 이러한 속박 속에서도 '볼셰비키의 영혼'을 드러낼 방법을 찾으려 했다. 1933년에 펴낸 야심작《경제계획의 원리Principles of Economic Planning》가 이러한 고투의 산물이었다.

이 책과 몇몇 관련 저서에서 콜은 케인스주의 수준의 국가 개입을 전면적인 경제계획으로 발전시켜야 한다고 주장했다. "만약 국가가 총량적 규제와 더불어 무엇을 누가 어떻게 생산할지에 대한 결정과 구매력의 광범한 분배로까지 더 나아가지 못한다면, 케인스주의적 처방만으로 어떻게 인플레이션을 조장하지 않으면서 완전고용을 달성할 수 있겠는가?"(《사회주의 경제학Socialist Economics》, 1950) 요컨대 복지국가가 자체의 내적 모순 때문에 궁지에 빠지지 않으려면 반드시 여기에서 한 걸음 더 나아가 민주적 계획을 확대해야 한다는 것이었다. 이것은 1970년대에 서구 복지국가가 직면하게 될 위기에 대한 예언자적 경고이기도 했다.

5) 복지국가를 넘어 산업민주주의를 향해

1945년 전쟁 말기에 드디어 노동당이 총선에서 압승해 권력을 차지했다. 클레멘트 애틀리Clement Atlee가 이끄는 노동당 정부는 집권 초기에는 영국 복지국가의 초석을 놓는 개혁에 열성을 보였다. 그러나 몇 년 안 되어 개혁은 중단되었고, 오히려 복지 예산이 삭감되기 시작했다. 냉전 때문에 국방비 지출이 더 급하다는 게 이유였다.

콜에게는 참으로 실망스러운 결과가 아닐 수 없었다. 콜은 노동당 정부가 완전고용을 달성한 다음에는 길드 사회주의 때부터 자신의 오랜 꿈인 산업민주주의를 향해 나아가길 바랐다. 그런데 현실의 개혁은 답보와 정체, 더 나아가 후퇴의 모습을 보였다. 콜의 불편한 심기는 페이비언협회 회장이면서도 정작 협회가 야심차게 준비하던 《신페이비언 논집New Fabian Essays》에 글을 싣기를 거부하는 것으로 나타났다. 자신의 산업민주주의론과는 정반대로, 전후 자본주의의 경영자 지배 체제를 그대로 인정하면서 이제는 복지국가를 지켜 나가는 것 정도가 사회주의의 과제라고 주장하는 토니 크로슬랜드Anthony[Tony] Crosland 등 노동당 우파의 논지가 《신페이비언 논집》을 지배했기 때문이다.

그렇다고 콜이 세상사에 관심을 끊은 것은 아니었다. 그는 생의 마지막 순간까지도 열혈 운동가였다. 사망하기 2년 전인 1957년에 콜은 길드 사회주의의 이상과 원칙을 되돌아보

며 이를 1950년대 영국 현실에 맞게 변형해 다시 제안한《산
업협업관계론The Case for Industrial Partnership》(국역본 제목은《G.
D. H. 콜의 산업민주주의》)을 발표했다. 필생의 과업에 관해 후
세대에게 남긴 유언이라 할 수 있는 이 소책자에서 그는 복
지국가 건설 다음의 과제는 산업민주주의임을 역설했다. 그
리고 복지국가의 핵심 목표인 완전고용과 이를 실현하기 위
한 민주적 계획 그리고 산업민주주의, 이 세 과제가 시너지
를 일으키며 서로 엇물리는 관계에 있음을 밝혔다.

또한 콜은 제2차 세계대전 무렵부터 점점 더 국제주의의
중요성을 강조했다. 모처럼 구축된 복지국가가 안정적으로
지속되기 위해서는 한 나라의 경계를 넘어선 경제계획이 필
요하다고 주장했고, 식민지 세계의 독립을 옹호하는 데 앞장
섰다. 냉전이 장기화하자 군축운동을 주창했고, 유고슬라비
아의 노동자 자주관리 실험에 관해 서유럽 좌파의 관심을 촉
구했다.

이러한 노력은 다시금 새로운 조직의 건설로 나타났다. 그
는 국제주의의 대의에 동감하는 이들을 모아 '세계사회주의
운동New Socialist Movement'이라는 단체를 결성했다. 또한 프
랑스 사회당, 이탈리아 사회당 등의 당내 좌파들과 함께 '국
제사회주의연구협회International Society for Socialist Studies, ISSS'
를 결성했다. 그는 서유럽 사회주의운동의 갱생을 꿈꾸고 있
었다.

하지만 새로운 열정이 그의 건강을 악화시켰다. 1959년 1월, 콜은 70세의 나이로 사망한다. 그의 죽음과 함께 ISSS 등의 활동도 힘을 잃었다. 그러나 이것으로 끝은 아니었다. 말년에 콜이 제시한 방향은 그의 사후에 본격 등장하게 될 신좌파New Left의 주장을 예시하는 것이었다. 실제로 영국 신좌파 1세대의 주요 이론가인 스튜어트 홀Stuart Hall은 젊은 시절 옥스퍼드대학에서 콜이 이끌던 세미나 그룹의 일원이었다. 콜이 당대 젊은이들에게 남긴 다음과 같은 충고는 우리 시대의 민주적 사회주의자들에게도 절박하고 중대한 교훈이 아닐 수 없다.

"민주적 사회주의는 그 과거에 의지하여 오래 지속될 수는 없다. 또 민주적 사회주의는 한 국가 수준의 계획 위에서 새로운 발전의 길을 찾아낼 수도 없다. 재창조되고 새로운 활기를 띠어야 할 필요가 있는 것은 세계적인 사회주의이다. 선진국과 후진국을 가릴 것 없이 세계적인 해방운동의 선봉에 서고, 오늘날 민주적 사회주의를 포로로 만들어놓고 있는 두려움과 금제를 몰아내게 될 세계적인 사회주의 말이다."(콜, '새로운 수정주의', C. W. 밀즈 편,《마르크스주의자들》, 김홍명 옮김, 한길사, 1982. 470쪽, 번역 일부 수정)

3. 콜의 길드 사회주의 재평가

《길드 사회주의》의 주요 내용을 굳이 반복하여 정리하지는 않겠다. 우리에게는 낯선 당대 영국 상황이나 고풍스러운 문체 탓에 이 저작이 처음에는 다소 어렵게 느껴질 수 있다. 그러나 애초에 영어권 독자들을 위한 대중적 개론서로 쓰인 책이기에 내용 자체가 난해하다고 할 수는 없다. 오히려 다양하고 광범한 분야에 걸친 주제를 지나치게 깔끔하게 정리하고 있어서 너무 유토피아적인 청사진 아니냐는 인상을 주기까지 한다. 이 글에서는 다만 콜의 책이 다루는 여러 주제 중에서도 오늘날 우리에게 중대한 의미를 지니는 핵심 주장 세 가지만 추려 강조하고 싶다.

1) 정치를 넘어 경제 영역으로 민주주의를 확대해야 한다

우선 주목해야 할 것은 그의 독특한 민주주의관이다. 콜은 민주주의가 좁은 의미의 정치 영역만이 아니라 경제 영역으로까지 확대되어야 한다고 주장한다.

자유주의의 민주주의관에 따르면, 민주주의란 정치 영역의 작동 원칙이며, 경제 영역의 원칙은 달라야 한다. '1인 1표'로 요약되는, 보편적이고 평등한 시민권은 전자에 한정되어야 하고, 후자에서는 '1주株 1표' 혹은 '1원圓 1표'의 자본주의 원칙이 작동해야 한다. 이러한 자유주의적 민주주의 개념은 자본주의를 지탱하는 최적의 정치 이념이 된다. 자유주의적 민주주의가 지배하는 사회에서 대중은 "사회적 특수 계급의 제도는 인정되지 아니하며, 어떠한 형태로도 이를 창설할 수 없다"(대한민국 헌법 제11조 2항)는 헌법의 약속에도 불구하고 재벌이 사회적 특수 계급임을 받아들이며 일상을 살아간다. '1인 1표'에 따른 대중의 결정은 재산권이나 생산 현장의 권력 문제 따위에는 적용되지 않음을 상식으로 여긴다. 그리하여 노동운동의 오랜 경구처럼, "민주주의는 공장 문 앞에서 멈추고 만다."

콜은 이 한계의 돌파와 극복이야말로 현대 민주주의의 근본 과제라고 역설한다. 대의민주주의는 생산과 소비가 이뤄지는 영역으로 확장되어야 한다. 매일의 노동과 벌이를 통해 대중의 삶이 대부분 결정되는 장소가 이곳이기 때문이다. 이 영역과 민주주의 사이에 장벽이 버티고 있기에 대중은 민주주의가 '먹고사는' 문제랑 무슨 상관이냐는 회의와 냉소에 빠져든다.

문제는 이것만이 아니다. 민주주의 출입 금지 구역이 된 경제 영역에서 자본 소유자들은 끊임없이 더 많은 권력을 축적한다. 그리하여 명실상부 '사회적 특수 계급'이 된 그들은 정치 영역에 갇힌 제한된 민주주의마저 매수하거나 위축시킨다. 이른바 '삼성공화국' 현상이 그 대표적인 사례다. 민주주의가 이렇게 새로운 봉건제로 퇴행하거나 왜곡되지 않게 막기 위해서도 민주주의는 반드시 경제 영역으로 확장되어야 한다. 민주주의의 '1인 1표' 원칙이 자본주의의 '1주 1표' 혹은 '1원 1표' 원칙보다 우위에 서고, 궁극적으로는 전자를 통해 후자를 폐지해야 한다.

콜에게 사회주의란 민주주의 원칙이 이렇게 정치와 경제 사이의 경계를 넘어 확장됨으로써 자본주의 질서를 해체하는 것을 뜻했다. 요컨대 사회주의는 경제적 민주주의의 다른 이름이었다. 좁은 의미의 정치 영역을 넘어 생산과 소비 영역에서도 대중의 자치를 실현하자는 것이었다. 한국 사회에서는 '경제민주화'가 흔히 재벌 권력의 과잉 성장 같은 현대 자본주의의 일부 병폐의 교정쯤으로 이해되는데, 콜은 이런 상식을 뒤집는다. 탈자본주의를 지향하는 전혀 다른 '경제민주화' 노선이 존재하며 실은 이것이 '경제민주주의'라는 말에 더 부합함을 보여준다.

민주주의와 자본주의의 관계를 중심으로 사회주의를 정식화하는 길드 사회주의의 이러한 논법은 다른 사회주의 조류들과 뚜렷이 구별되는 길드 사회주의자들만의 특징이다. 당대의 다른 많은 사회주의자들, 특히 독일이나 러시아의 정통 마르크스주의자들은 주로 역사 발전 법칙이나 계급투쟁을 논거 삼아 자본주의를 비판했다. 이들에게 민주주의란 부르주아계급의 지배를 유지하는 수단이거나 사회 변화를 위해 활용할 제도적 통로일 따름이었다. 어찌 보면 민주주의를 정치 영역의 작동 원칙으로 제한한 자유주의적 민주주의관의 거울상이었다고 하겠다.

이에 반해 콜을 비롯한 길드 사회주의자들은 사회주의를 대중에게 설득할 핵심 논거를 민주주의의 확대·심화에서 찾았다. 이 점에서 길드 사회주의야말로 '민주적 사회주의'의 가장 첨예한 형태라 할 수 있다. 길드 사회주의는 민주주의를 사회주의 실현의 주된 경로로 본다는 점만이 아니라, 더 나아가 민주주의와 사회주의를 통합하여 바라본다는 점에서 '민주적' 사회주의였다. 이런 특성은 어느 정도는 국민적 배경의 산물이었다. 유럽 대륙과 달리 영어 사용 국가들(영국, 미국, 오스트레일리아 등)에서는 20세기 초에 이미 민주주의 문화가 상당히 정착되어 있었다. 따라서 영국에서 출발해 미국, 캐나다 등의 영어권 대중을 향해 나아가려 한 길드 사회주의자들로서는 민주주의를 통해 사회주의를 설명하는 논법을 채택하지 않을 수 없었다. 덕분에 길드 사회주의의 사회주의관은 대의민주제가 더 굳게 뿌리내렸으나 자본주의와 민주주의의 힘의 격차는 오히려 더 커진 21세기에 더욱 강한 호소력을 지니게 된다.

2) 경제 영역의 민주주의는 다양한 연합들을 통해 이뤄진다

둘째로 주목해야 할 것은 콜이 민주주의를 삶의 전 영역으로 확대할 주역으로 개별 시민이나 국가만이 아니라 연합들

[혹은 자발적 결사체들]associations을 강조했다는 점이다. 신자유주의의 극단적 주창자들은 흔히 국가와 개인 사이에 '거추장스러운' 중간조직이 있어서는 안 된다고 선전한다. 그러나 신자유주의 한 세대를 거치고 난 뒤에 우리의 현실은 어떠한가? 시민들이 오직 개인으로서 국가와 시장 앞에 선 사회에서는 개인의 자유가 극대화하기는커녕 오히려 정반대 양상이 나타난다. 시민사회 내에 대항 세력들이 부재한 상황에서 권력은 관료적 국가기구와 거대 기업으로 집중된다. 반면에 개인은 점점 더 무력감에 빠지며 거대 권력에 의존하게 된다. 더 자유로워진 것은 오직 소수의 정치적·경제적 권력자들뿐이고, 다수 대중에게는 자유가 더욱 제약된다. 신자유주의가 아직 대두하기 전, 노동조합 같은 결사체들이 거대 권력에 맞서는 대항 세력을 형성하고 있던 때에는 이 정도는 아니었다.

이것은 신자유주의 시기를 거치고 난 뒤에 우리가 반드시 확인해야 할 중대한 진실이다. 선거를 비롯한 대의제만으로는 민주주의가 일상에서 실질적으로 작동할 수는 없다. 이 상태에서 대중은 아직 무력한 원자적 개인일 뿐이다. 대중은 다양한 자발적 결사체들로 스스로를 조직해야만 한다. 이러한 결사체들이 발전하고, 이들이 활발하게 연계하고 조정하며 협력해야 한다. 이럴 경우에만 시민들은 원자적 개인에 머물렀을 때에는 결코 발휘할 수 없었을 역량을 펼칠 수 있게 된다. 즉 자발적 결사체야말로 민주주의에서 대중의 가장 중요한 커먼스commons, 즉 공동 자원이다.

사회주의 전통에서는 이미 이를 '연합'이라 부르며 강조해 왔다. 사회주의의 창시자 가운데 한 사람인 생시몽Saint-simon 의 제자들이 '연합' 개념을 처음 창안한 이래, 사회주의자들은 자본과 국가가 주인공이던 질서를 대체할 새 질서의 주역은 연합들이라 주장했다. 피에르-조셉 프루동Pierre-Joseph Proudhon처럼 아나키즘 전통과 관련된 이들만 이를 강조한 게 아니라, 마르크스와 엥겔스 역시 《공산당선언》에서 자본주의를 넘어선 사회의 기본 방향을 '자유인들의 연합'이라 규정했다. 한때 국가사회주의 경향에 가려 뒤로 밀려났던 이런 원칙을 힘차게 되살린 것이 20세기 벽두의 혁명적 생디칼리슴이다. 생디칼리스트들은 자신만만하게 현대의 연합이란 곧 산업별 노동조합이라고 선포했다. 생디칼리슴의 이 떠들썩한 나팔 소리에 호응하며 유럽 대륙의 마르크스주의 내부에서 평의회를 강조하는 새로운 흐름(레닌의 저 유명한 《국가와 혁명》도 그 일부였다)이 등장했고, 영어권에서는 길드 사회주의가 출현했다.

생디칼리스트들과 비슷하게 길드 사회주의자들이 처음에 가장 중요시한 연합 형태도 생산자 자치조직이었다. 다만 길드 사회주의자들은 생디칼리슴의 지나친 낙관주의에는 동조하지 않았다. 자본주의 사회의 산업별 노동조합이 자본주의 이후 사회에서 곧바로 생산을 관리하는 임무를 맡을 수는 없다고 봤다. 노동조합의 주된 기능은 자본의 공세에 맞서 조합원의 권리를 방어하는 것이지만, 생산자 자치조직은 이런 역할에 머물 수 없다. 노동계급의 몇몇 분파도 아니고 심지어는 노동'계급'도 아닌 사회 전체의 이익을 위해 생산과 서비스 활동을 관리해야 한다. 따라서 생산자 자치조직은 비록 현존 노동조합이 진화한 결과물이라 할지라도 노동조합 자체일 수는 없다. 길드 사회주의자들이 이 새 조직에 붙인 이름이 다름 아닌 '길드'다. 그러나 처음 이 명칭을 제안한 펜티의 구상과는 달리 대다수 길드 사회주의자들은 중세 길드와 미래 생산자 자치조직은 이름을 빼면 닮은 구석이 그리 많지 않다고 봤다. 극히 영국풍인 명칭을 걷어내고 보면, 이는 결국 생산자 연합이고 노동자 평의회다.

그런데 생산자 자치조직만 있어서는 안 된다. 다른 길드 사회주의자들과 달리 콜은 이 점을 두드러지게 강조한다. 생산이 중요하다면, 소비 또한 중요하다. 둘이 서로 유기적으로 연결되지 않는다면, 어느 한쪽도 홀로 작동할 수 없다. 그런데 생디칼리스트나 일부 길드 사회주의자들은 산업별 노동조합이나 산업 길드가 산업 자치를 맡으면 소비 활동도 자동으로 해결될 것처럼 생각했다. 콜의 생각은 전혀 달랐다. 생산자 자치조직이 필요한 것처럼 소비자 자치조직도 필요하다. 콜이 지나치게 자세히 정리하는 것처럼, 재화와 서비스의 성격에 따라 현존 소비협동조합이 진화한 형태의 자치 조직이 필요한 경우도 있을 테고, 공공적 성격이 강한 경우에는 이와는 또 다른 소비자 자치조직이 필요할 것이다.

콜은 이에 더해 보건이나 문화 영역에서는 이에 특화된 길드와 이용자 평의회의 상호 관계가 구축되어야 한다고 주장한다. 또한 전문성이 강하고 대개 자영업 형태로 이뤄지는 직종들에서도 서비스 제공자와 이용자 사이에 비슷한 관계가 구축되어야 하며, 농업에서도 특유의 자치조직들이 성장해야 한다. 즉 콜의 길드 사회주의에서는 (국가 대신) 산업 길드만 강조되는 게 아니라 수많은 다양한 대중 연합들이 주인공이 된다. 특권적 지위를 내세우는 특정 연합이 아니라 다양한 연합들이 만들어내는 더 크고 생명력 넘치는 연합이 '사회'를 실체화하는 것이다. 이런 콜의 사회주의는 국가사회주의와는 정반대로, 자본주의에서 허용되는 것보다 훨씬 더 다원적이고 역동적인 사회를 지향한다.

3) 경제를 민주화하려면 기능민주주의가 필요하다

마지막으로 콜이 우리에게 주는 중대한 메시지는 대의민주주의가 기능민주주의로 발전해야 한다는 것이다. 위에서 말한 다양한 연합들이 삶의 전 영역에서 자치를 실현하려면, 기존 대의민주제의 일대 혁신이 필요하다. 콜은 이 혁신의 핵심이 기능민주주의의 도입이라고 주장한다. 사회의 주요 기능들에 대응해 복수의 대의 체계가 마련되고 발전해야 한다는 것이다.

자유주의적 민주주의에서는 대의 체계가 의회로 단일화되어 있다. 의회가 주권을 배타적으로 대표하며, 대중의 삶과 관련된 온갖 영역을 다 다룬다. 유권자는 선거에서 자신이 선택한 대표자가 삶의 모든 문제에 관해 자기 입장을 대변해줄 것을 기대해야 한다. 콜은 묻는다. 과연 이게 가능한 일인가? 산업혁명 이전에 등장한 이런 단순한 대의 체계는 현대 사회의 현실과 전혀 맞지 않는다. 현대 산업사회에서 각 시민의 일상이 지속되려면 다양하고 복잡하기까지 한 필수 기능들이 작동해야 하고, 따라서 유권자는 이러한 각 기능에 관해 자기 목소리를 낼 수 있어야 한다. 그러나 기존의 단순한 대의 체계는 이를 충족시키지 못한다. 그리하여 대중의 의사를 반영한다는 '대의'는 사실상 공염불에 그치며, 대의제는 정치 엘리트들의 권력에 정당성을 부여하는 장치로 전락하고 만다.

이에 반해 콜은 사회에 반드시 필요한 기능들에 맞춰 대의 체계가 복수로 존재해야 한다고 주장한다. 단일한 대의제가 아니라 기능적·기능별 대의제가 구축되어야 한다. 기능 대의제는 생산자 길드나 소비자 평의회 같은 다양한 연합들이 공동체 전체의 필수 활동들을 민주적으로 관리하는 기반이 된다. 대표적인 예로는 콜이 제안하는 산업길드의회를 들

수 있다. 현재는 의회가 만사에 책임을 지지만, 실은 아무것도 제대로 책임지지 않는다. 반면에 길드 사회주의 사회에서는 산업 운영을 전담하는 대의기구가 따로 있다. 바로 산업 길드의회다. 이 기구는 생산과 소비 활동에 관여하는 연합들의 대표들로 구성된다. 이들 대표는 각 조직 내에서 민주적으로 선출된다. 콜이 추천하는 방식은 풀뿌리 단위가 대의원들을 뽑으면 다시 이들 대의원들 가운데에서 상급 단위에 참여할 대의원들을 뽑는 상향식 간선제다. 소비에트연방에서는 결국 경제계획의 수립과 집행이 관료기구의 몫이 되었지만, 길드 사회주의 사회에서는 연합들의 대표들로 구성된 산업길드의회가 이를 맡는다.

이런 구상에 대해 다음과 같은 물음이 제기될 수 있다. "사회 안에 다양한 연합들이 존재한다면, 그러면 이들 연합의 참여 요구를 충족시켜줄 수 있을 만큼 수많은 대의 체계를 갖춰야 한다는 말인가?" 하지만 사회의 필수 기능들이 그렇게 한없이 세분화되거나 잡다하게 나열될 수 있는 것은 아니다. 특별한 대의 체계가 따로 갖춰져야 하는 주요 기능들이 무엇인지는 각 사회마다 숙의와 합의를 통해 충분히 정리할 수 있다. 그리고 어떤 경우든 길드 사회주의자들이 강조하는 생산과 소비 활동, 즉 경제 기능만큼은 독자적 대의 체계가 필요하다는 데 대해 별다른 이견이 없을 것이다. 많은 이들이 이러한 민주주의의 새로운 기관에서, 그간 말뿐이던 '경제민주화'를 실현할 실질적인 수단을 발견할 것이다. 이 점에서 기능민주주의야말로 시장 독재에 무력하기만 한 현존민주주의에 절망한 대중에게 가장 절실히 필요한 대안이다. 2008년 금융 위기 이후에 시위에 나선 젊은이들의 구호 '지금 당장 진짜 민주주의를!'에 답하며 마련해야 할 '진짜 민주주의'의 실체란 기능민주주의의 이상과 원칙이다.

이 대목에서 이런 반론도 있을 수 있다. '기능민주주의 구상은 대중조직들을 국가기구에 참여시켜 시민사회를 국가권력에 포섭하려 한 코퍼러티즘corporatism 사례들과 무엇이 다른가? 길드 사회주의가 실제로 실현된 모습은 이런 코퍼러티즘에 불과한 것 아닌가?' 코퍼러티즘은 사회가 하나의 유기체라는 전제에 따라 사회의 주요 활동들을 대표하는 대중조직을 그런 사회의 지체肢體, corpus로 보고 국가기구와 대중조직들의 결합을 통해 현대 산업사회를 관리하려는 구상이다. 실제로 생디칼리슴이나 길드 사회주의와 외관상 겹치는 구석이 많은 이 구상은 처음에는 가톨릭교회 등을 통해 발전했다. 그러다가 무솔리니가 이끄는 이탈리아 파시스트 정권에 의해 처음으로 본격 실행되었고, 이들과는 다른 방향에서 추진된 미국의 뉴딜 개혁이나 서유럽 복지국가, 멕시코 제도혁명당의 통치 구조도 코퍼러티즘의 기본 발상을 받아들였다. 길드 사회주의의 이상과는 전혀 달리, 이러한 역사 속 코퍼러티즘 사례들은 기존 국가 권력을 대중조직들에 이양하기는커녕 정반대로 대중조직들을 국가 권력에 흡수했다.

아마도 콜 자신은 이 물음에 대해, 이 책에서 그가 제시한 민주주의의 또 다른 혁신 방향을 환기시키는 방향에서 답했을 것이다. 기능민주주의와 함께 그가 강조한 것은 풀뿌리 대중이 주도하는 철저한 상향식 민주주의다. 앞에서 산업길드의회를 설명하며 이미 얼핏 이야기했지만, 콜은 각 연합 내부에서 구성원들이 정보를 투명하게 공유하면서 아래로부터 의사를 결정해야 한다는 점을 힘주어 강조한다. 산업 길드를 포함한 모든 연합에서는 내부 민주주의가 철저히 보장되어야 한다. 산업 길드를 예로 들면, 가장 기초가 되는 단위인 공장의 각 작업 팀에서부터 대표들을 뽑고, 이들 대표들 중에서 다시 상급 조직에 파견할 대표들을 뽑아나가야 한다. 모든 연합은 이런 방식으로 기층에서부터 최정상 수준에 이르기까지 아래로부터 통제를 받아야 한다. 콜은 통제의 강력한 수단으로 소환제 또한 강조한다. 그리고 이런 연합 내부의 상향식 민주주의가 기능 대의제의 여러 기관들에도 고스란히 적용되어야 한다고 주장한다. 이런 전제가 철저히 보장될 때에만, 기능민주주의는 과거의 코퍼러티즘 수준으로 왜소화되거나 변질될 위험을 피할 수 있을 것이다.

4. 오늘날 길드 사회주의를 재음미해야 할 이유

1) 지구자본주의의 제1차 대위기와 길드 사회주의의 한계 그리고 재구성

앞에서 살펴봤듯이 《길드 사회주의》는 100년 전 저작임에도 한 세기를 훌쩍 뛰어넘어 지금 우리에게도 풍부한 영감과 교훈을 준다. 하지만 이 책에서 콜이 그리는 대안 사회의 얼개가 고스란히 다 현재적 의의를 지닌다고 할 수는 없다. 이책이 나오고 난 뒤의 험난한 역사를 알고 있는 입장에서 보기에 콜의 청사진에는 빈 곳도 많고 지나치게 낙관적으로 부풀려진 대목도 없지 않다.

예컨대 산업길드의회를 정점으로 한 연합들의 연계와 조정, 합의가 시장과 어떤 관계를 맺는지 분명하지 않다. 콜은 국가사회주의 흐름에 맞서 경제계획이 국가기구의 수직적 결정이 아니라 연합들 간의 수평적 결정에 바탕을 둬야 한다고 주창했다. 여기까지는 명쾌하며, 설득력이 강하다. 하지만 이렇게 다양한 연합들이 참여하여 입안한 계획이 시장과 어떻게 공존할지 혹은 그러한 공존을 어떻게 지양해나갈지는 그만큼 명확하지 않다.

더 큰 문제는 이행 과정이나 대안 사회에서 중앙정부가 맡을 수밖에 없는 적극적 역할이 충분히 부각되지 못했다는 점이다. 기존의 관료적 국가기구가 민중 자치가 이뤄지는 코뮌들의 연방에 가까운 구조로 바뀌어야 한다는 주장은 분명 인상적이다. 그런데 길드를 비롯한 다양한 연합들과 지역 코뮌들로 권력이 분산되어야 한다는 점을 주로 강조하다 보니 각 국민 공동체 안에서 중앙 코뮌이 계속 맡을 수밖에 없는 필수 기능들이 지나치게 축소된 느낌이 있다. 이것은 20세기 벽두의 급진 좌파 흐름, 즉 생디칼리슴이나 평의회 마르크스주의 등에 공통으로 나타나는 유토피아적 한계다. 러셀이 평했듯이 길드 사회주의는 동시대 다른 혁명 사상들에 비하면 이런 혐의가 가장 엷지만, 그래도 혁명적 열정이 분출하던 시절의 일반적 편향에서 벗어나지는 못했다.

비극적이게도 혁명 사상들의 이러한 한계는 현실의 혁명이 정반대 방향으로 탈선하고 변질하게 만드는 역설적 결과를 낳았다. 콜도 우호적으로 평가하는 레닌의 《국가와 혁명》은 국가 없는 대안 사회를 그린다는 점에서 역시 유토피아적 성향이 강하다. 그러나 10월 혁명으로 막상 권력의 책임을 떠맡은 볼셰비키가 마주한 현실은 이런 애초의 기대와 포부를 관철시키기에는 지나치게 가혹했다. 물론 혁명 직후에는 길드 사회주의자들의 구상과 비슷하게 공장위원회를 통해 산업의 노동자 자치를 실시했다. 하지만 곧바로 내전이 발발하자 전시체제를 관리하는 강력한 새 국가기구가 이러한 자치 시도들을 대신해 탈자본주의 이행의 배타적 담당자로 떠올랐다. 현실의 러시아 노동자들이 자치에 필요한 역량들을 갈고 닦을 충분한 기회를 갖지 못한 만큼(콜의 표현에 따르면, '진화'의 기회를 갖지 못한 만큼), 집권 공산당과 일체화된 새 국가기구는 대중의 부족한 역량을 메꾸고 그 뒤늦은 발전을 다그치는 유일한 기관으로 더욱 강력하게 군림했다. 그리고 이 기관은 마침내 무시무시한 스탈린주의 국가로까지 확대되었다. 길드 사회주의와 공명하는 이상을 내걸고 집권한 볼셰비키는 그 이상과 혁명 이후 현실 사이의 엄청난 간극에 직면하자 가장 조악한 국가사회주의 체제를 구축하는 쪽으로 선회했던 것이다.

그람시, 콜, 폴라니 같은 20세기 전반기의 변혁 사상가들이 대공황과 파시즘, 스탈린주의의 출현을 전후해 상당한 사상적 전환을 보인 것도 이런 맥락과 깊이 관련된다. 탈국가적 이상의 무력함 앞에서 혁명 러시아가 상향식 민주주의를 버리고 하향식 관료 통치로 나아갔다면, 그람시나 콜은 그들 사상에서 국가와 시민사회, 정당과 대중, 중앙정부와 대중조직 등의 위상과 기능을 재조정하는 작업에 착수했다. 그람시가 감옥 안에서 공책에 깨알 같은 메모를 남기며 힘겹게 이 작업을 이어갈 때에 콜은 길드 사회주의의 이상과 대공황 시기의 교훈을 결합해 새로운 이론적 종합을 구축하려 했다. 이런 노력이 담긴 대표적 저작이 《경제계획의 원리》이며, 이 책에서 콜은 생산 현장의 요구와 사회적 필요에 바탕을 둔 '민주적' 계획이 가능함을 보여주려 했다. 국가사회주의에 대한 오랜 논쟁의 맥락에서 보면, 이는 소비에트연방에서 한창 성공을 구가하던 명령형 계획과 구별되는 계획 모델을 제시하려는 시도였다. 한편 길드 사회주의의 자기 성찰이라는 맥락에서 보면, 이는 상황 변화와 역사적 교훈을 바탕으로 중앙정부와 각 자치 단위가 맺는 관계와 권력 균형을 전국길드연맹 시절과는 다르게 다시 설정하려는 작업의 산물이었다.

2) 지구자본주의의 제2차 대위기와 변혁 사상의 또 다른 재구성

지금까지 1920~1930년대에 지구자본주의의 첫 번째 대위기를 겪으며 길드 사회주의의 한계나 공백이 드러나고 콜이 이론의 재구성 작업에 나선 과정을 간략히 기술했지만, 지구자본주의의 두 번째 대위기를 경과하고 있는 지금의 시대 상황과 근본 문제는 그때와 또 다르다. 대공황과 제2차 세계대전 이후 지금까지 줄곧 국가기구는 지구 위의 모든 사회에서 그 위상과 비중, 권한을 강화해왔다. 관료기구와 거대자본이 한 몸이 되어버린 자본주의 사회들에서도 그랬고, 스탈린주의가 '사회주의'의 표준형으로 군림한 현실사회주의 사회들에서도 그랬다. 20세기 후반에 시작된 신자유주의 국면에서는 '국가를 축소하고 시장을 확대한다'는 교리가 지배했지만, 실제로는 시장의 힘을 뒷받침하는 국가의 권한과 기능이 더욱 확대되었을 뿐이다.

반면에 국가와 자본에 맞서는 대항 세력이던 노동조합을 비롯한 시민사회 조직들은 유례없이 약화되었다. 신자유주의 국면이 시작되기 전까지만 해도, 자본-국가 복합체만 성장한 게 아니라 이를 견제할 대중의 결사체들 역시 성장하고 있었다. 산업별 노동조합 같은 강력한 대중조직들이 대자본이나 관료기구도 무시할 수 없을 정도로 발전했다. 그러나 거의 한 세대가 넘는 신자유주의 국면을 거치면서 이 역사적 성취는 철저히 진압되고 파괴되었다. 처음에는 노골적인 노동조합 탄압과 구조조정을 통해, 나중에는 일상적인 노동 '유연화'를 통해 노동'계급' 자체가 해체되는 지경에 이르렀다. 물론 노동조합의 외양이나 시민사회 전통은 아직도 남아 있지만, 한 세대 전처럼 자본과 국가를 움직여 변화를 만들어낼 힘과 자신감은 찾아보기 힘들다. 2008년 금융 위기 이후 신자유주의적 자본주의가 궁지에 처했다는 사실은 이미 만천하에 드러났지만, 이것이 뒤집어질 기미는 좀처럼 보이지 않는다. 민주주의에서 대중의 가장 소중한 커먼스인 자발적 결사체들과 그 문화가 무참히 쇠퇴했기 때문이다.

이런 상황에서 기존 질서를 향한 대중의 불만과 분노는 주로 포퓰리즘 정치로 나타난다. 노동조합 같은 대중조직은 약해졌지만 대의제는 익숙한 일상이 되었기에 대중은 거리나 작업장이 아니라 투표소에서 반란을 일으킨다. 좌파 신문을 보며 동료들과 토론하던 문화는 사라졌지만 누구든 스마트

폰 하나쯤은 손에 쥐고 있기에 소셜 미디어를 통해 정치 담론을 접하고 감정과 의견을 표출하며 비슷한 생각을 하는 이들끼리 뭉친다. 때로는 급진 좌파 성향의 정치 세력이 이런 환경을 활용해 새로운 바람을 일으키기도 하지만, 이보다 더 성공적으로 대중의 격정과 열망을 조직해 정치 권력에 접근하는 쪽은 극우 포퓰리스트들이다. 이는 물론 정보화 혁명으로 대두한 네트워크 사회의 돌이킬 수 없는 현실이지만, 대중의 자주적 조직들의 약화나 부재까지 '필연적' 현상인지는 의문이다. 변화된 환경에 맞춰 새롭게 진화한 결사체들이라면 네트워크 사회와 충분히 공존하고 시너지까지 만들어낼 수 있지 않을까. 아무튼 바로 이 요소의 결핍 때문에 지금 세계 곳곳에서 민주주의가 과거보다 오히려 더 퇴보한 양상을 보이는 것만은 분명하다.

축적 위기, 불평등 위기, 지구 생태계 위기가 중첩되어 전개되는 지구자본주의의 두 번째 대위기를 극복하려면, 현대 민주주의의 이러한 치명적 공백부터 메꿔야 한다. 노동조합, 협동조합 같은 대중의 자발적 결사체들을 혁신하고 발전시켜야 한다. 대위기를 넘어 새로운 질서로 나아가려면, 변화를 추진하는 세력이 각국의 대의 체계를 통해 국가기구 안에 진지를 구축해야 할 뿐만 아니라 활력 넘치는 대중운동들의 생태계를 육성해야 한다. 아니, 후자 없이 전자는 사상누각일 뿐이다. 대중조직들의 발전을 좌파가 국가 권력에 접근하는 수단 정도로 여길 게 아니라 그 자체를 사회변혁 과정의 중심으로 봐야 한다. 우리는 오늘날 지구자본주의 상황에 맞춰 이행 과정과 대안 사회에서 생활 세계의 다양한 연합들, 민주화된 국가기구, 초국적 정치 체계가 각각 맡을 역할과 위상, 그들 사이의 역동적 균형과 상호 관계를 새롭게 설정해야 하며, 그중에서도 특히 생활 세계의 다양한 연합들에 더욱 커다란 권한과 책임을 부여해야 한다.

이러한 작업에 가장 도움과 격려가 되는 선구적 사상이 콜의 길드 사회주의다. 비록 《길드 사회주의》에 실린 구상을 21세기 현실에 그대로 적용할 수는 없을지라도, 현존 질서에서 가장 문제가 되는 공백과 과잉 팽창 요소들이 무엇인지, 우리 문명을 어떤 방향으로 재편해야 하는지에 대해 명쾌한 시사점을 얻을 수 있다. 아마도 지구자본주의의 제2차 대위기의 핵심인 기후 재앙에 맞서는 생태 전환 과정이 콜의 핵심 메시지, 즉 경제의 민주화, 다양한 연합들의 발전, 기능민주주의 등을 구현할 중대한 기회가 될 것이다. 탄소 배출 제로를 달성하기 위해 새로운 에너지 체제를 수립하고 생태계와 조화를 이루도록 시장에 계획을 부과하며 이 모든 노력을 뒷받침하기 위해 경제·사회구조 전반을 손보는 거대한 전환은 국가기구만의 노력으로는 이룩될 수 없다. 투표만이 아니라 각자가 속한 연합들을 통해 전환 과정에 능동적으로 참여하는 대중의 관심과 열정, 일상적 활력이 없이는 불가능하다.

바로 이 과정이 콜이 사회변혁의 핵심이라 여긴 '진화'의 경로가 될 수 있다. 콜은 현실의 노동조합이나 협동조합들은 반드시 일정한 진화를 거쳐야만 길드 사회주의를 떠받칠 연합들이 될 수 있다고 봤다. 이는 흔히 '혁명'과 대비되는 '개혁'과 일치하는 개념이 아니다. 개혁은 보통 국가기구를 통한 제도 변화로 이해되지만, 콜이 말하는 진화는 그런 것이 아니다. 또한 시간의 길고 짧음이나 속도의 빠르고 느림과도 상관없다. 진화에서 중요한 것은 오직 대중들 자신의 역량이 무르익어서 끓어올라야(그야말로 '발효醱酵') 한다는 점이었다. 이런 진화 관념에 따른다면, '기획된' '빠른' 진화도 결코 모순어법만은 아니다. 충분히 그럴 수 있다. 아니, 생태적 전환은 반드시 이런 성격의 진화 과정이 되어야만 한다.

오늘날 한국 사회에서 이러한 요청은 더욱 급박하고 절실하게 다가온다. 전 세계적으로 예외 없이 대중운동의 쇠퇴기를 겪었다지만, 최근 한국의 경우는 유별나다. 한국의 노동조합이나 여러 사회운동 조직들만큼 콜이 생산자 자치조직이나 시민 연합들에 요구한 조건 및 자질과 거리가 먼 사례도 달리 없을 것이다. 가령 산업 길드는 산업별 노동조합의 경험 없이는 싹조차 틔울 수 없지만, 한국 노동운동은 아직도 제대로 된 산업별 노동조합들을 만들어내지 못하고 있다. 그렇기에 한국의 사회운동들은 다른 어느 나라보다 더 절박하게 생태적 전환 과정을 급진적 '진화'의 기회로 삼아야만 한다. 길드 사회주의를 주창하는 콜의 저작들은 이 기회를 부여잡기 위해 뒤늦게나마 반드시 학습하고 검토해야 할 고전이다. 이를 통해 한국의 노동조합운동, 협동조합운동 등은 미래 사회의 필수적 기둥이라는 자부심을 만끽하면서 동시에 자기 변화의 막중한 책임감 또한 절감해야 한다.

1 (옮긴이주) 근대 사회주의의 창시자 가운데 한 사람인 로버트 오언 Robert Owen(1771~1858)의 사상을 따르던 영국의 초기 노동운동을 말한다. 오언주의자들은 직업별 노동조합들을 하나의 조직으로 통합하려 했고, 임금제도에서 벗어나려는 '노동교환소' 실험을 펼쳤으며, 이후 소비협동조합의 맹아가 되는 조직을 건설했다. 더 자세한 내용은 콜이 쓴 다음 책들을 참고하라.《영국 노동운동의 역사》, 김철수 옮김(책세상, 2012) 중 제1부 제6장 '혁명적 노동조합운동'; 《로버트 오언: 산업혁명기, 협동의 공동체를 건설한 사회혁신가》, 홍기빈 옮김(칼폴라니사회경제연구소협동조합, 2017).

2 (옮긴이주) 원어인 'association'은 '연합' 혹은 '결사체'로 번역될 수 있다. 이 책에서는 K. 마르크스를 비롯한 19세기 전반기 사회주의자들의 용어법을 환기시키는 '연합'으로 옮겼다.

3 이 점에서 1648년 이후 영국 정부는 명백한 귀족계급 대의기구로서, 오직 이들만을 대표하도록 설계되어 있다.

4 (옮긴이주) 1916년에 창설되어 1965년까지 존속한 영국의 사용자 단체다.

5 (옮긴이주) 'communal'은 문맥에 따라 콜이 주장하는 '코뮌'을 연상시키는 번역어로 옮기기도 하고, 그냥 '공동체적'으로 옮기기도 했

다. 원래 '코뮌' 자체가 유럽 언어들에서 '공동체'라는 함의를 지니는 단어이기도 하다.

6 '노사 공동 통제'라는 또 다른 대안이 있다는 주장이 있는데, 여기에 서는 잠시 무시하고 나중에 제11장에서 검토하겠다.

7 (옮긴이주) 영국에서는 제1차 세계대전 직전 몇 년 동안 산업별 노동 조합들을 중심으로 격렬한 파업 투쟁이 빈발했다. 이 시기를 흔히 '노동 불안기the Great (Labour) Unrest'라 부른다.

8 (옮긴이주) '안녕'과 뒤의 '좋은 삶' 모두 원어는 'well-being'이다. 이 렇듯 'well-being'을 기본적으로 '좋은 삶'으로 옮기면서도 문맥에 따라 다른 표현을 쓰기도 했다.

9 (옮긴이주) 1870~1953. 영국의 사회사상가. G. K. 체스터튼Chester-ton과 유사한 정통 가톨릭 입장에 따라, 좌우를 막론하고 국가 권력 을 강화하려는 모든 대안을 비판했다. 그가 내세운 대안은 J. 프루 동의 아나키즘과 비슷하게 협동조합이나 상호부조 조직에게 중요 한 경제적 역할을 맡기는 '분배주의distributism'이다. 이러한 그의 사 상은 국가사회주의를 비판하는 길드 사회주의자들의 입장에 커다 란 영향을 끼쳤다.

10 열에 아홉은 가장 덜 무능하거나 덜 싫어하는 후보에게 표를 던지 지 않으면 기권해야만 하는 처지다.

11 나는 의원의 지위가 대의원 수준으로 축소되어야 한다고 제안하지 는 않는다. 이 주제에 대해서는 제6장을 보라.

12 (옮긴이주) 콜은 'service'를 재화 생산과 구별되는 경제 활동이라는 통상적 의미로도 쓰지만, '공동체에 대한 기여, 봉사 혹은 섬김'이라 는 더 넓은 의미로도 사용한다. 이 책에서는 'service'가 후자의 의미 로 쓰일 경우에 주로 '봉사'라고 옮겼다.

13 물론 여기에서 나는 개인적 관심사나 가족에 비해 직업이 더 중요

하다고 평가하려는 게 아니다. 현대 프로이센인과 우생학자들을 제외하면 모두들 가족은 사회 조직의 범위 바깥에 있다고 본다.

14 이 장의 나머지 부분에서 나는 교육과 같은 서비스가 아니라 산업의 맥락만을 다룰 것이다. 한 가지 용법이나 처방만으로 두 경우를 다 설명할 수 있어서가 아니라 '공익 서비스'는 뒤에 따로 검토하려 하기 때문이다. 제6장을 보라.

15 이 장에서 나는 국가가 '소비자를 대변한다'는 국가사회주의자의 주장이 과연 올바른지 의문을 제기하지 않았다. 하지만 일단 내가 이런 주장을 받아들이지 않으며 그 연장선에서 국가를 산업의 협동 관리와 동일시하지 않는다는 점은 말할 수 있겠다. 하지만 국가사회주의자와 협동조합주의자들이 소비자에 의한 관리를 지지하면서 서로 같은 주장을 써먹기 때문에 둘 사이의 차이는 이 장에서는 잘 드러나지 않는다. 이 점을 더욱 충분히 다룬 제5장을 참고하라.

16 나는 중세의 산업 조직을 이야기할 때는 'Gild'라고 좀 더 정확하게 표기했지만, 현대 이론을 가리킬 때는 더욱 친밀한 'Guild'라는 표기를 계속 사용했다.

17 여기에서 '공장'이라고 언급할 경우에는 생산 혹은 서비스의 당연한 중심인 광산, 조선소, 항만, 역사驛舍 및 모든 유사 장소를 포괄한다는 점을 널리 이해해주길 바란다. 모든 산업에는 일정하게 공장에 상응하는 장소가 있게 마련이다.

18 보나파르트주의의 사이비 민주주의가 그 예다.

19 게다가 만약 우리가 이윤에 눈이 뒤집히는 대신 진정으로 주의를 기울이기만 한다면 세상의 따분하고 불쾌한 일 중에서 폐지될 수 있는 게 얼마나 많겠는가! 기계 덕분에 인간이 해야 할 일은 대폭 줄어들 것이다. 그렇게 되면 이제는 따분하고 불쾌한 일은 하지 않아도 될 것이다.

20 여기에는, 기본적으로 길드 경계선에 따라 편제되어 있지만 어떤
    전국 길드에도 속하지 않은 기업들의 대표들 또한 포함될 것이다.

21 제8장을 보라.

22 이보다는 다른 대안을 선택하는 쪽이 더 나을 것이다. 문제를 망치
    는 일은 없을 테니 말이다.

23 여성협동조합길드the Women's Cooperative Guild와《협동조합과 산업
    의 미래Cooperation and the Future of Industry》에서 울프L. S. Woolf 씨
    가 개진한 입장이 이에 해당한다. 하지만 협동조합운동 전체가 반
    드시 이런 관점을 지지하는 것은 아니라는 점을 지적해야 하겠다.

24 (옮긴이주) Herbert Henry Asquith(1852~1928). 영국의 자유당 정치
    인. 1908~1916년에 총리를 역임했다. 자유당이 한창 신생 정당인
    노동당의 성장을 막으려 애쓰던 시기에 자유당을 이끌었으며, 총리
    로서 제1차 세계대전 초반 전시내각을 지휘했다.

25 (옮긴이주) 이 책에서 '공익적'이라 옮긴 'civic'은 '시정市政적', 즉 시
    정부 차원의 과제라는 의미로 번역할 수도 있다. 이는 복지국가 수
    립 이전에 교육, 보건 등 공익적 기능을 주로 중앙정부가 아닌 시정
    부가 맡았던 역사적 경험과 관련이 있다.

26 나는 생산자와 소비자가 동일인이기 때문에 각각의 시각을 대표하
    는 별도 조직이 필요하지 않다는 주장은 더는 다루지 않아도 되길
    바란다. 국가가 만인을 대의하고 따라서 국가사회주의가 곧 산업민
    주주의가 될 테니까 길드는 필요하지 않다고 이야기한 집산주의자
    들과, 민주적 사회에서는 소비자가 다 생산자일 테니까 생산자들의
    통제만으로 소비자를 충분히 대의할 수 있다고 이야기한 산업별 노
    동조합주의자들 모두 이 주장을 갖고 장난을 쳤다. 이 두 주장은 늘
    현실의 복잡한 면을 사상捨象하는 가장 편한 방식이었고, 그 주창자
    들은 대부분 얼마 전에 상처만 입은 채로 은퇴했다. 내 생각에 한 사

람에게는 각기 따로 조직될 수 있는 이익이나 시각들이 다수 존재하며, 따라서 그에게는 그만큼 다양한 형태의 대의제가 필요하다.

27 (옮긴이주) 과거 영국의 교육부.

28 (옮긴이주) 각 지역의 교육을 관리하는 영국의 정부 기구.

29 물론 교육의 상당 부분은 조직된 교육 시스템 바깥에서―온갖 종류의 목적을 위해 가정에서, 그리고 자발적 연합들에서―이뤄질 것이다.

30 (옮긴이주) 'council'을 '평의회'라 옮겼지만, 이는 지방의회를 뜻하기도 한다. 따라서 이 명칭은 기존 지방의회 업무 중 특정한 사회적 기능과 관련된 업무를 이양받은 기관이라는 뉘앙스를 띠기도 한다.

31 이 대목에서도 이들 평의회와 길드의 상대적 권한이라는 특수한 문제는 길드 사회주의하의 코뮌 조직과 관련된 문제 전반을 다루는 다음 장의 토론 주제로서 뒤로 미뤄야 한다.

32 심슨J. B. Simpson의 《교육 자치 실험An Experiment in Educational Self-Government》을 참고하라. 심슨은 현재 이런 노선에 따라 성공적 미래를 여는 작업을 수행 중인 새로운 학교에 관심을 기울이고 있다.

33 (옮긴이주) collegiate system. 중세 대학에서 발전하고 영국의 주요 대학들이 따르는 내부 체계. 이 시스템 아래에서는 종합대학에 속한 각 칼리지가 단순히 학문 분과에 따른 단과대학이 아니라 학생들의 주거와 사회 활동, 사교 활동을 책임지는 단위 역할을 한다.

34 특히 피기스J. N. Figgis의 저술들, 그중에서도 《현대 국가 안의 교회Churches in the Modern State》를 보라. 또한 리처드 로버츠Richard Roberts의 《공화연방 안의 교회The Church in the Commonwealth》도 참고하라. 교회와 국가에 대한 대주교회의의 보고서와 최근의 교회권한법Church Enabling Act에도 이와 밀접히 관련된 내용이 풍부히 담겨 있다.

35 나의 저작 《사회 이론Social Theory》 제4장을 보라.

36 예컨대 몇 년 전 《뉴 에이지New Age》에 연재된 논설들.

37 (옮긴이주) 'town'은 한국에서 기초지방자치단체인 '시'에 해당한다. 하지만 한국에서 시는 광역시 또한 연상시키기 때문에 번역어로는 '소도시'와 '시'를 함께 사용하겠다.

38 평의회와 달리 길드는 다양한 자체 투표 방식을 사용할 것이다.

39 (옮긴이주) 'ward'는 흔히 '구區'로 번역되지만, 여기에서는 대면 접촉이 가능한 마을 수준의 행정구역을 뜻한다. 그래서 한국에서 도시 지역의 가장 작은 행정단위인 '동'으로 옮겼다.

40 (옮긴이주) 촌락을 뜻하는 'village'는 한국에서 '동'에 대응하는 농촌 지역의 행정단위인 '면'으로 옮겼다.

41 나는 다양한 평의회의 평의원들이 동 단위 투표로 선출되리라 가정하지만, 동 위원회가 시 코뮌에 파견할 대표자들은 동 위원회에 의해 선택되거나 아니면 더 좋기로는 동 회의를 통해 동 위원 가운데에서 선택될 것이다. 하지만 획일적으로 같은 선출 방식을 취할 필요는 없다.

42 물론 두 산업 길드가 서로 싸울 경우에 코뮌이 사태를 해결한다는 뜻은 아니다. 이런 문제는 길드 평의회에 회부될 것이다. 그러나 길드 평의회가 해결하지 못할 경우에는 이러한 다툼 역시 코뮌에 회부될 수 있을 것이다.

43 제8장을 보라.

44 (옮긴이주) 영국의 독특한 경찰 제도. 정규 경찰이 아닌 일반인 신분이지만 해당 지역의 경찰 업무를 위임받아 수행한다. 중세 영국에서 마을마다 무기와 말을 관리하고 범죄인을 체포하는 권한을 지닌 자경대장을 임명했던 전통에서 유래한다.

45 (옮긴이주) 미국에서는 'county'가 '군'을 뜻하지만, 영국에서는 우리

의 '도'에 해당하는 행정단위다. 다만 규모가 한국의 도보다 작기 때문에 콜은 뒤에서 '광역'의 신설을 주장하고 있다.

46 나는 오늘날의 '군 내 시가市街 구역Urban Districts'은 시로 인정될 것이라 가정한다. 규모가 더 작은 절반쯤 도시화된 중심부는 면으로 간주될 것이며, '군'에 포함될 것이다.

47 나의 저작《사회 이론》제10장에 광역주의를 주장하는 이유가 짧게 언급되어 있으며, 곧 나올 책《지방정부의 재편Reorganization of Local Government》에서 이를 길드 사상과 관련해 충분히 개진하려 한다.

48 (옮긴이주) William Cobbett(1763~1835). 영국의 사상가·정치가. 나폴레옹 전쟁 시기에 발행된 저널《정치연보The Political Register》의 편집자로 명성을 쌓았으며, 당시 발흥하던 산업자본주의를 농촌 보수주의 입장에서 비판했다.

49 (옮긴이주) 1820년대에 코벳이 산업화로 점점 비대해지는 런던을 비판하면서 이 표현을 처음 사용했다. 런던이 영국의 얼굴에 돋아난 '거대한 혹The Great Wen'이란 것.

50 내 생각과 완전히는 아니어도 상당 부분 일치하는 더욱 상세한 설명으로는 포셋C. B. Fawcett 씨의 탁월한 저작《잉글랜드의 지방들 The Provinces of England》을 보라.

51 (옮긴이주) 다른 국가들을 뜻한다.

52 이 문제에 대한 더욱 진전된 논의로는 마지막 장을 보라.

53 제4장 참고.

54 (옮긴이주) 변호사 자격이 없는 일반인이 치안판사로 임명되어 경범죄의 1심 형사재판을 맡는 제도다. 주로 영미법의 독특한 형사재판 제도다.

55 (옮긴이주) 1796~1855. 영국의 정치가·사회운동가. 1830년대에 남성 보통선거권 보장, 대의제 개혁 등을 요구한 차티스트운동의 지

도자로 떠올랐으며, 특히 1837년에 리즈에서 창간한 신문 〈노던 스타Norther Star〉를 통해 이 운동의 대변자로 명성을 쌓았다. '농지 계획'은 농촌에서 차티스트운동 지지층을 넓히기 위해 오코너가 고안한 전략이었다. 오코너는 차티스트운동 지지자들의 모금으로 전국 농지회사National Land Company를 설립하여 이를 통해 농지를 매입하고 이 농지를 땅 없는 농업 노동자 가정에 분양하려 했다. 농지 계획은 차티스트 대회에서 공식 사업으로 승인되었지만, 정부의 방해로 제대로 결실을 맺지 못했다.

56 (옮긴이주) 초기 사회주의자 로버트 오언은 1810년대 말에 산업혁명 초기의 비인간적 공업 도시에 대한 대안으로 1천여 명의 인구가 함께 거주하며 공동으로 일하고 노동의 결실을 공유하는 협동농장 정착지를 제안했다. 1820년대에 오언은 북아메리카에서 자신의 제안을 구현한 '뉴 하모니' 농장을 실험하기도 했으나 현지 사정에 잘 적응하지 못한 탓에 대개 실패로 끝났다.

57 (옮긴이주) 1851~1943. 영국의 작가·사회주의자. 독학으로 사회주의사상을 받아들였으며, 1891년에 주간지 《더 클라리온The Clarion》을 창간해 사회주의와 애국주의를 결합하는 독특한 시각을 전파했다. 《즐거운 잉글랜드》는 《더 클라리온》에 연재한 짧은 글들을 모아 1893년에 낸 책으로, 무려 100만 부 이상 팔리는 베스트셀러가 되었다.

58 여기에 쓴 것처럼, 전국길드연맹은 실제 농업 경험을 지닌 성원들의 도움을 받아 이 문제에 대한 해법을 정리하려 애쓰고 있다. 이 장에서 내가 말하는 바는 전적으로 개인적이고 임시적인 의견으로서, 합당한 근거를 접한다면 주저 없이 변경할 것이다.

59 물론 중소기업의 고용주 또한 이행기에 상당 부분 잔존할 수 있다. 농장주에 대한 고려는 중소기업주에 대해서도 동일하게 적용되지

만, 중소기업주가 산업에서 차지하는 비중은 농장주가 농업에서 차지하는 비중에 비하면 훨씬 적다.

60 볼셰비키 토지 정책에 대한 가장 명확한 설명으로는 레닌의 책《프롤레타리아 혁명Proletarian Revolution》후반부를 참고하라.

61 (옮긴이주) 제1차 세계대전 직후 미국 중서부 주에서는 독점자본주의와 민주당-공화당 양당 체제에 염증을 느낀 노동자와 소농이 힘을 합쳐 주 단위의 좌파 정당인 농민노동자당Farmer-Labor Party들을 창당했다. 사회주의자들이 이들을 결집해 영국 노동당식 좌파 대중정당을 건설하려고 애썼지만 결국 실패로 끝나고 대개 민주당의 주당 조직에 흡수되고 말았다. 반면에 캐나다에서는 1932년에 노동조합과 소농 조직의 지지를 받는 독자적 좌파정당 '협동공화연맹(농민-노동자-사회주의)Co-operative Commonwealth Federation(Farmer-Labour-Socialist)'이 출범했다. 이 당이 현재 캐나다의 사회민주주의 정당인 신민주당New Democratic Party의 전신이다.

62 (옮긴이주) 레지널드 다이어Reginald Dyer(1864~1927)는 암리차르 학살을 자행한 인도 주둔 영국군 지휘관이다. 1919년 4월 13일 암리차르에서 다이어가 지휘하는 영국군은 불복종운동에 나선 비무장 군중에게 발포해 400여 명의 사망자를 냈다. 간디M. Gandhi는 비폭력 저항에조차 무차별 학살로 대응하는 식민 지배자의 심리에 '다이어주의'라는 이름을 붙였다.

63 (옮긴이주) '소극적이고 외재적인' 산업 통제란 파업이나 단체협상처럼 경영진의 방침을 사후적으로 견제하거나 교정하는 행위를 말한다. 반면에 노동자 스스로 경영 방침을 계획하거나 결정하는 것은 '적극적이고 내재적인' 산업 통제가 된다.

64 생활협동조합은 이미 1913~1914년의 더블린 파업, 1919년의 철도 파업 같은 직종별 쟁의에서 급식을 전담하여 상당한 도움을 준

바 있다. 이 도움을 거대한 수준으로 확대할 여지가 충분히 있다.

65 (옮긴이주) 'blackcoat'는 '화이트칼라white collar'라는 용어가 널리 쓰이기 전에 영어권에서 사무직 노동자를 칭하던 말이다.

66 나는 여러 저작에서 이 문제를 적잖이 다뤘다. 특히 나의 책《산업 영역의 자치Self-Government in Industry》를 보라. 페이지 페롯R. Page Perrot의 팸플릿〈노동조합운동: 새 모델Trade Unionism: a New Model〉에는 이 문제에 대한 매우 유용한 간략한 처방이 담겨 있다.

67 나는 나의 저작《산업 영역의 혼돈과 질서Chaos and Order in Industry》에서 대다수 주요 산업에 적용될 이 정책의 핵심을 상세히 정리하려고 노력했다. 여기에서는 단지 매우 일반적인 차원에서 나의 주된 결론을 재정식화할 생각이다.

68 (옮긴이주) 직장위원shop steward이란 산업별 노동조합에서 개별 사업장 내부의 조합원 이해를 대변하기 위해 조합원들에 의해 공식적으로 혹은 비공식적으로 선출된 비상근 간부들을 뜻한다. 한국의 기업별 노동조합에서는 부서별 대의원이 이에 가깝다. 제1차 세계대전 중에 영국에서는 산업별 노동조합들이 정부의 전쟁 수행 정책에 적극 협력하는 와중에 직장위원들이 비공식 파업, 태업 등을 주도해 현장 조합원들의 이해를 대변했다. 이런 직장위원운동을 중심으로 노동자의 생산 통제를 요구하는 급진적인 흐름이 대두했고, 콜을 비롯한 길드 사회주의자들은 이 흐름에 주목했다.

69 (옮긴이주) 휘틀리John Henry Whitley(1866~1935)는 영국의 자유당 정치가다. 단일토지세를 주창한 헨리 조지Henry George의 추종자였던 그는 여러 온건한 사회 개혁 입법에 앞장섰다. 그 가운데 하나가 제1차 세계대전 중에 급성장한 노동조합 직장위원운동을 무마하려 한 노사공동협의회joint industrial council, JIC의 설립이었다. 이는 제창자의 이름을 따 '휘틀리협의회Whitley council'로도 불렸는데, 사용자

측이 임금, 고용, 노동조건 등에 대해 결정을 내리기 전에 노동자 대표와 협의하게 함으로써 노동자 통제 요구를 진정시키는 데 목적이 있었다. 휘틀리협의회는 여러 산업에 설치되었지만, 오직 공공 부문 화이트칼라의 경우에만 일정한 성공을 거두었다.

70 이런 실업 문제에 대해서는 다음 책들을 보라. 홉슨S. G. Hobson의 《전시와 평시의 길드 원칙Guild Principles in War and Peace》, 나의《산업 영역의 자치》, 레킷Maurice B. Reckitt과 베치호퍼C. E. Bechhofer의 《전국 길드의 의미The Meaning of National Guilds》.

71 (옮긴이주) 홉슨(1870~1950)은 길드 사회주의의 대표적 이론가 가운데 한 사람이다. 콜보다 먼저 자신만의 길드 사회주의 이론을 수립했고, 이후 전국길드연맹을 이끄는 과정에서 콜 등 후배 세대와 대립했다. 만년에는 시민기본소득 구상의 선구적 형태인 더글러스C. H. Douglas의 '사회신용'론을 지지했다.

72 물론 기계 산업은 건설업뿐만 아니라 광업과도 다른 기반 위에 서 있다. 기계 산업 문제에 대한 논의로는 나의《산업 영역의 혼돈과 질서》제8장을 보라.

73 (옮긴이주) 여기에서는 'position'을 '위치'라 옮겼는데, 안토니오 그람시Antonio Gramsci의 '진지전' 개념에서 '진지' 역시 원어가 'position'임을 유념할 필요가 있다.

74 (옮긴이주) 제1차 세계대전 직후에 연합국, 특히 영국·프랑스 정부는 러시아와 독일에서 일어난 혁명이 서유럽으로 전파되지 못하게 막으려고 안간힘을 썼는데, 핀란드에서 발칸반도에 이르는 저지선을 설정하고는 이를 '방역 저지선'이라 불렀다.

75 (옮긴이주) 10월 혁명 직후(1917년 12월 5일)에 혁명정부가 설치한 경제 관리 기구이며, 또 다른 영어명은 'Supreme Soviet of National Economy'다.

76 (옮긴이주) 사회주의 변혁 이후의 영국과 프랑스를 뜻한다.

77 (옮긴이주) 19세기 말~20세기 초에 미국 철도 산업에서는 산업별
    노동조합이 발전하지 못하고 직종별 노동조합들이 지배했는데, 이
    러한 직종별 노동조합들은 대개 '형제단Brotherhood'이라는 이름을
    내걸었다.

78 '플럼 계획'에 대한 풍부한 논의로는 나의 저작 《산업 영역의 혼돈
    과 질서》 제6장을 보라.

79 (옮긴이주) 플럼 계획은 노동운동 편에서 활동한 미국의 변호사 글
    렌 플럼Glen E. Plumb(1866~1922)이 철도노동조합들에 제안해 지
    지를 얻은 대안적 산업 소유-운영 계획이다. 미국이 제1차 세계대
    전에 참전한 1917년에 사기업들이 운영하던 국내 철도 체계가 제
    대로 작동하지 못하자 우드로 윌슨 대통령은 한시적으로 연방정부
    가 철도를 운영하게 했다. 플럼은 이를 환영하면서 영구적인 새로
    운 철도 소유-운영 체계를 제안하고 1918년 2월에 이를 선전할 조
    직으로 '플럼계획연맹Plumb Plan League'을 결성했다. 플럼은 연방
    정부가 철도망을 공적으로 소유하되 15인의 이사회가 이를 운영하
    고 연방정부, 경영진, 노동자가 각각 5인의 이사를 지명하자고 제
    안했다. 플럼 계획은 철도노동조합들뿐만 아니라 광원노동조합에
    서도 광산 국공유화 계획으로 채택되었으며, 노총인 미국노동연
    맹AFL 대의원대회에서도 압도적인 지지를 얻었다(찬성 29,159 대 반
    대 8,349). 그러나 실리주의 노선을 걷던 AFL 의장 새뮤얼 곰퍼스
    Samuel Gompers는 이를 강력 반대했고, 공안 당국은 '볼셰비키의 미
    국 침투 전략' 중 하나로 지목했다. 플럼 계획이 좌절된 이후에 플럼
    은 미국에 좌파 대중정당을 건설하려는 운동에 헌신했다.

80 《더 길즈맨The Guildsman》에 〈국내외 길드들〉이란 제목으로 매월
    연재되는 논설은 더욱 중요한 사례들을 기록하려는 시도다.

G. D. H. 콜, 《영국 노동운동의 역사》, 김철수 옮김, 장석준 감수(책세상, 2012)

콜은 노동조합, 협동조합, 좌파정당을 노동운동의 세 기둥으로 봤고, 이 관점에 따라 노동조합운동뿐만 아니라 소비협동조합운동, 노동당의 창당과 성장까지 포괄하며 20세기 초까지 영국 노동운동 역사를 정리했다. 길드 사회주의 운동 경험에 관한 콜 자신의 평가도 엿볼 수 있어 흥미롭다.

G. D. H. 콜, 《영국 협동조합의 한 세기》, 정광민 옮김(그물코, 2015)

세계 최초의 소비협동조합인 로치데일공정선구자협동조합의 탄생부터 20세기 전반까지 영국 협동조합운동의 역사를 담은 저작이다. 길드 사회주의 운동 시절부터 협동조합을 대안 사회의 씨앗으로 중요하게 여긴 콜의 시각을 더욱 자세히 살펴볼 수 있다.

G. D. H. 콜, 《로버트 오언: 산업혁명기, 협동의 공동체를 건설한 사회혁신가》, 홍기빈 옮김(칼폴라니사회경제연구소협동조합(KPIA), 2017)

오언은 선배들을 야박하게 평하기로 유명했던 마르크스와 엥겔스도 존경을 표한 사회주의의 창시자 가운데 한 사람이다. 그러면서 또한 낡은 직업별 노동조합을 넘어선 노동자 단결을 주창하고 협동조합운동의 토대를 닦은 당대 사회운동의 혁신가이기도 했다. 콜이 쓴 전기는 이런 오언의 여러 얼굴을 드러내며 거기에서 길드 사회주의의 뿌리를 찾아낸다.

G. D. H. 콜, 《G. D. H. 콜의 산업민주주의: 노동자를 협업자로 인정하라》, 장석준 옮김(좁쌀한알, 2021)

말년의 콜이 길드 사회주의 운동 시절의 고민을 산업민주주의 정책들로 재구성하여 복지국가 수립 이후 좌파의 과제로 제시한 뜻깊은 저작이다. 길드 사회주의의 이상과 원칙을 현대 자본주의에 어떻게 적용할지 고민한다면, 꼭 읽어봐야 한다. 산업민주주의의 역사적 시도들 속에서 콜 사상을 재검토한 역자 해제를 먼저 읽고, 본문을 읽는 게 좋다.

김명환, 《영국의 위기 속에서 나온 민주주의: 길드 사회주의, 노사민 합의의 민주주의(1900~1920년대)》(혜안, 2009)

국내에 나온 거의 유일한 길드 사회주의 연구서다. 영국 사회주의 운동과 노동운동의 역사에 관해 여러 저작을 발표해온 저자는 이 책에서 노동 불안기와 제1차 세계대전이라는 영국 사회의 격동기를 배경으로 등장한 길드 사회주의의 역사적 특성을 명쾌히 정리한다.

R. H. 토니, 《탐욕사회와 기독교정신》, 정홍섭 옮김(좁쌀한알, 2021)

콜과 동시대에 활동한 리처드 헨리 토니는 길드 사회주의 운동의 일원은 아니었지만, 길드 사회주의자들과 공감하는 바가 많았던 기독교사회주의자다. 산업자본주의를 '탐욕사회'라 칭하며 비판한 토니가 이 책에서 그 대안으로 제시하는 기능사회는 콜의 기능민주주의와 상당히 유사한 문제의식을 담고 있다.

버트런드 러셀, 《버트런드 러셀의 자유로 가는 길》, 장성주 옮김(함께읽는책, 2012)

본문에서도 소개한 것처럼, 철학자이자 사회운동가였던 러셀은 미국의 한 출판사의 의뢰를 받아 국가사회주의, 아나키즘, 생디칼리슴을 비교하는 이 소책자를 집필했다. 그런데 정작 러셀이 가장 훌륭한 대안으로 찬사를 보낸 것은 길드 사회주의였다.

개러스 데일, 《칼 폴라니: 왼편의 삶》, 성원 옮김, 홍기빈 감수(마농지, 2019)

《거대한 전환》을 쓴 20세기의 또 다른 독창적 사회주의 사상가 칼 폴라니는 1930년대에 영국에 망명해 있던 중에 노동자교육연합 활동에 참여하며 콜과 우정을 나누었다. 더구나 폴라니는 망명 이전부터 콜의 길드 사회주의에 공감해 기능민주주의에 관한 중요한 논문을 남기기도 했다. 비교적 최근(2016년)에 나온 이 전기는 당시 상황과 폴라니의 사상적 발전을 상세히 짚는다.

홍기빈, 《비그포르스, 복지 국가와 잠정적 유토피아》(책세상, 2011)

길드 사회주의와 대화하며 독창적인 사회주의 사상을 발전시킨 또 다른 인물로는 스웨덴 복지국가 건설에 중요한 역할을 한 사회민주당 이론가이자 정치가 에른스트 비그포르스가 있다. 비그포르스의 사상적 전기이면서 동시에 20세기 중반까지 스웨덴 사회민주주의의 역정을 깊이 탐구하는 이 책에서도 곳곳에서 길드 사회주의의 메아리를 들을 수 있다.

안토니 라이트, 《열린 사회주의, 닫힌 사회주의》, 임현진 외 옮김(역사비평사, 1997)

라이트는 콜의 전기(*G. D. H. Cole and Socialist Democracy*, Oxford University, 1979)를 집필한 정치학자이며, 노동당 하원의원을 역임하기도 했다. 현실사회주의권이 붕괴한 지 얼마 되지 않은 시점(1996년)에 나온 이 책에서 저자는 국가사회주의와 구별되는 사회주의 이념·운동의 사상적 자원을 길드 사회주의에서 찾는다.

크리스토퍼 래시, 《진보의 착각: 당신이 진보라 부르는 것들에 대한 오해와 논쟁의 역사》, 이희재 옮김(휴머니스트, 2014)

래시는 민중·서민의 관점에서 엘리트 중심의 미국 문화를 고집스럽게 비판한 독창적 사상가다. 이 책에서도 그는 리버럴 지식인들이 제시하고 마치 진보의 주류인 양 치부되는 국가 중심의 개혁 담론을 신랄히 비판하면서, 그 반대편에 민중·서민 자신의 체험과 상식에 바탕을 둔 대안들을 놓는다. 그중에는 19세기 말의 인민당운동도 있고, 콜의 길드 사회주의도 있다.

마이클 루이스·팻 코너티, 《전환의 키워드, 회복력: 위기의 시대를 살아가기 위한 12가지 이야기》, 미래가치와 리질리언스 포럼 옮김(따비, 2015)

경제 위기와 생태 위기를 극복하기 위한 사회의 '회복력' 확보를 중심으로 사회운동의 새로운 상상력을 일깨우는 책이다. 두 저자는 자본이나 국가와 구별되는 사회적 주체들의 육성을 강조하면서 길드 사회주의의 문제의식을 되살린다. 기후 위기 시대의 고민과 실천에 길드 사회주의가 어떤 도움을 줄 수 있을지 보여주는 좋은 사례다.

Paul Hirst, *Associative Democracy: New Forms of Economic and Social Governance*(Polity Press, 1994)

20세기 후반에 활동한 영국의 정치학자 폴 허스트는 초기에는 알튀세르 학파의 구조주의적 마르크스주의를 추종했지만, 국가 전능성 이론을 비판하며 권력의 다원적 분산을 제창한 콜, 존 피기스John Figgis, 해롤드 라스키Harold Laski 등의 '다원주의' 국가 이론으로 관심을 돌렸다. 그는 이들의 사상을 현대적 맥락에 맞게 민주적 협치 이론으로 재구성해 '결사체 민주주의associative democracy'를 주창했다. 허스트의 결사체 민주주의 이론은 포퓰리즘이 창궐하는 민주주의 위기 시대에 돋보이는 유력한 대안이며, 콜의 길드 사회주의를 현대적으로 변용한 대표적인 사례다.

장석준 gramsci@empas.com

연세대학교 사회학과에서 사회학을 공부했다. 돌이켜보면, 사회학보다는 사회주의를 더 열심히 공부했던 것 같다. 세상에 처음 눈뜨던 때가 1987년 6월 항쟁과 노동자 대투쟁의 여진이 살아 있던 시절이었기 때문일 것이다. 대학 신입생 시절에 겪은 1991년 5월 투쟁은 특히 강렬한 기억으로 남아 있다. 이후 늘 사회과학 공부와 진보정당운동에서 삶의 길을 찾았고, 그러다 보니 지금도 진보정당의 정책·교육 활동에 참여하며 관련된 공부를 하고 있다.

여러 사회주의 사상가 중에서도 G. D. H. 콜에게 관심을 갖게 된 지는 나름 꽤 오래되었다. 10대 시절에 마음의 스승이라 여기며 사숙한 이가 둘 있었는데, 한 사람은 에리히 프롬이고 또 한 사람은 함석헌이었다. 프롬이 《건전한 사회The Sane Society》(1955)에서 자본주의와 국가사회주의 모두의 대안으로 대중의 참여에 바탕을 둔 민주적 사회주의를 제시하며 사상적 동지로 소개한 이가 다름 아닌 콜이었다. 비록 콜의 책들을 찾아 읽지는 못했지만, 이때부터 '길드 사회주의'라는 낯선 단어와 함께 그의 이름만은 잊지 않았다.

대학에 들어갈 무렵에는 사회주의 사상가 중에서도 로자 룩셈부르크와 안토니오 그람시에게 끌렸다. 두 사람은 현실사회주의 국가들의 교과서에 담긴 교리에 동의하지 않아도 자본주의를 넘어선 사회를 구상하며 이를 위해 실천할 수 있음을 보여주는 생생한 증거였다. 그람시는 지금도 사색과 실천의 사표師表로 여길 만큼 큰 영향을 주었다. 그 역시 콜의 사상에 다가가는 데 징검다리 역할을 했다. 제1차 세계대전 직후에 토리노에서 공장평의회 운동을 벌이던 젊은 그람시가 다른 나라에서 전개되는 비슷한 운동으로 적극 소개한 것이 콜의 길드 사회주의였던 것이다.

2008년 세계 금융 위기의 여파 속에서 《신자유주의의 탄생》(책세상, 2011)를 집필하며 새삼 길드 사회주의를 공부해야겠다는 생각이 들었다. 《신자유주의의 탄생》의 결론 중 하나는 신자유주의를 극복하려면 20세기를 거치며 좌파 정치의 주무대가 된 국민국가 수준의 정치만이 아니라 다른 두 층위의 정치, 즉 생활 세계(국민국가 '아래')와 지구 질서(국민국가 '위')의 정치가 활성화되어야 한다는 것이었다. 생활 세계 수준에서 변혁 정치가 작동하려면, 노동조합이나 협동조합 같은 대중적 결사체들이 부흥해야 한다. 사회주의의 여러 흐름 중 콜을 비롯한 길드 사회주의야말로 이에 관해 가장 풍부한 메시지를 던져준다.

이후 콜의 《영국 노동운동의 역사》(책세상, 2012)를 손봐 다시 내는 작업을 했고, 《사회주의》(책세상, 2013)를 쓰면서도 길드 사회주의를 중요하게 다뤘다. 아마존을 뒤져 고서가 된 콜의 저서들을 하나둘 모았고, 읽기 쉽지 않은 옛 영어 문체 속을 헤매며 그와 대화하려 노력했다. 물론 지금도 노력 중이다. 생각해보면 묘하게 엇갈리는 만남이다. 콜은 길드 사회주의 운동에 전념하다 노동당 정책 활동으로 무게중심을 옮겼다. 반면 나는 진보정당운동에 골몰하다 촛불항쟁 이후 진보정당이 답답한 교착 상태에 빠진 상황에서 근본적 돌파구 중 하나로 길드 사회주의 같은 20세기 초의 대중 중심 사회주의(아나키즘, 생디칼리슴, 평의회 마르크스주의도 포함)에 주목하고 있다. 결국 콜이 그랬듯이 새로운 종합으로 나아가기 위한 길 찾기일 것이다.

이제 콜의 초기와 만년을 대표하는 저작 《길드 사회주의》와 《G. D. H. 콜의 산업민주주의》(좁쌀한알, 2021)를 냈으니 그와 함께 하는 여정의 첫걸음을 뗀 셈이다. 기회 닿는 대로 다른 저서들도 공부하고 소개할 계획이다. 특히 1987년에 시작된 한국 사회운동의 한 세대가 생명력을 마감하고 새 세대가 사회운동의 방향을 잡는 과정에서, 그리고 기후와 불평등의 위기가 중첩된 인류 문명의 대위기 국면에서 그 대안으로 민주적 생태적 사회주의로 채워나가고자 콜의 길드 사회주의를 소중한 대화 상대이자 참고 사례로 삼으려 한다.

길드 사회주의

초판 1쇄 발행 2022년 2월 11일

지은이 G. D. H 콜
옮긴이 장석준

펴낸이 김현태
펴낸곳 책세상
등록 1975년 5월 21일 제2017-000226호
주소 서울시 마포구 잔다리로 62-1, 3층(04031)
전화 02-704-1250(영업) 02-3273-1334(편집)
팩스 02-719-1258
이메일 editor@chaeksesang.com
광고·제휴 문의 creator@chaeksesang.com
홈페이지 chaeksesang.com
페이스북 /chaeksesang 트위터 @chaeksesang
인스타그램 @chaeksesang 네이버포스트 bkworldpub

ISBN 979-11-5931-826-9 04080
    979-11-5931-221-2 (세트)

책세상문고 · 고전의 세계

책세상문고·고전의 세계